天国とのコミュニケーションを
どう磨き高めるか

チャネリング・センス

交信能力編

Answers from Heaven

テレサ・チャン
クレア・ブロード［著］
斉藤宗美［訳］

ヒカルランド

あなたの中心に答えがある
自分が何者で、何を欲しているのかもわかっている

老子

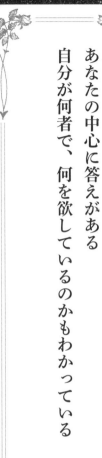

死は光が消えてしまうということではない
夜が明けたから、ランプを消すということだけのことだ
ラビンドラナート・タゴール

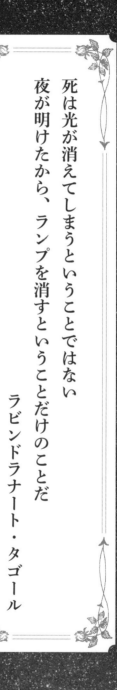

目次

カバーデザイン　吉原遠藤（デザイン軒）
校正　麦秋アートセンター
本文仮名書体　文麗仮名（キャップス）

まえがき　「死後の世界」を研究する科学者として本書を推薦します

ジュリー・バイシェル博士

本作品『チャネリング・センス【交信能力編】（『天国からの答え（原題）』）』のまえがきを書いてくれないか、とテレサとクレアから依頼を受けたとき、私は二人の共同作業に寄稿することを光栄に感じました。

テレサの前著『チャネリング・センス【識別能力編】（『天国が私の名前を呼んだ（原題）』）』においても、付記の中で私のことを紹介してくださったことをとてもうれしく思っていました。

そして、再び彼女の作品に関わる機会をいただきました。本書においてテレサは、新天地を切り開き画期的で刺激的な方向へと進んでいます。

彼女が集めてきた感動的でとても個人的な体験談、そして、クレアの霊媒師としての経験から得たユニークな洞察力や死後の世界の研究によって培った概観を合わせると、本作品はしばしば誤解されやすいけれど、心をつかんで離さないテーマについて読者の皆さんに全体的な視点を与えてくれる作品となっていると思います。

これまで十五年間、霊媒師、霊媒術のプロセス、そして、死後の世界のテーマについて研究してきた科学者として（付記一を参照）、本書は大衆文学にとって重要な追加書物となるに違いないと思っています。

死後の世界の経験とは普通に起こることだという認識を広め、私たちすべての人間が生きていく中で第一に考えを巡らせるであろう「人は死んだらどうなるのか？」という問いかけについて理解と安心感をもたらせてくれるものだと思っています。

序章　スピリット／天国の声と交流するための魔法を開示

――「霊能力の遮断」や「交信《コミュニケーション》の始まり」にはすべて理由がある

声にして歌うのはすてきだが、
心で奏でる歌は天国の純粋な声である。

ハリール・ジブラーン

私は死んでいてもおかしくありませんでした。大きなトラックの後ろを運転しながら、左に曲がろうと交差点に向かって進んでいるとき、「右へ行きなさい」という声を聞きました。その声はとても明瞭で説得力があったので、私は疑うことなく従いました。もしあのまま左へ進んでいたら、あなたはこの本を読むことはなかったでしょう。トラックが事故を起こし、後ろについていた車が玉突き衝突して三人の命が失われたのですが、私もその中の一人になっていたかもしれません。

この事故は二十年も前に起きたことですが、この人生には目に見える以上のものがあるということを伝えていこうと固く決心する出発点となりました。今でも、あの聞き慣れた声がどこから届いたのか説明することはできません。それ以前にも、私はずっとスピリット（訳者注：すでに肉体的に存在しない死者の精霊のこと。また、著者は人間がスピリチュアルな事柄を感じる心や精神という意味でスピリットと表現していることもある）の世界に惹《ひ》かれ、天国を信じていました。霊能者やスピリチュアリストの一家に生まれたのですから、それは自然なことでした。しかし、それまで私自身は、これはスピリットの世界からの声だと確信するような科学的に説明できない体験をしたことはありませんでした（私が何も感じないのに、天国からの声を聞くことができる家族や友人の中で育つというのはどれほどの失望か、読者の皆さんにもわかっていただけると思います）。

十代や二十代、精神世界について深く研究しました。スピリチュアルな事柄に関する知識への飽《あ》くことのない意欲を持ち、瞑想、霊能力を養成する教室やワークショップ、シャーマニズム、異教信仰、霊媒術、占星術、呪文、タロット占い、数霊術、クリスタルなど、超常的な現象における生き字引となりました。私は本当にすべてのことについて学び、それらは非常に興味深いものでしたが、それほど学んでも本当に望んでいた結果を得ることができませんでした。私は直接、死後の世界との個人的な経験を持ったことがなかったのです。

強烈な夢、直感的なひらめき、神聖な気づきなど、それまで断片的に垣間見ることはありましたが、天国は本当に存在するという自信や確信を与えてくれるものはありませんでした。最終的に、死後の世界の作家となる道を選び、世界中の人々から送られてくる物語を集めるようになりました。そして、人生の意味を探すという、大好きな題材について書くという幸運な立場について改めてありがたいと感じるようになりました。そうして初めて、それまでの人生経験や知識に助けられ、天国はずっと私の心に語りかけていたこと、そして、死後の世界の作家をライフワークとするべく道をやさしく示していてくれたのだと気づくようになったのです。

ただ、それは私が思い描いていたようなコミュニケーションの方法ではなかったというだけなのです。天国が思いがけない方法でささやきかけてくれたときのことや、今もなおずっとささやいていることについては、本書の中でこの後お話しする予定です。

私は自分が霊媒師ではなく、直感的な人間なのだと理解するようになりました。霊能力があるというよりは、感覚的なのですが、この「霊能力の遮断」にはすべて理由がありました。すべての疑念を取り払うことができるような、向こう側の世界との本格的な遭遇というのはなかなかあるものではありません。私たちの大半が「あまり成功の見込みはない」部類に入ります。

私自身もこの部類であり、特別な力を持っているなんて言えないので、多くの方々が私の本に共感してもらえると思っています。霊能力を養成するには、何年にもわたる献身的な訓練が必要となります。書くというのは私の天職なので、これまで霊能力の世界やその養成方法に関する本を百冊近く執筆してきました。また、忙しい二児の母でもあるので、何かを優先しなければなりませんでした。この人生ですべてをやろうとするのは無理な話なのです。そこで、私のスピリットはある決断を下しました。そして、いまならはっきりとわかるのですが、その決断とはスピリットの声になること、あるいは、スピリットの言葉を書き留めることだったのです。つまり、実践者ではなく、信者ということだと思います。

さまざまな人生を歩んできた何千人もの方々が、死後の世界に関する驚くような体験談を送ってきてくれました。そして、私はそれらの多くを自分の本の中で紹介してきました。また、私は正直にこれまでのスピリチュアルな旅について、そして、天国が遠くに感じられたときの恐怖についても読者の皆さんと分かち合ってきました。霊能者やスピリチュアリストの一家に生まれたこと、あれほどそうなりたいと願っても天国を見たり、聞いたり、感じたりすることができない挫折感、うつ病に苦しんだこと、天国に対する疑念、そして、天国がその輝きを見せてくれたときに感じたかすかな希望について書いてきました。

そして、三十代の前半で、ついに天国が私に答えを与えてくれたときの、あるいは、私だけにわかる特別な証拠を示してくれたときの高揚感についても書きました。それまでは、天国とつながることができませんでしたが、亡くなった母のスピリットの声を聞いたとき、そして、あの混雑した道路でその声が私の命を救ってくれたというのは、思いがけない貴重な体験でした。

しかしながら、それは一回限りの出来事で、時の中に記憶が薄れていけばいくほど、あれは自分の勝手な思い込みではなかったのかという思いもさらに強まっていきました。同じような経験をもう一度してみたいと心から願いましたが、あれほど印象的な出来事は二度と起きませんでした。

しかし、私のこのような正直な思いに多くの読者が共感してくれました。この世の中には私と同じように、死後の世界について信じているけれど、直接的に天国と遭遇するという経験をしたことがないという人たちが多く存在することを知ることができました。

私は読者の皆さんのことを心から案じています。そして、私が執筆を続けることで、読者の皆さんが少しずつもっと自分のことを信じることができるようになり、天国と話す自分なりの方法を見つけることができるようにと祈っています。

見ることができなくても、理にかなっているように思えなくても、天国は本当に存在するということを皆さんにお伝えするために、私が書く本は一定の形を取っています。私がこのようなスタイルで書くのは、その方法しか知らないということもありますが、それが私らしいと思うからでもあります。本書も読者の皆さんに元気を与えることができる一冊になることを願っていますが、今回は、さらに大きく飛躍したいと考えています。それはどういうことなのか？　説明させてください……。

大きな飛躍へ──超常現象の科学的根拠への新たな道筋

死後の世界について執筆するというこれまでの二十年間のキャリアにおいて、絶えず二つの批判がありました。一つは私の書くことに証拠はなく裏付けが乏《とぼ》しいというもので、もう一つは私が霊能者や霊媒師ではないという点でした。

本書ではこうした批判について真正面から向き合っていくつもりです。まずは証拠がないという批判についてですが、証拠を見つける場所は科学の世界というものです。私はケンブリッジ大学キングズ・カレッジにおいて神学と英語の修士号を取得しましたが、科学者ではありません。二〇一五年の暮れ頃まで、証拠がないという批判を受けるたびに、私はただため息をつき、それは信念の問題だと思うしかありませんでした。しかしながら、二〇一六年、科学とスピリットというものは、それほどかけ離れたものではない、と世の中に知らせるすばらしい機会を宇宙が私に与えてくれました。

個人のブログやFacebookを開設するなかで、私はこれまで書いた本の中から引用したり、人々から送られてきた話を紹介したり、本の一部分を丸ごと投稿しました。するとたちまち、懐疑論者たちが「科学的根拠は?」と大きな声を上げ始めました。私はただ死後の世界を信じている人々、あるいはその世界を体験した人々には証拠など必要ないと言いましたが、心の片隅ではもっと具体的に答えることができたらという気持ちもありました。

十年ほど前、いくつかの百科事典において心霊世界に関する情報を編集し、科学に関する情報を加えましたが、まだ十分な情報もなく、入手も困難だったので、それほどの重点は置きませんでした。超常的な事柄に関しては、科学とスピリットは両立しないと信じるようになっていたのです。そこで、本当にそうなのか確かめることに決めました。

それはまったくそうではなかったことがわかりました。科学は信じ難い進歩を遂げており、特に臨死体験（ＮＤＥ）と意識研究において明らかだということを突き止めました。二〇一四年、蘇生の専門家であるイギリス・サウサンプトン大学のサム・パーニア医師が行った、世界中の病院から募った二千人の患者を対象にした調査において、意識——スピリットまたは魂——は肉体や脳が死んでも三分間は生きているということがわかりました。この調査の結果はかなり信頼できるものだったので、さらに規模を拡大して研究が進められています。パーニア医師は死後の世界を信じていませんが、あまりにも多くの臨死体験が報告され、死の淵から戻ってきた患者の驚くような体験を聞いて、科学的に研究してその答えを見つけたくなったそうです。

超常的な体験や超能力の研究に関して言えば、アメリカのノエティック・サイエンス研究所（ＩＯＮＳ）以外にはありません。現在、非常に有能で評判の高い科学者、医師、そして、神経科学者のチームが意識研究において世界を牽引しています。彼らの研究は、少なくとも超常的な体験について、信頼できる科学調査が行われるべきだということをはっきりと示しました。

なぜなら、天地創造のときから人々は超常的な体験に遭遇し、そして、現在でも多くの人が体験しているからです。人々の体験談はなかったことにせず、データとして扱う必要があります。

そして、科学的に研究していくと、大多数のケースでその理由は超常的だと信じることができる十分な根拠があることをＩＯＮＳのチームは突き止めていきます。

ＩＯＮＳ研究図書館ですべての読者の皆さんに知ってもらいたいことを見つけたとき、私は畏敬の念を感じずにはいられませんでした。読者の確信や経験は単なる信念や思い込みではないということが示されたのです。科学さえも死後の世界が本当に存在するという現実的な可能性について検討し始めたことを読者の皆さんにも知っていただきたいと思ったのです。

ＩＯＮＳに刺激を受け、私のＦａｃｅｂｏｏｋにチャネリング、予知、エネルギー・ヒーリング、テレパシー、人のマインド（訳者注：mind－思考や意思や理性などの働きをする心という意味。本書では場合によっては、ハート〈heart〉、感情や情緒を意味する心と区別します）に影響を与える存在、そして、もちろん死後の世界との遭遇や経験を説明する一連のビデオを掲載することをＩＯＮＳのチームにお願いしました。うれしいことに彼らは快諾してくれました。掲載されたビデオに対する読者の反応はすばらしいもので、一週間で五十万近くの視聴があり、ディーン・ラディン博士の著書『超常的（スーパーノーマル）（仮題）』（Supernormal、二〇一三年）はイギリス・アマゾンの科学と宗教の分野の売れ筋ランキングで一位に躍り出ました（私の功績を称えて、ＩＯＮＳが私のランディングページを作成してくれました。アドレスは http://noetic.org/theresa-cheung です。私の読者のために三つの無料ギフトが用意されているのでサイトをチェックしてみてください）。

私のランディングページで「科学とスピリットが出会う一週間」を掲載しましたが、超常的な事柄を研究するという意味では、現在のところ科学による大きな飛躍という十分な意識の高まりは見られませんでしたが、宗教とは別に人生の意味を見つけたいという強い意欲は存在することがわかりました。それ以来、私はできるだけ著書などにおいて、現在この分野の科学において参考となる人々を紹介してきました。しかしいまは、死後の世界のコミュニケーションについての興味深い新しい研究に焦点を絞って話を進めていきましょう。

死後の世界との遭遇についての科学

人は死んだらどうなるのでしょうか？　亡くなった大切な人のスピリットとコミュニケーションを取ることは可能なのでしょうか？　霊媒師たちは本物なのでしょうか？　超常現象について書いた本や辞典の中で、私は二十年以上にわたり、これらの質問に答えようとしてきました。特に、ベストセラー『死後の世界は真実（仮題）』（The Afterlife is Real、二〇一六年）や本書の前に書いた『チャネリング・センス【識別能力編】』（Heaven Called My Name、二〇一六年）の中で詳しく言及していますが、ほんの一年前までそこに真の科学や証拠があるのかという問題については触れてきませんでした。何年にもわたって、読者から多数の体験談を送ってもらってきましたが、そのような事例証拠を裏付ける研究があることをただ単に知らなかったのです。いまではそれを裏付ける科学が存在することを知りました。それらについて十分な話を聞いてこなかっただけなのです。

超常的な体験から得るシンプルなメッセージを信じることを読者に奨励する私の旅は、超心理学者でノーサンプトン大学の上級講師カル・クーパー博士が、自分の研究のデータベースに、私が読者から受け取った体験談（何千もの話があります）を掲載してもよいかと連絡をくれたときから、真の科学的見地からそれらの体験を考えることもできると読者に伝えることができるようになりました。クーパー博士は亡くなった大切な人について見る夢や、死別や死後の世界の体験について研究しています。こうした研究から彼が導き出した結論は、死後の世界のサインを受け取った八五％の人々が悲しみとより上手に向き合うことができるというものでした。

読者からいただいた話を読んでいたので、私はこの事実を知っていました。私自身も経験していましたし、読者から提供された死後の世界との遭遇、サイン、夢、そしてその他の経験から慰められたという話を聞いていたのです。

意識は生きているという科学的な根拠は？

クーパー博士の研究は死後のコミュニケーションについて前向きな結果を出し、科学界にも真剣に受け止められました。しかし、彼の研究はこの分野で尽力しているウインドブリッジ研究所以上の死後の世界とのコミュニケーションについての科学的な証拠を提示するにはいたっていません。ＩＯＮＳ研究所と共同で、ウインドブリッジ研究所は霊媒師からの情報の正確さについて綿密に調査しています。

幸運にもウインドブリッジ研究所の所長で、主任研究員であるジュリー・バイシェル博士にインタビューする機会をいただき、私のブログと前著の『チャネリング・センス【識別能力編】』に掲載させていただきました。バイシェル博士は霊媒師たちと意識に関する科学的調査を専任で行うために、高収入を得る可能性がある医薬品業界に就職しませんでした。彼女は科学的に承認された霊媒師たちと共に、死別した人々の悲しみとその痛みを和らげることを自分の夢として研究を続けています。私もその夢を分かち合いたいと思っていたので、本書に協力してくれることになりうれしく思っています。

すべての研究と同様に、さらなる努力が必要ですが、ＩＯＮＳとウインドブリッジによって一から収集された有望なデータによって、霊媒師の中には当事者や依頼人（シッターとも呼ぶ）に関する事前知識がなくても、亡くなった人の正確で詳細な情報を伝えることができる人たちがいるということが証明されました（どんなときもペテン師は存在しますが）。すべてのコールドリーディングの可能性は取り除かれました（テレパシーという説明も可能ですが、その現象自体に同じような説得力があり、おそらく別の本が書けそうです。テレパシーに関しても読者から多くの体験談が届いています）。二〇一五年、ＩＯＮ

Sとウインドブリッジによって発表された特筆すべき研究では、二五人の霊媒師による五八のリーディングが行われ、霊媒師たちが受け取ったユニークな情報としては最も強力な証拠が示されました。

誠実で正直な霊媒師、クレア・ブロードについて

これまでの研究では、死後の世界が存在するかどうかを確実に判断することはできませんが、間違いなく人間の意識について無限の可能性をより深く理解することができます。私はスピリチュアリストの家族に生まれましたが、これまで多くのペテン師に遭遇してきたので、何年にもわたって彼らを信じることができませんでした。しかし、ＩＯＮＳと関わるようになり、バイシェル博士にも刺激を受けて、再び霊媒師を訪れたらどうかと勧められました。私は運がよかったのかもしれません。あるいは天からの導きに恵まれたのでしょう。霊媒師のクレア・ブロードの仕事を目の当たりにしたとき、早速本物に出会うことができました。公開デモンストレーションの観衆の中に座っていたとき、彼女が言い当てた情報は偶然というには無理があると感じました。霊視を受けている人だけでなく、周りにいる私たちにもそのヒーリングの力が伝わってくるのを感じました。

自分の力を頼ってやってくる人々のためではなく、自身のエゴのために霊視を行う者もいるため、真の霊媒師の多くは、自分に与えられた贈り物を汚したくない、と注目されるのを避けるようになります。同様にクレアも大きな経済的な報酬を受け取ることなく、ひ

っそりと自分の仕事を行ってきました。今こそ読者の皆さんにも恐怖や偏見や誤解をなくして、真の霊媒術について知ってもらうときだと感じたので、私（テレサ・チャン）のＦａｃｅｂｏｏｋに霊媒術について説明するビデオを配信してくれないかと彼女に依頼しました。クレアはあまり脚光を浴びることを好まなかったので、そうするべきか長いこと真剣に考えてくれましたが、彼女も自分の言葉を世の中の人々に伝えるべきだという強い呼びかけを感じました。本書の後半でクレア自身が説明してくれると思いますが、私の依頼を引き受けていただき、彼女の配信はとても人気になりました。そこで、私は思いきって一緒に本を書いてくれないかと頼んだのです。

クレアの霊媒術を見学したとき、彼女の誠実さとエネルギーにとても感銘を受けました。ついに、死後の世界からのメッセージを聞きたいと熱望して集まった観衆を前に、間違ったメッセージを受け取ったり、どんな交信も受け取らないことがあっても恐れることのない一人の霊媒師と出会ったのです。彼女は霊媒術をインターネットにたとえました。あるときは流れるように進みすべてがうまくいき、またあるときは、行き詰まってフラストレーションを感じることもあるというのです。その誠実さに加えて、私を驚かせたのは、他に適当な言葉が見つからないのですが、彼女がどれほど「普通」だったかということなのです。彼女は霊媒師に見えませんでしたし、マスコミや映画が作り上げた霊媒師のイメージも持ち合わせていませんでした。彼女は朗らかで、非常に頭が良く、陽気で雄弁な女性なのです。

霊媒師として二十年働く傍《かたわ》ら、クレアは広告業界で前途有望なキャリアを積み、レオ・バーネット社やディズニー・カンパニーで働いてきました。幸せな結婚生活を送る二人のお子さんのお母さんでもあります。つまり、彼女が霊媒師だとはまったく想像できないのですが、クレアが真の霊媒師であることは間違いありません。まったく知らなかった観衆のために彼女が受け取った死後の世界からのメッセージは驚くほど正確だったのです。彼女が霊媒師として存在するのは、死後の世界は存在するということを伝えたいというたった一つの理由からだと断言します。彼女の霊媒術の正確さにとても感動しました。

たとえば、クレアはどうやってある人が養子だとわかったのでしょうか？　また、別の人が家族や友人にもまだ隠していたのに、ガンの告知を受けたことを知っていたのでしょうか？　「どうしてそんなことがわかるのか？」というリストはまだまだあります。観衆の中に座っていた私は、メッセージを受け取った幸運な三、四人の参加者だけでなく、そこにいたすべての人が安らぎを感じているのがわかりました。彼らは死後の世界を目の当たりにしたのです。

その後、クレアと話をしたとき、霊媒術に関するたくさんの「どうやって」や「なぜ」を尋ねました。すると、彼女はただ笑ってそれは本当にわからないから、いつか科学がわかるように説明できたらいいですねと答えました。そして、くり返し、彼女も自分の能力に多くの疑問を感じており、自分に何が起こっているのか、なぜスピリットが話しかけるのかを科学が説明してくれることを願っていると率直に話してくれました。生きることがずっと楽になるので、こうした才能を持ち合わせていなかった方がよかったと思うこともあったそうですが、クレアは四歳の頃から天国の声を繰り返し聞くようになったそうです。死後の世界が存在することを伝えるために、自分はスピリットに呼ばれたのだと感じていると話してくれました。そして、依頼人の亡くなった人からどんなメッセージも受け取ることができないときは、料金はもらっていないそうです。まったく何も起こらないこともあるそうですが、幸いなことに大抵の場合は、何か貴重なメッセージが送られてくるそうです。これまでクレアが見てきた人々の多くの証言をネットで読むことが可能です。

また、クレアは霊媒術について間違った考えを持っている人が非常に多いため、より多くの人に霊媒術について教えたいと心から願っていましたが、その方法がわからなかったと私に話してくれました。これは「そうだわ」と思う瞬間でした。二十年近く死後の世界について書いてきた私は少し行き詰まっており、人々に新しい方法でスピリットについて話したり考えたりしてほしいと思っていたのです。そして、クレアはクレアで献身的に二十年間霊媒術に向き合い、より大きな善のために何をすればよいのかわからないと行き詰まっていました。言い換えれば、私は死後の世界について書くベストセラー作家となっていましたが、読者に心霊能力に関する直接体験や霊媒術についての説明をすることができませんでした。ほんの一瞬そんな世界を垣間見ていたに過ぎません。

その一方、クレアは霊媒師として順調にキャリアを積んでいましたが、人が死んだあと意識は少しの間生きているという証拠を伝えるという誰かの人生を変えてしまうようなメッセージを多くの人に届けることができずに行き詰まっていました。

誠実な霊媒師であるクレアと出会った瞬間に、これは私に与えられたまたとない機会だと思いました。そこで、彼女に一緒に本を書いてくれないかと依頼したのです。クレアは現代の霊媒術を語るにふさわしい完璧な存在です。私たちはお互い違った意味で本を書くことは運命だと感じていました。そして、ピアクス・ブックス（Piatkus books）社の編集者が同じように感じていると知り飛び上がって喜びました。編集者もまた本書の成功を信じてゴーサインを出してくれたのです。

死後の世界を通じて、いかに人生の荒波を乗り越えるか

では、この本はどんな内容なのでしょうか？

超常的な経験をした一般の方々や、クレアを通して死後の世界からメッセージを受け取った人々の話を基に、天国がさまざまな方法でどのようにして私たちの祈りに応えようとしているのか、そして、どれほど私たちを慰めようとしているのかについて説明していきたいと考えています。個人情報を保護し、機密性を保障するために、本書に登場する方々の名前は仮名になっていますが、その内容は正確に彼らの経験が反映されています。

私たちのスピリチュアルな人生から得た洞察を交えながら、また、クレアの霊媒術の知恵を織り交ぜながら、本書は人生の永遠のテーマについてスピリチュアルな答えを提供していきます。

たとえば、なぜ私たちは苦しむのでしょうか？　死んだらどうなるのでしょうか？　天国とはどんなところなのでしょうか？　こうした質問に答えていきます。この本を読むことで、読者の皆さんが多少なりとも死への恐怖をぬぐい、天国があなたとコンタクトを取ろうとしているのかを感じ、そして、科学とスピリットのギャップは急速に縮まっていると感じてもらいたいと思っています。

また、霊媒術は永遠の愛のメッセージであり、恐れることは何もなく、私のように直接、あるいは、クレアのような霊媒師を通じて、死後の世界から人生に関する疑問の答えを受け取ることができることをわかってもらえればと願っています。

本書は二冊の本が一緒になったもの

パートⅠは、私テレサが書いており、霊媒師の必要なく天国と直接コミュニケーションを取るということに焦点を当てています。第一章では死後の世界からのメッセージやサインについて説明し、その中で最も一般的なものについて詳しく述べていきます。第二章では、死後の世界のヴィジョンや夢について考え、どのようにして天国はメッセージを伝えようとしているのか見ていきます。そして、第三章と第四章では、死後の世界から交信を取ろうとする恋人や家族、子どもや友人、さらにはかわいがっていたペットや動物などについての体験談を紹介しながら考察していきます。

パートⅡはクレアによって書かれており、霊媒術に焦点を当てています。まずは自分自身の経験について語り、さらに依頼人の話を紹介し、実際に霊媒師を訪ねるときの注意点や霊媒師は何を感知し、感じ、聞き、見るのかについて説明していきます。第五章では、亡くなった大切な人たちはどのように、またなぜスピリットとなってもコミュニケーションを取ろうとするのかについて説明します。第六章では依頼人に対するリーディングにおいて、スピリットがどのように答えるのかに焦点を当て、第七章ではスピリットのガイドから得る知恵について、また彼らとどうやってつながればよいのか説明します。第八章では霊媒師を訪ねるときによく聞かれる質問についてクレアが答え、第九章では改めて死後の世界を信じることで人生が変わるほどのメリットについて、さらには、どうしたら天国からの答えを自分自身で受け取ることができるのかについて説明します。

本書のあとがきでは、私たちはみな人間としての経験を持つスピリチュアルな存在であり、どんな形で天国に接したとしても、死後の世界は現実だということを伝えるために、私からの癒しの言葉で締めくくられています。

しかし、天国についての洞察はそこで終わりません。付記には、霊媒術、開発トレーニング、オンライン情報、死後の世界に関する研究やサポート、そして、フリーギフトがもらえるオンラインのリンクなど掲載されています。さらに、私やクレアと直接連絡を取るための方法も載っています。

本書は明らかに二つの視点が提示されていますが、どちらが優れているという話ではないとすぐにわかるはずです。単純に、私たちはまったく異なる話をしているのです。霊媒師を訪ねるのはどうも気が進まないという方は、別の方法で天国とつながることが可能です。反対に霊媒師を訪問したいという方も、自分自身で天国の声を聞く方法を見つけることができます。

　しかしながら、霊媒師を訪ねるかどうかにかかわらず、本書によって天国が私たちに答えを送るさまざまな方法について触れ、読者の皆さんにはその魔法のような力と安らぎを感じてもらいたいと私たちは心から願っています。

さあ、天国からの答えを受け取りましょう

　この序章を締めくくり、読者の皆さんに温かい気持ちで読み進んでいただくためには、クレアがチャネリングによって入手した以下の詩以上によい方法はないと思います。これは自分の最愛の叔母が二〇〇九年に亡くなったときにクレアが書いたものです。五年間に七人の家族が次々と亡くなった後に起きた悲しい出来事でした。悲しみに満ちた苦痛のときを過ごしながら、スピリットの世界についての知識がクレアを強く支えてくれました。心の中では彼らはずっと彼女のそばにいることを知っていたのです。

　ある日の午後、叔母のことを深く考えながら愛を送りました。そのとき、ふとある考えが頭に浮かびました。「おばさんはいま、私になんて言うかしら？」と。そう思ったとたん、答えはすぐに帰ってきました。それはエネルギーに溢れ、完全な形で、即座に彼女の頭の中にダウンロードされたように感じました。すぐに書き留めなければいけないと思っ

たクレアは、紙と鉛筆を見つける時間がなかったので、古い封筒と化粧道具のライナーを使って走り書きしました。

書き終わると、クレアはそれを読み返しましたが、チャネリングによって天国から届いたその詩が信じられませんでした。書き留めた言葉は真実として彼女に直接語りかけていました。愛する叔母が今彼女に何を言おうとしているのか、その答えがそこにあったのです。

何年にもわたって、これらの言葉は多くの人々に大きな慰めを与えてきました。私のFacebookにこの詩を載せたとき、大きな反響がありました。これがその詩です。愛を込めてあなたの心に直接語りかける天国からの答えなのです。

あなたに何を伝えたいかって?
私のことは見えないし、感じることもできないかもしれないけれど、
私はあなたと一緒にいることを知っていてね
あなたは疑うかもしれないけれど、
私はあなたのことを疑うことなどないと知っていてね
あなたが迷ったときは、光を照らすわ、
そしてその光にあなたが気づかなかったら、
あなたにその光が見えるまで、ずっと照らし続けるわ

決断することが困難なときは、
私ならどうしたか考えてみて、しっかりと見つめて、私の導きを感じて
私からのキスを感じることはできないけれど、
あなたのスピリットにキスをするわ
私のハグを感じることはできないけれど、
この腕であなたを抱きしめるわ
人生に疲れてしまったり、痛みに耐えられないときは
私に向かって叫びなさい、私は聞いているわ
寂しくなったときは、ストップ……よく聞いて……感じるのよ
私のエネルギーはそこに存在している
わたしが存在できない場所も時間もないから
これまでずっとあなたを愛してきたように、
それ以上に、私はいまもあなたを愛している
そして、こうして離れていても、私はよく、
そしてずっと、あなたのことを考えるでしょう
私はあなたのことをお祝いするから、あなたも私をお祝いしてね
あなたに会いたい、あなたを愛している

よく整理された頭を持っている人にとって
死は次の大冒険に過ぎない

J．K．ローリング

PART Ⅰ

[超解明]
自分自身で繋がる
直接交信《コミュニケーション》

第一章　「死後の世界」から降りるサインにどう気づくか
――スピリットの働きかけはどのような種類や方法があるのか

私たちが愛した人たちは決していなくならない
毎日、私たちの隣を歩いている
見えないし、聞こえないけれど、ずっとそばにいる

作者不明

天国は「見る」ことも、「聞く」こともできないかもしれませんが、だからといって存在しないということではありません。

あなたはこれまで考えもしなかったすばらしいことを、突然思いついてやってみたことはありますか？　それはスピリットがあなたにインスピレーションを送っているからなのです。

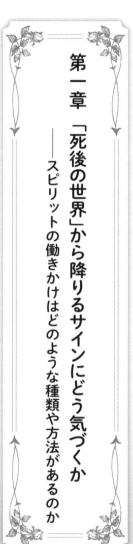

背後に強い気配を感じて振り返ったのに、誰もいなかったという経験はありませんか？　それは天使があなたを見守っているのです。

完全に道に迷ってしまったと思ったとき、理由はわからないけれどすべてが変わり、方向感覚や目的意識を取り戻したという経験はありませんか？　それは天国がメッセージを送ってきたのです。

独りぼっちだと感じたとき、そよ風、美しい夕日、笑顔、驚くべき偶然、あるいは単純な内面の変化によって、愛と希望で満たされたことはありますか？　そう、これもスピリットがあなたに手を差し伸べているのです。

信仰を失い、天国の存在を疑い、すべての希望が失われたと感じたときに天国を再発見したことがありますか？　スピリットはそうやって働きかけるのです。

スピリットの働きかけ

最近、私は喪失感と孤独感に襲われ、天国など存在しないのではないかと激しく動揺することが何度もありました。時折、それは個人的な理由が引き金となって感じることもあります。たとえば、人生のいろいろなことが思うように進まなかったり、何らかの形で失望したり傷ついたりしますが、多くの場合は、その引き金は個人的な理由ではなく、自分の周りの世界で起こっていることに関連しています。実際にこうして本書を書いている間に、不可解な犯罪のニュースが飛び込んできました。今回は、七歳の少女が残忍な方法で殺害された事件です。

その罪のない子どもの母親や父親、そして家族のことを思うと胸が痛みますが、同時にこの恐ろしい現実と、無条件の愛、光、美しさ、喜びであるスピリチュアルな存在からのメッセージとを比較せずにはいられません。天使のようなその少女に対する愛、光、美しさ、そして、喜びはどこにいったのでしょうか？　なぜスピリットはこのような事件が起きることを許したのでしょうか？　こんな疑問は打ち消そうとしましたが、消そうとすればするほど、その疑問は大きな叫び声となって私の頭の中を巡ります。疑念の種が蒔《ま》かれ、私はそれについて何もすることができません。そして、その疑念が強まるにつれて、私が世界に送ろうとしているメッセージに対する私の信念は弱まってしまいます。私は生涯をかけて、この世にも来世にも天国は存在するという非常に現実的な可能性について調査し、執筆してきました。しかし、ほぼ毎日のように、地上に地獄というものが存在するという可能性が高まっているのを感じています。

もしかしたら、天国を信じていない人の方が正しいのではないかと疑問に思うこともあります。私は何事にもオープンで、スピリチュアル作家として、懐疑論者や無神論者の考え方にもしっかりと向き合うことが重要だと感じています。彼らの考えはどこからくるのか理解したいと思っていますし、実のところ最近は彼らの主張についても大方理解できるのです。最近、ケヴィン・ネルソンの『神の衝動』（The God Impulse、二〇一二年）という本を読みました。この本は、天国への信仰は、それが本当に存在するからではなく、心地よいからという理由で、私たちのDNAに組み込まれているだけだと主張しています。ネルソンによれば、死後の世界の証拠はまったくありませんが、天国は安らぎと力を与えてくれるもので、悲しみと向き合うことをサポートしてくれるものなので、スピリットを信じるというのは奨励されるべきものだというのです。天国は生物学的な衝動に過ぎないという議論は理に叶ったもので、疑念の叫びが私の頭の中をめぐるとき、そんなこともあるのかもしれないと思うこともあります。

天国の存在についてときどき大きな疑問を抱くという私の率直な告白に、読者の皆さんがあまりショックを受けていなければよいのですが。また、こんなことを言っておきながら、これまで出版した本や、最近ではFacebookなどのサイトにおいてスピリットの声を熱烈に支持しているのはどうしてなのだろうと不思議に思っているかもしれません。私が天国は本当に存在すると確信していると言っているからこそ、読者やサイトを訪れる人たちは慰めや希望を感じてくださっていることも事実なのです。いま、こうやってその確信が揺らぐことがあると告白するのは、よくない結果を招く可能性はあると思いますが、天国に関する本を書いたり、サイトに記事を載せたりすることは不誠実な行為だと感じた場合には、すぐに活動を停止するつもりだということをお伝えしておきたいと思います。

この二十年、私は天国について書いてきましたが、ときにその活動を休止していたこともあります。しかし、本当の意味で完全に信じることをやめたことは一度もありません。なぜなら、もうたくさんだと感じるたびに、再び光が見えるからなのです。何度も暗闇と疑念に押しつぶされそうになりますが、私は正しい道を進んでいると確信させてくれる何かが常に起こり、私の疑念は終わりではなく目覚め、つまりそれは夜明け前の暗闇なのだと気づかせてくれます。あまりにもリアルで無視できないような、亡くなった大切な人の鮮明な夢を見るのです。天国からのサインによって私は安心します。読者からすばらしい体験談が送られてきます。心が躍るような記事を読みます。あるいは、私の中で突然、説明のつかない変化が起こり、それはスピリットによるものだとわかります。天国が呼びかけ、私は確信を再び取り戻し、以前よりも強くなっていくのです。

そのような絶対的な確信においてはっきりとわかることは、私は天国を人間の言葉で理解しようとしているのだということです。善良な人々になぜ悪いことが起こるのかは、私は現世では決して理解できないでしょう。それにはもっともな理由があります。なぜなら、すべての答えを知っていたら、私はスピリチュアルに成長することをやめ、精神的にも人間的な意味でも現状に満足してしまうからです。たとえば、私たちはみな女性が出産時にあまりの痛みで叫び声を上げることは知っていますが、赤ちゃんが生まれようとしているからだとわかっているので、あまり心配することはありません。それと同じように、なぜ苦しみが存在するのかその理由を知っていたら、それについても私たちは同じように気にしなくなってしまうかもしれません。

私たちが暗闇や不安を経験するとき、疑うという行為には途方もない力があることを思い知らされます。なぜなら、疑念を抱くたびに、新しい答えや洞察を見つけようとせざるを得ないので、スピリチュアルな自己として成長するという自分が生まれてきた目的を果たすことになるからです。疑うことは力強いスピリチュアルな目覚めであり、私は天国に行くのではなく、天国になるためにここにいるのだと気づかされるのです。ときに、成長するとき、あるいは、古い皮膚が剝がれ落ちるときには痛みが伴うものです。

疑念を抱いた後は、私たちは常に愛に戻ることができるものです。天国は本当に存在するのかと疑っているときでさえ、天国は私の中に、そして私の周りにまさに生きていて、私をもっとそばに引き寄せてくれていることがはっきりとわかります。人生におけるすべてと同じように、この美しい確信は一時的なものであり、そのうちまた迷子になったり混乱したりすることもあると思います。しかし、どんな困難を抱えても、どれほど疑いの気持ちを抱いても、いまは自分を十分に信じることができるので、どうにか乗り越えていけそうです。痛みや孤独感はきっと消えることでしょう。疑いながらも、私はスピリチュアルな成長を続けていきます。

天国のサイン

人生の危機に直面したとき、天国が私をその瀬戸際《せとぎわ》から救ってくれる説得力のある方法の一つに、死後の世界からのサインがあります。これらは通常、ヴィジョンや声などでそれほど壮大なものというわけではありません。本格的な死後の世界との遭遇も起こることはありますが、それらは非常にまれだとお伝えしなければなりません。後半に非常にドラマチックな体験談がいくつか登場しますが、まずは何気ないサインから説明します。私たちはあまりこのような話を聞きませんし、気づくこともあまりないからです。こうした経験の方がかなり頻繁に起こるのでそれに気づくことができないのは悲劇だと思うのです。

第一章で紹介する人々は、亡くなった大切な人や翼と光の輪を持つ天使に実際に会ったわけではありませんが、天国からメッセージを受け取ったに違いないと確信しています。そして、そのことによって彼らは大きな安らぎを感じただけでなく、自分が思っている以上に幸せで、より強く、より魔法に満ちているように感じました。本章を読み終えた後、天国があなたにも何気ないサインを送るとき――どうか私のことを信じてください。天国は何度もそうしてくれるはずです――あなたがそれに気づき、それが何なのか認識し、見逃したり無視したりしないことを願っています。

天国からのサインはどんなもの？

天国からのサインに気づくには、それがどんなものなのか理解する必要があります。死後の世界からのサイン、メッセージまたは「コーリングカード」は、クレアのような霊媒師が間に入るわけではなく、直接的で個人的な交流です。これらのサインは「死によってすべてが終わるわけではない」と非常にはっきりと教えてくれるのです。すでに述べたように、天国からのサインの多くはとても何気ないものなので、簡単に見過ごしたり、無視したりしてしまいます。すばらしいインスピレーションを与えてくれるものなので、気がつかないとしたら非常に残念です。

天国からのサインは、あなたを深く愛しよく理解してくれている人から手紙を受け取るような感じです。手紙を読むわけではありませんが、最も深遠で人生を変えてしまうかもしれないような確信やアドバイスを与えてくれるものなのです。そうしたサインは非常に個人的なものです。これまで読者の皆さんから何千もの体験談を集めてきたので、もしあなたが、スピリットとなった大切な人が近くにいると感じたり、より大きな力が働いていると感じたりするなら、個人的なレベルであなたに話しかけるものはまさに天国からのサインではないか、と私は思います。

ひとつ例を挙げると、ジェイドは最愛の叔母が亡くなってから一週間後に私に手紙を書いてくれました。二人はとても仲が良かったので、ジェイドはひどく寂しかったのですが、最もありえないものが彼女を慰めてくれました。それは何とティッシュの箱でした！ジェイドの叔母はいつも、入手が困難な不思議な色合いの薄紫色のティッシュしか使いませんでした。ある晩、涙が溢れてきてティッシュを取ろうとしたとき、自分の目が信じられませんでした。ティッシュは淡い紫色で、叔母が自分の家で使っていた色合いとはまったく違いましたが、それでも紫色だったのです。ジェイドはいつも彼氏が指定していた白いティッシュを購入していたので、そんなことはありえないと思いましたが、信じられないほど気持ちが楽になりました。叔母の死後初めて、ジェイドは赤ん坊のように眠り、翌朝はとてもよい気分でした。しかし、話はさらに超現実的にものになりました。翌朝、鼻をかもうとすると、ティッシュは紫色ではなく白に戻っていたのです。

頭の中で勝手に思い込んでいただけなのかと、ジェイドは私に尋ねましたが、私は薄紫色のティッシュを見たときどんな気持ちだったのか尋ねてみました。すると彼女は、叔母がすぐそばにいるみたいで、紫色のティッシュで涙を拭いてほしいと言っているような気がしたと答えました。それこそが天国からの答えだと私は彼女に伝えました。

これは私が受け取った唯一の「天国がティッシュを通じて私に語ってくれた」話ですが、天国からのサインを大まかに分類することは不可能だということをお伝えしたくて紹介しました。まさにどんなものでもサインとなりえるのです。共通するのは亡くなった大切な人が近くにいるとわかり、それが大きな慰めをもたらしてくれるということです。あなたの経験を偶然だとか想像しただけど片付けないでください。本章の最後の方でその理由を詳しく説明する予定です。

天国からのサイン　トップテン

どんなものもサインの可能性があると言いましたが、これまで送られてきた多くの話から、より一般的で起こる可能性が高いものがいくつかあることに気づきました。以下に紹介するのがそのトップテンです。順不同ですが、いくつかの話を交えながら説明していきます。

1. 目には見えない感覚

最初に挙げる天国からのサインは「目に見えないもの」です！　目には見えないものの、触れる感覚を感じることができます。興味深いことに、クレアも霊媒術を行っているときや透視能力によってスピリットを見たり聞いたりするときに、これらの目に見えない感覚を経験すると私に話してくれました。ミックが私に送ってくれた話は、このことをうまく説明してくれると思います。

エンジェルからのキス

私は二年前に娘を亡くしました。あの子はわずか十七か月で、私たち夫婦の結婚生活にも大きく影響しました。それほどのダメージを受け、私と妻は別れることになりました。娘を亡くした悲しみは深いものでしたが、それ以上に妻と別れた後の痛みは耐えられるものではありませんでした。私はとても孤独を感じました。男性とか女性にかかわらず、涙は弱さではなく強さのしるしだと思うので、私は毎晩のように泣きながら眠りにつくことを恥ずかしいとは思いませんでした。声が聞こえると寂しくなかったので、夜もテレビをつけっぱなしにするようになりました。

妻が出て行って十日目、明け方に目が覚めるとテレビはついていませんでした。心を落ち着かせてくれる音はありませんでした。私はそれで慌てたのですが、ふと誰かが私の手を握っているのを感じました。私は布団から手を出していました。その手は小さく、電気を帯びたように温かでした。その時点ですっかり目を覚ましていましたが、私の手に触れる小さな手の感触が心地よく、そのまま眠ったふりをしました。すると、私の手に優しいキスを感じました。生前、その小さな手を握ると、娘はよく私の手にキスをしていました。だから、娘だとわかったのです。あの子は私のすぐそばにいると感じました。それから私は安らかな眠りに落ち、もう一度目が覚めたとき、娘はどこかで生きていて、いつも私と一緒にいるのだとわかりました。それは最高に心地よい感覚です。

これは二年前の出来事ですが、正直に言って、そのときのおかげで私は悲しみを乗り越えることができました。最近、職場の同僚がティーンエイジャーの息子を交通事故で亡くしました。あのときの経験のおかげで、私は彼をサポートすることができました。娘が亡くなったとき、もう二度とあの子に会ったり触れたりすることはできないと思っていましたが、今ではいつでも目を閉じたら、娘のとても小さな手を思い出すことができます。こんな幸せなことはありません。その瞬間、あの子は生きていると感じるのです。

目に見えない手やキス、そして、その他の優しいタッチに関する体験談を送ってくれたすべての読者の皆さんは、それが自分の勝手な想像ではなく、この世のものではない何かを経験したのだと知っています。どうやって知ったのでしょうか？ 説明することはできなくても、気持ちがずっと楽になったので、それに違いないとわかるのです。

おそらく、最も説得力のある形でそれが起きるのは、ただ心から幸せだと感じるような、身体的な感覚がまったくないときかもしれません。サマイラの話はその完璧な例です。

運転中に

私は毎週、夫の墓参りに行きます。彼がいなくなって一年八か月。痛みを和らげるために私ができる唯一のことです。墓参りすることで気持ちは少し楽になりますが、さらに希望と慰めを与えてくれる経験をしました。あなたがこの話を他の人たちと共有してくれたら幸いです。

それは会社から車で家に帰る途中に起こりました。バーガーキングの前を通り過ぎたとき、バーガーキングが大好きだった夫のことを思い出しました。私はベジタリアンなのでバーガーキングはあまり好きではありませんでしたが、夫の幸せそうな姿を見るのが好きだったので、妥協してベジバーガーを注文することがありました。その日、私はお腹が空いていたので、彼のためにベジバーガーを食べることにしました。車を停めてエンジンを切った瞬間、とても大きな愛を感じました。それは胸の中心からあふれ出し、全身へと広がっていきました。なんて美しかったことでしょう。まるで寒い冬の日にホットチョコレートを飲むような感じでした。あの日のことは生涯忘れません。夫はスピリットとなって私のそばを歩いてくれていること、そして、私たちが分かち合った愛が決して消えることはないという証拠です。

2. 香り

次のわずかなサインも目に見えません。天国はよくすぐに認識できるような、あるいはまったくなじみのない香りを通して、あなたに話しかけることがあります。どちらの場合も、理にかなった説明などはなく、どこからその香りがするのかもわかりません。思いがけず現れ、謎のように消えてしまう傾向がありますが、その香りを経験する人は心の中に深い安らぎを感じるのです。通常その香りは、香水や葉巻の煙など、亡くなった大切な人とのつながりを感じるものですが、読者の皆さんからは、どこから香ってくるのかわからないけれどバラだったり、あるいはバニラ、ジャスミン、ラベンダー、ミント、いちごなどその他の美しい香りを思いがけず経験したという話も多く寄せられています。私たちの脳は、大脳辺縁系（基本的な感情の制御に関与する脳内の神経とネットワークのシステム）で、直感的または精神的な感情や思考を処理するのと同じ方法で香りを処理するため、これを聞いても私は驚きません。香りも記憶を呼び覚ますので、偉大な力があります。ダレンの話を紹介します。

温かいパン

祖母が亡くなった日の朝、午前五時頃に目が覚めたとき、温かいパンの強い香りがしました。祖母は三百キロ以上離れたところに住んでいましたが、幼い頃に祖母の家を訪れたときの香りとまったく同じでした。当時私は学生寮に住んでいて、食事は外食かパンに豆を乗せたものを食べるくらいだったので、なぜそんな香りがしたのかわかりませんでした。パンを焼く人などいなかったし、キッチンは午後十時に施錠されました。

祖母が病気だったことは知っていましたが、すでに数か月間入院しており、医師は死ぬようなことはなく、十分回復する見込みもあると言っていたので、特に祖母のことを考えることもありませんでした。数時間後、大学に向かう途中に父から電話がかかってきて、祖母が亡くなったことを知らせてくれました。あれから数か月が経ちましたが、いまだにふとしたときに温かいパンの香りがすることがあります。一人でいるときや自分の部屋にいるときにすることが多く、別の場所や外から香ってくるのではないことはあきらかです。誰かがパンを焼いているわけでもありません。祖母が近くにいることを知らせようとしているような気がします。特に、気分が落ち込んでいるときや孤独を感じるときに、香りがとても強くなることがあり、祖母が何か具体的なことを伝えようとしているのかとも考えるのですが、まだはっきりとわかりません。

私はダレンに返事を書き、彼の祖母は何かを伝えようとしていること、そして、それはとても具体的なことだと伝えました。祖母はどれだけ彼を愛しているのか、そして、彼が決して一人ではないことを、パン作りに対する愛を通して伝えようとしているのです。

3．家庭用品

死後の世界の体験談を集めるようになったとき、点滅する電球、鳴るインターホン、音楽が流れだすオルゴール、どういうわけか壊れて何年も放置されていたのに動き出した時計といった話を多く受け取りました。

確かに、愛する人が亡くなったときに時計が止まったというのは、非常によく記録されている現象です。しかし、スピリットは私たちが生きている時代に適応するもので、現在私に送られてくる話には、テレビ、コンピューター、ラップトップ、電話、そして、まったく説明のつかないメッセージが携帯電話に送られてくるといったものがますます増えています。次に紹介するジェニーの話はそれがよくわかります。

天国からの呼びかけ

ある土曜日の朝、私はいつもよりゆっくり寝ていました。前の晩は遅くまで働いていたので、睡眠不足を解消したかったのです。携帯電話が鳴りましたが、それが誰であっても音声メッセージを残すだろうと思い無視しました。数分後に再び電話が鳴りました。そのときはすっかり目が覚めていたので、携帯電話を取ろうと手を伸ばしましたが、途中で切れてしまいました。再びベッドに横になると、一分ほどしてまた鳴り始めました。次は準備ができていたので、すぐに電話に出ました。電話は父からでうれしくなりました。父の太い温かみのある声が大好きでした。父は元気なのかと尋ねたので、私は最近働き過ぎかもしれないと答えました、すると、人は死に際に自分がどれほど働いたかなんて覚えていないものだよと言いました。最後に考えるとしたら、これまでに築いてきた人々との関係や、自分や自分が愛する人たちが幸せかどうかだと言ったのです。私は笑って、なぜそんなことがわかるのか尋ねました。すると、父は「信じてよ、デイジー（これは父がつけた私のあだ名です）、ただ、知っているんだよ」と言いました。そして、父は愛しているよ、と言って電話を切りました。

電話を置いたとき、私はアイス・バケツ・チャレンジをしたような衝撃を受けました。かかってきた電話に何の疑問も感じなかった自分に深いショックと驚きを感じました。だって、私の父は六年、そうです、六年前に亡くなっていたからです。もう一つ驚いたことがあります。父は六年前のその日に亡くなっていたのです。それが父の命日であることをすっかり忘れていました。信じられません！ 私は兄に電話しました。すると、兄は私の想像だと言いました。そして、着信の履歴を確認するように言ったのです。すると、七時五分、七時十二分、そして、再び七時十四分に「不明」の番号から着信がありました。

　もちろん、ジェニーが夢を見ていて、迷惑電話だったという合理的な説明をすることも可能ですが、かかってきた完璧なタイミングを考えると迷惑電話ではなかったと言えそうです。ジェニーにとって、これは天国からの電話でした。理にかなった説明が見つかったとしても、ジェニーにとって父からかかってきた電話は本物で、切望していた希望と安らぎを与えてくれました。

　ウィリアムは、彼にかかってきたのは天国からの電話だと確信しています。

命を救う電話

　愛しい娘のクレアは体調を崩していました。携帯電話が鳴ったとき、私は車を運転していました。車を停めて携帯電話を見ましたが、電話番号も名前も何も表示されていませんでした。そのとき、ふと、もしかしたらクレアが私に何か用があるのかと思いました。私は特に心配はしていませんでした。クレアの家に寄って、買ってきてほしいものがあるのか確かめることにしました。

　クレアの家に着き、家の中に入ると、リビングルームの床で苦しんでいる彼女を見つけました。私はすぐに緊急通報しました。その結果、彼女はその夜、救命手術を受けることができました。クレアは穿孔性潰瘍を患っていたことが判明しました。妻と私は一晩中病室に座っていましたが、娘が乗り越えられるかどうかわからない状態でした。医師たちからはチャンスは五分五分だと伝えられました。

幸いにも、彼女は手術を乗り越え、その後数年間で健康を取り戻しました。現在は元気に過ごしていますが、運転中に電話が鳴らなければ、私は娘の家に行ってあの子を発見することはなかったでしょう。クレアは私に電話していませんでした。あのとき運転中に電話が鳴らなかったら、彼女は生きていなかっただろうと確信しています。その電話は疑いの余地なく天国からのものでした。

4．音

音は実に美しく、非常に一般的な死後の世界のサインです。ときどきこれまで聞いたことのないような音楽が頭の中で聞こえることもありますが、それは不思議な魅力を持っています。より一般的には、亡くなった誰かのことを思い出させてくれたり、あなたは一人ではないと伝えてくれたりする馴染《なじ》みのある音や音楽を耳にすることが多いのですが、その音源は天国に導かれて流れてくるものです。霊媒術を行うとき、クレアは亡くなった人に関する歌や音楽を聴くことがあると言います。次に紹介するウェンディの話はこれを美しく伝えてくれます。

ストレンジャー・イン・パラダイス

祖母が亡くなって数か月後に祖父が死んだとき、本当に辛くてどうしようもありませんでした。二人は私にとって祖父母というより両親のような存在で、私たちはとても仲がよかったのです。父親はおらず、母親はあまり家にいませんでした。そこで、祖父母の家の片づけは私に任されました。それがもう辛くて、一度に少ししか作業できませんでした。

その日は特に感情が高ぶって、片づけを始める前にお茶を飲むことにしました。音楽でも聴けば少しは気持ちが楽になるかと思い、ラジオをつけてみることにしました。電源を入れると、「ストレンジャー・イン・パラダイス」という曲が流れていました。美しい曲ですが、最近の曲ではないので、ラジオではあまりかからない作品でした。しかし、その曲が私の心に響いたのは、それが祖父母の大切な歌だったからです。二人は結婚式でその曲をかけました。お互い出会ったころに流行っていて、祖父母には非常に特別な曲だったのです。私が小さい頃、祖母は家事をしながらよくその歌を口ずさんでいたのを覚えています。それはただのすてきな偶然だったのかもしれませんが、私にとってはそれ以上に大切なことでした。悲しみの涙を乾かし、祖父母との幸せな思い出を大切にすることができるようになりました。二人がどこにいたとしても、私にあの曲を聴かせたいと思ってくれたに違いありません。

音に関してもう一つ一般的に報告されている死後の世界のサインは、耳の中で甲高いハム音がすることです（このやさしくて短い甲高いハム音を、痛みやずっと続いて煩わしい耳鳴りと混同しないでください。その場合は、医師の診察を受けてください）。耳を撫でなくても、一分程度で止まるこの音を思いがけず聞いたときには、少しリラックスして、天国が崇高な愛と知恵をあなたにダウンロードしているのだと考えるようにしてください。私は死後の世界に関する本を書いているとき、よくこの音を耳にします。特に、これは、来世の本を書いているときや、非常に美しい、あるいは感動的な話を書いているときによく起こります。仕事をしている私のために、まるで天国が一緒に歌ってくれているような心地がします。

5. 言葉

天国は文字を通してコミュニケーションを取ることがあります。雑誌の特集記事、オンライン記事、もしくはポスター、車のナンバープレート、Tシャツのデザインにさえも、あなたにぴったりのアドバイスが理想のタイミングで現れるかもしれません。あるいは、何かの会話を耳にしたり、ラジオで何かを聞いたり、テレビやオンラインで何かを見たりして、あなたにとって適切なアドバイスを受け取ったり、心に直接語りかけてきたり、亡くなった大切な人が言っていた言葉を思い出したりするかもしれません。どうかこれを偶然だと片づけないでください。次章では、「偶然」についてさらに詳しく説明し、本当に天国が話している言語だということを示す事例を共有するつもりです。

この本を読んでいるあなたは、どのようにしてこの本を手にしたのか考えてみてください。友人、家族、あるいは大切な人からもらったものですか？　それとも、天使に関する本など買うつもりはなかったのに、本屋に行ったらどういうわけかこの本に惹かれてしまいましたか？　あるいは、文字通り偶然見つけたとか、地下鉄やバスや電車に置き忘れられたものを拾ったのかもしれません。私の天使に関する本や精神世界について書いているその他の著者の本を「驚くような」ありえない方法で見つけたという話を聞くのがとても好きです。私はまったく驚きません。あなたがいまこの本を読んでいるということは、何か理由があってあなたの手に渡ったのです。白い羽根、雲、蝶、硬貨などと同じように、それは天国からのコーリングカードであり、あなたは言葉に導かれ、それを読むことになっているのです。

6. 物《オブジェクト》

死後の世界のサインで「物」というカテゴリーは、愛する人が近くにいるという安らぎと希望を与えるために、無生物が完璧なタイミングで動いたり現れたりすることを意味します。物はまさにあなたにとって個人的に大切なものということでよいのですが、最も報告されている一般的な物は写真、硬貨、宝石などです。次に紹介するルーシーの話には、この三つすべてが含まれています。

三つの願い

ちょうど夫とのアイルランド旅行から戻ってきたところです。向こうに住んでいる私の家族と一緒に過ごしてきました。一つ悲しかったのは、母が入院していて、体調があまりよくなかったので、一時退院が許されず私たちと一緒に過ごすことができなかったことです。

家に到着すると、荷物を解いてからかなり早く寝ました。午前二時頃、ドンという軽い音で目が覚めました。ベッドサイドランプを点けると、母と二人の兄が一緒に写っている写真の入ったフレームが壁から落ちて、タンスの後ろに滑り落ちているのが見えました。夫は、アイルランドで私たちと時間を過ごすことができなかった母が、自分の存在をアピールしているのではないかと冗談を言いました。

翌朝、私はタンスを引いて写真のフレームを取りだしました。幸いなことに割れたりはしていませんでした。タンスを戻そうとしたとき、ポンド硬貨が落ちているのを見つけたので、手に取って思わず微笑みました。母はいつも、硬貨を見つけたらそれは天国が近くにあるというサインで、そんな日はすばらしい一日になるものだと言っていました。私はそれを宝石箱に入れました。箱を閉めようとしたとき、何かが引っかかってうまく閉まりませんでした。それは大粒の真珠のネックレスで、五十歳の誕生日に母からもらったプレゼントでした。私は宝石箱から出して、ネックレスをつけることにしました。

電話が鳴ったのはそのときでした。兄からでした。兄はかすれた声で、前の晩に母が亡くなったと言いました。その言葉の意味を理解するのに少し時間がかかりましたが、夫が言ったことは間違ってなかったと確信しました。まず写真、次に硬貨、そしてネックレスと立て続けに現れたのは、スピリットとなった母が、自分の存在を知らせに来てくれたのだと思います。

7. 直感

亡くなった大切な人は、ただ知っているという感覚や直感を通して私たちに話しかけることがあります。これは、何かまたは誰かについて何となくそんな気がして、後でその予感が的中したと気づくようなときです。直感を信じて従うと、そうしてよかったと深く感謝しますが、無視してしまいそれが最初から正しかったことが後からわかると、自分自身をもっと信頼すべきだったと後悔するものです。天国から送られた直感ととても人間らしい恐怖との違いを見分けるのは難しいですが、一般的に直感は優しく、ポジティブで、直接的で活気に満ちています。要するに、直感には長々とした説明は必要なく、自分自身についで後ろめたい気分を感じたりしません。あなたにはそれが直感だとただわかるのです。恐怖は、議論、不確かさ、そして不安を助長します。

ナオミが送ってくれた体験談は、自分の直感が伝えているのか、それとも恐怖からそう思うのかの違いを教えてくれると思います。

止まって

私は新しい場所へサイクリングに出かけるのが何より好きです。スピードを求めるとか、スポーツとして自転車に乗っているわけではありません。自転車は美しい場所に連れて行ってくれるし、自由と新鮮な空気が好きだからです。

ある土曜の午後、職場の友人が勧めてくれたルートを試してみることにしました。いくつか非常にきつい上り坂があるけれど、頂上まで行けばあとはすべて下りで本当にすばらしい景色だと教えてくれました。

友人の話は本当でした。最初の上り坂はきつかったです。とてもきつかったです。頂上に着いたとき少し疲れたので、私は自転車から降りて足を休め飲み物を飲みました。その場所は大変美しかったので、少しゆっくりし過ぎてしまいました。すでに三月でしたが、かなり早くに暗くなってしまいました。私は自転車に乗り、下り坂を走り始めました。自転車はものすごいスピードで勝手に回転していたので、サイクリングをしているという感じではありませんでした。周囲には誰もいなかったので、ヘルメットを脱いで、そよ風が髪に当たるのを感じながら、「ヤッホー」と一、二回声を上げました。「止まって」という信じられないほど強い気持ちが込め上げてきたとき、私は三分の一くらい坂を下りたところだったと思います

私はすぐにブレーキを踏んで自転車から降り、後ろに人がいないか確認しました。誰もいませんでした。戸惑いながらしばらく歩いていると、数台の車が通り過ぎてい

きました。車が安全に通り過ぎると、私は再び自転車に乗り、坂を下っていきました。再び、「止まって」という抗《こう》し難い気持ちが込み上げてきました。スイスイと坂を下りていたので、本当に止まりたくありませんでしたが、その直感を無視することはできませんでした。

自転車を降りると、叔母が近くにいるような強い感覚に襲われました。うまく説明できませんが、自転車を引きながら坂を下っているとき、まるで叔母が私の隣を歩いているような気がしたのです。叔母が生きていた頃、私たちはよく長い散歩に出かけ、人生や宇宙やその他多くのことを語り合ったので、アウトドアが好きになったのはその叔母の影響だと思います。

自転車を降りてから数メートル進んだ先に、急な曲がり角があり、その先の道には大きな穴がいくつかあったので、歩いてよかったと思いました。もちろん、自転車に乗っていてもその穴を避けることができたかもしれませんが、辺りは真っ暗でよく見えなかったので、できたかどうかを判断する方法はありません。あのままヘルメットをかぶらずに、あのスピードで進んでいたら、今ごろあなたにこうして手紙を書いていなかったかもしれません。次の曲がり角に何があるのかなんてわからないものですから。

ここでナオミが自分の直感に耳を傾けていなかったら、結果は命を左右するものだったかもしれないという彼女の意見は正しいと思います。この体験談は、ときに天国は私たちの目よりもさらに遠いところまで届く強力な内なる感覚を通して、私たちに語りかけることができるということを示しています。

次に紹介するマンディは、自分の直感に耳を傾けていなかったらどうなっていたかと身震いしてしまうそうです。

助手席

私は夫と一歳になる息子のグレンと、車で四十分ほど離れたところに住んでいる両親に会いにきていました。夜自宅へ戻るとき、ベビーシートに入れる代わりに、グレンを抱っこして助手席に乗ることにしました。それは違法な上、これまでそんなことをしたことはなく、明らかに安全な方法ではありません。なぜそんなことをしたのかはわかりませんが、そうするべきだと強く感じたのです。両親の家を出てから約七分後、グレンの呼吸が止まったので、自分の直感に耳を傾けたことに感謝しました。

幸いなことに、そこから一分のところに病院がありました。医師たちによってグレンは再び呼吸ができるようになりましたが、四日間入院することになりました。グレンは熱性けいれんを起こし、体温が平熱に戻らなかったのです。ベビーシートに座らせていたら、自宅まであと三十分はかかっていたので、グレンは寝ているものだと思い込み手遅れになっていたことでしょう。あの夜、助手席に座ったことを私は一生感謝していくことでしょう。

次に紹介するシーラの話では、直感の力は常に働いていること、そして、それをただ信じることがどれほど重要で癒しとなってくれるかについて教えてくれます。

反対側

妹のジョアンは昨年亡くなりましたが、私は彼女が大声ではっきりと話すのを確かに聞きました。私は娘の庭で鉢植えの花を植え替える準備をしていましたが、突然、ジョアンが「反対側に植えて」と言ったのを聞いたのです。それは彼女の声で、話し方もそのままでした。私は辺りを見回しましたが、誰もいませんでした。するとまた妹の声がしました。今度は、「そこに花を植えてはだめよ。反対側に植えて」と言ったのです。私は耳に手を当て頭がおかしくなったのかと思いましたが、それでもいいと思い庭の反対側に行きました。すると妹の笑い声が聞こえたのです。私はそこに花を植えながら、これは妹に捧げようと思いました。植え替えが終わると、「最高の場所よ。その意味がそのうちわかるわ」という妹の声がしました。

妹のそんな声を聞くなんてどうかしていると思い、お茶でも飲んで落ち着こうと家の中に入りました。それは単なる私の想像に過ぎないと思うようにしました。私たちが子どもの頃、よく二人で楽しく庭で遊んだことを思い出しました。思わず笑みがこぼれました。

娘が自分の娘（私の孫娘）を連れて戻ってきたとき、私はまだ庭にいました。二人はすぐに新しい花が植えられていることに気づき、喜びの声を上げました。実は、孫娘の可愛がっていたハムスターが先週死んでしまったそうで、彼女はとても悲しがっていたのです。私はその話を聞いていませんでしたが、テレサならもうわかりますよね？　私が花を植えた場所に孫娘たちはハムスターを埋めたのです。それは私たち三人にとって美しい瞬間でした。

娘はどうしてその場所を知っていたのかと尋ねましたが、私はただの偶然だと肩をすくめました。天国からの声でどこに花を植えるべきか聞いたなんて言えば、私には幻聴が聞こえるのかと娘が心配するかもしれないので、何も言いませんでした。現実にすばらしいことが起こっているので、あなたやあなたの読者に伝えることができてうれしいです。


超能力者で直感に関する専門家のジョー・エンジェルが次に紹介する話の中で説明しているように、直感は私たち全員が持っている大きな力《スーパーパワー》ですが、必ずしも私たち自身がその力を十分に信頼しているというわけではありません。

ジェニーについてお話ししなければなりません

私はよく人や場所や関係性について、すぐに直感が働きます。長い年月をかけて、その直感を信じるようになりました。一つの例を紹介します。約十五年前、私は仲のよい友だちから離れた場所に引っ越しました。引っ越した後、友人の一人がある女性と出会い、とてもスピリチュアルなすばらしい人だといろいろと話してくれました。名はジェニーといい、彼女についてはよい話しか聞きませんでした。

あるとき、私の子どもたちが、以前住んでいた家の近くにいる友だちのところへ泊まりに行きました。そのときに子どもたちはジェニーに会いました。帰ってきた子どもたちもまた、ジェニーがとてもやさしくてすてきな人だと絶賛していました。私もジェニーに会うことが楽しみになり、そんなにすてきな人がいるなら、引っ越さなければよかったかもしれないと思ったりもしました。また、友人は経済的に困窮し、非常に大変な時期を過ごしておりましたが、ジェニーはとても親身になって相談に乗ってくれたそうです。ジェニーは友人にお金を貸し、別の仕事を掛け持ちできるように彼女の子どもたちを預かったりして助けてくれたのです。

数か月後、その友人を含めた大勢が家に遊びに来ることになりました。久しぶりに友だちと一緒に時間を過ごせることや、ついにジェニーに会えることを楽しみにしていました。しかし、彼女たちが到着し、ジェニーを抱きしめたとき、私は最も奇妙な感覚を覚えました。私の全身が彼女に気をつけろと言っているようだったのです。どんなときも人々のポジティブな面を探そうとしているので、私はショックを受けました。私の顔色と態度が少し変化したので、それに気づかれる前に気持ちを落ち着かせる必要がありました。

私たちはそれぞれの近況を話し、楽しい再会を祝うパーティーのような雰囲気が続いていましたが、私の視線はおしゃべりをしているジェニーについ向いてしまいました。私の頭の中はひどく混乱していました。それは嫉妬だったのでしょうか？ 意地悪な人間になってしまったのでしょうか？ 頭の中ではかなりの葛藤が続いていました。それでも私の直感は、警告のサインを送り続けたのでした。

友人たちが帰る時間になり、私は手を振って別れを告げ、ドアを閉めると、振り返ってドアにもたれかかりました。家族は不思議そうに私のことを眺めていました。「私はあの女性をまったく信用できないわ」とつぶやきました。どうしてそう思うのかはわかりませんでした。子どもたちは「ジェニーおばさん」と呼んで懐いていました。しかし、そのことに一番混乱していたのは私自身なのです。

それから数か月が経ちました。長い話を短くまとめると、その間にいくつかのことが明らかになりました。実は、ジェニーはずっと私の友人のお金を盗み、そのお金を友人に貸していました。ジェニーは友人の小さな子どもの口に無理やり食べ物を押し込んで、病気になるように仕向けており、子どもは食べることを拒むようになっていました。友人が始めた小さなビジネスを手伝うふりをして裏で妨害し、友人が窮地に陥るとピンチを救いにきたと振る舞ったりしていました。ジェニーがやったことはまだたくさんありますが、最終的には警察が介入することになりました。

私にはわかっていたのです！　私の頭がおかしくなったのではありません。あの日ジェニーに会った瞬間、私の直感は「気をつけろ！」と叫んでいたのです。私は直感を通してこの情報を受け取りました。この出来事は、直感を疑ったり自分自身を疑ったりしてはいけないという強烈な教訓でした。

あなたに何かを警告しようとして、特に強い直感を感じたことはありますか？　この直感の中には、誰もそこにいないのに、誰かがあなたを見ているような感覚や、あなたの後ろに立ったり歩いたりしている感覚も含まれます。そんな経験をしたときは、まず自分の安全と、実際に誰かに追跡されていないことを確認してください。そして、誰もいなければ、パニックになることも頭がおかしくなったと思う必要もありません。その反対なのです。もし直感的に何かを感じたということは、天国があなたを見守っている証拠であり、それはすばらしいことなので、リラックスして感謝の気持ちと愛だけを感じてください。

8. 自然

自然からのサインは、おそらく「死後の世界」のサインの中で、私が一番気に入っているカテゴリーで、誰かの話を読むたびに新鮮な気持ちになります。そして、喜びと内側から広がっていく感覚に満たされるのです。天国が自然のサインを使ってあなたに話しかける可能性は無限にありますが、最も一般的なのは羽根、雲、虹などです。これらのサインがどのように現れるかを説明するためのいくつかの体験談を紹介します。

いつもそばにいるよ

母の葬儀では悲しみのあまり気が動転していました。これ以上は耐えられないと思い、その場から立ち去ろうと思ったとき、足元の床に真っ白な羽根が見えました。それを手にしたとき、何だか自分が強くなったように感じました。涙は止まらなかったものの、羽根を持っているとどうにか最後まで葬儀を見届けることができました。今もその羽根を持っています。見つけたときほど白く輝いているわけではありませんが、私にとっては、私が持っている中で最も美しいものです。いつもそばにいるよ、と母は言っているのだと思います。それからも、違う羽根を見つけることがありますが、教会で見つけた羽根以上に美しいものはありません。

私へのサイン

私の娘は九歳で亡くなりました。あの子が亡くなった日に、私の心の一部も死んでしまいましたが、いつかまた娘に会えるという希望を持てるような出来事がありました。娘の葬儀の後、車で家に帰る途中に空を見ると、天使の羽根の形をした雲がありました。それが私へのサインだったと心から願っています。

夢の実現——本当の意味での富

夫が三年前に亡くなったとき、私の心と体は切り裂かれてしまいました。夫が恋しくて仕方ありませんでした。グリーフ・カウンセリングにも行きましたが、自分でも何を言っているのかわからなくなり、頭も心も夫のそばに行ってしまい、魂が体から抜けてしまったような気がしました。しかし、その後、すてきなことがありました。ある朝、夫の不在をひどく悲しみながら目を覚ましました。ふと窓の外を見ると、とても美しい虹がかかっていました。それも、一つではなく、二つも虹がかかっていました。

すぐに、数年前、二人で犬の散歩をしているときに虹を見た夫が興奮して飛び跳ねていたことを思い出しました。二つの虹を見ていると、あのときの夫の興奮が蘇るようでした。まるで夫がそばにいるような気がしたのです。あのときは、虹を見ても夫のように興奮することはなく、「冗談めかして「虹を見たって、金《きん》が見つかるわけではないのに」と言いました。夫は虹を見たからといって金が見つかるわけはないし、そんなことになったら、虹の美しさを捉えることもできないと答えました。そのときは何を言っているのかさっぱりわかりませんでしたが、今ならわかります。うまく説明できませんが、その朝、二重の虹を見たとき、私はこれまで以上に夫を身近に感じました。夫のことが理解できました。虹の何に感動していたのかわかったのです。夫の愛を感じ、その気持ちは決して消えることはありません。

蝶、鳥、野生動物もこの自然のカテゴリーに含まれますが、第三章で生き物に関するすてきな体験談を紹介します。また、天国から送られるペットや動物のサインについても詳しく解説する予定です。

9．数字

数霊術は興味深い深遠な科学であり、数字にはスピリチュアルなエネルギーが宿っているようなので、皆さんももっと知りたいと思うかもしれません。人生の中で度々登場する数字に気づいたことはありますか？　もしそうなら、それは数字を通じて天国があなたに話しかけているのかもしれません。数字の中には亡くなった大切な人を思い出すものがあるかもしれません。たとえば、その人の誕生日や亡くなったときの年齢などです。また、あなたにとって個人的に重要な数字である可能性もあります。たとえば、八日に生まれた人は、どこにいても数字の八に目が留まり、そのたびにふと立ち止まって考えたりすることがあるかもしれません。しかし、私に送られてくる手紙や質問の中で、最も多いのが十一です。非常に多くの人が、繰り返し並ぶ十一の現象について書いてくれるので、それだけで一冊の本になりそうです。

時計や携帯電話をちらりと見て、時刻が十一時十一分だったり、重要なメールやメッセージを受け取った時間が十一時十一分だったりすると、私はとてもうれしくなります。なぜなら、どんなときでも天国を感じることはできると、天国がやさしいサインを送ってくれているとわかるからです。実際に十一が並ぶサインを見るたびに、私はいつも作業を止めて、ちょっとの間亡くなった大切な人たちに愛と感謝の気持ちを送ることにしています。ただし、それが十一と十一である必要はありません。私は繰り返す別の数字についても多くの手紙を受け取っています。そんなときは、手紙をくれた人には、どうしてその数字が繰り返し現れるのかそのスピリチュアルな重要性について改めて調査し、学ぶべき人生の教訓があるかどうかを確認することを強く勧めています。

同様に、このカテゴリーには、重要な日付も含まれます。これは、関係する人にとって個人的にとても大切な日付ということです。次に紹介するリンダの話は、それがどういうことなのか説明してくれます。

ランダムではない

二〇〇七年のクリスマスに、パートナーが女性の健康に関する本をプレゼントしてくれました。私がランダムに開いた最初のページは妊娠についてでした。二年ほど妊活を行っていましたが、上手くいっていませんでした。しかし、二〇〇八年一月に妊娠していることがわかりました。亡くなった母の誕生日である二〇〇八年九月一八日に、美しい娘が生まれました。三年後、私たちはもう一人赤ちゃんが欲しくて妊活を再開しました。四年ほどかかりましたが、母が亡くなった二〇一五年二月六日に、とうとうもう一人の美しい娘を出産しました。

10．地上の天使

最後になりましたが、同じように重要な「死後の世界」のコーリングカードは、あなたを驚かせてしまうかもしれませんが、それは他人の思いやりと優しさを通してあなたに手を差し伸べてくれる天国です。あなたの人生において、誰かがわざわざ助けてくれたり、思いやりや優しさを示したりしてくれるのは、天国があなたは愛されているという明確なサインを送っているのです。特に、その人がこれまで会ったこともなく、二度と会うこともないというような場合は、なおさら天国のサインというものです。ここで紹介するのはアンジェリーナから送られてきた美しい話です。

信じられません

数年前、ガソリンスタンドで給油していたとき、隣に停まっていた車の中に、頭を抱えて座っている女性に気づきました。後部座席には犬が二匹いて、助手席には十歳くらいの子どもが寝ていました。あまり気に留めなかったのですが、ガソリン代を払って戻ったとき、女性はまだ同じ体勢のままでした。窓ガラスを軽くノックして、女性に大丈夫かどうか尋ねました。顔を上げると、マスカラがにじんで流れていました。話を聞くと、財布をなくしてガソリン代が払えなくなってしまったと言いました。また、携帯電話の電池が切れていて、誰にも電話できずに困っていました。私は躊躇しませんでした。ガソリン代が払えるようにいくらか現金を渡しました。彼女はお金を送り返すので住所を教えてほしいと言いました。そして、私のことを天使だと言いました。

家に向かって車を運転しながら、本当のことを言えばお金を貸す余裕はなく、お金は返ってこない可能性もあるかもしれないと考えました。しかし、自分は正しいことをしたという思いに満足していました。二日後彼女から手紙が届き、私が貸したお金は戻ってきました。彼女は短いメモと天使のチャームを同封していました。こんなことが書かれていました。「あなたのような人のおかげで、私は天国の存在を信じることができます。実は、夫が一か月前に亡くなり、いまだにショックから立ち直れないでいます。彼を失って寂しくてどうしようもありません。夫はいつも自分が財布を忘れたときのために、出かけるときは必ず財布を持って出るように言っていました。でも夫は財布を忘れたことなどなかったので、私はそのうち財布を持たずに外出するようになりました。あなたが助けてくれた日、私は財布を持って行かなかったのです。変に聞こえるかもしれませんが、夫はまだ近くにいてくれるのだと感じています」。

私はいつもこの話を思い出します。何気ない行動が誰かの人生を劇的に変えてしまう力があることを確認できるからです。また、天国は不思議な方法で働きかけていることを思い出させてくれます。私たちはみな、必要な瞬間に誰かの力になり、慰め、導く光になる可能性を秘めているのです。ちょっとした親切な言葉や行いが、誰かの人生を本当によい方向に変えることができるのです。そして、人生がよい方に向かうとき、私たちはほんの少し天国を垣間見ることができるのです。

次に紹介するドナの話も、私は大好きです。「あなたが見てみたいと思う美しい世界の変化に、あなた自身がなりなさい」という言葉を単純に美しく表現しているからです。

五分間

私は静かに座っているホームレスの男性のそばを通り過ぎました。彼を見ると空腹そうに見えましたが、何かを買うにしても電車が来るまで五分しかなく、それに乗り遅れたら三十分待つことになると思いました。しかし、あなたが本の中で、もしそれが天国の行為であるなら、物事はうまくいくと書いていたのを思い出しました。彼はコンビニの近くに座っていたので、そこで何かを買ってあげないなんて私は心が狭いと思いました。そこで、コンビニに寄って夕食とデザートを買うことにしました。レジ係が前の客の商品の価格をチェックしなければならなかったので、私は五分以上列に並んでいました。乗りたかった電車には間に合わないだろうと思いましたが、食べ物が入った袋を渡したときの男性の表情と感謝の気持ちを受け取ったら、私自身も幸せな気持ちになって、それだけで十分で電車に乗り遅れても仕方がないと思いました。

駅に行くまで時間がかかったにもかかわらず、電車が遅れていたので、まだ三分の余裕がありました。もちろん、そうなるようになっていたに違いありません。駅のホームに着いて、電車が十分遅れていたことがわかったら、男性のために立ち止まらなかったことを後悔していたでしょう。

ちょっとした行いが、他の誰かにとってはものすごくありがたいことになりうることを今一度認識しました。私はこれからもずっとちょっとした行いを続けていこうと思います。

アンジェリーナとドナの話は、あなた自身が人生で出会う誰かの死後の世界のサインやコーリングカードになるうることを教えてくれます。彼らに天国は存在することを伝えていくのです。もしかしたら、あなた自身が誰かから奇跡が起こったみたいだと言われるような、特別な思いやりやインスピレーションを与えることができる存在になれるかもしれません。ということで、次に天国や地上の天使を見たいと思ったときは、あなた自身を「見つめ直してみてください」。

日常の奇跡

奇跡とは、神の介入としてしか説明できない特別な出来事と定義されています。多くの場合、非常にまれなことだと考えられていますが、これまで紹介してきた話が示しているように、説明のできない出来事は私たちが考えるよりもっと日常的に起こっているものです。こうした話をただの偶然だとか、大げさに考えすぎだと言う人もいるかもしれませんが、実際に経験した人たちにとっては奇跡以外の何ものでもないのです。日常の奇跡、それでも、奇跡に違いないのです。

今日、私たちが住んでいる世界は、ますます科学に支配されています。ある意味、科学は新しい宗教となりました。死後の世界を信じることに否定的な主張の一つに、死後の世界は科学的ではないというものがあります。すべてが証明され、論理的に説明されなければならない科学の世界では、奇跡や説明のつかない事柄は受け入れてもらえません。死後の経験は単純に裏付けのない逸話、あるいは、妄想好きな人や考え方の甘い人が勝手に思っていることだとして却下します。しかし、序章で説明したように、私は最近IONSの協力を得て、奇跡は信じる人だけのものではなく、科学者のためのものでもあることを証明するために研究を続けています。

定義上、科学とは真実の探求であり、その探求にはすべての経験が含まれていなければなりません。目に見えないもの、論理的ではなさそうなもの、実験室で記録できないものでさえも含まなければならないのです。死後の世界の存在については、科学が却下したり無視したりするにはあまりにも多くの事例証拠があります。人々は人生を変えてしまうような経験を通して、ますます天国とのつながりを強く感じるようになっています。他の分野なら、こうした経験はデータとして記録され、科学はそれについて研究する必要があります。本書に登場する体験談が証言しているように、私たちの生活には、単純な生物学や脳波の指示や物理学をはるかに超えた何かが働いています。何か他のもの、私たち自身よりも深くて偉大な何かが働いているのです。

科学とスピリットの間のギャップは急速に縮まりつつあり、量子科学者たちは、人生というものは私たちが思っていたほど単純ではないという考えに同意するときが来ています。その兆候として、私たちの意識は私たちの体から独立して存在し、私たち自身よりも大きな永遠の何かにリンクすることができるというものです。私たちだけでなく、宇宙も奇跡を起こすことができるのです。

奇跡はいつも起こるとは限りませんが、起きることはあり、実際に起こります。祈りに応えて起こることもあれば、予期しないときに起こることもあります。こうした奇跡の中には、必ずしも本章で紹介したようなドラマチックで大ニュースになるようなものばかりではありません。私たちを内側から笑顔にしてくれるようなちょっとした説明のつかないものである可能性の方が高いのです。しかし、それがどんな形であろうと、どんな奇跡も私たちすべてをつなぐ目に見えない偉大な力の一部であることに変わりはありません。

奇跡は起こる

これまで読んだ内容から、思いがけない何かが起こることを期待し、あなたに起こることはすべて癒しと愛へと導いてくれる天国のサイン付きカードかもしれないと思っていただければ幸いです。以前なら見過ごしていた日常の些細《ささい》な出来事の深い意味について、あなたはより注意を払うようになるでしょう。周囲の言葉や会話にももっと注意深く耳を傾けるようになります。音楽はあなたの魂に語りかけ、偶然の出会いはもうたまたまではなく、あなたの一日の出来事は意味のあるものになります。

私が思うに、奇跡は信念ではなく認識なのではないかと思います。本書を読むことによって——すでにいまから始めてほしいのですが——あなたという唯一無二のDNAの奇跡について考えてくれることを心から願っています。あなたという存在はあなただけです。この地球にあなたのような人は他には存在しないし、この先再びあなたのような人が現れることもありません。これまでの人生を振り返ってみて、ときにそうなるしかなかった出来事について考えてみてください。本書で紹介した話で深く印象に残ったものを思い出してみてください。奇跡は本物であり、他の人だけでなく自分にもいつでも起こる可能性があって、実際に起こるのだと認識し、そう認めれば認めるほど、あなたはより多くの奇跡を経験するようになります。そして、あなたを含めたすべてのものは、そしてすべての人は、天国に心を動かされていることがわかるでしょう。

もしかすると、空に見えるのは星ではなく、
私たちの大切な人たちが、自分たちは幸せだと知らせるために、
空の隙間から照らしているのかもしれない。

エスキモーの言い伝え

第二章　直感から超感覚《スーパーセンス》にギアを引き上げよう
――第六感、予知夢、ナイト・ヴィジョンで繋がる天国との新しい関係

あなたが眠っている間
天使たちはあなたの魂と会話している

作者不明

第一章では、死後の世界が日々の生活の中でどんな風にあなたにささやきかけるのかについてお話ししました。往々にして、そのようなやさしいサインの多くは非常に何気ないもので、気をつけていないと簡単に見逃してしまう可能性があります。本書を読めば、もう二度と天国からのメッセージを見逃すことはないと思いますが、どうして天国はそれほど控えめな方法で救いの手を差し伸べるのか疑問に思うかもしれません。なぜ死後の世界はその存在をよりわかりやすく見せないのでしょうか？

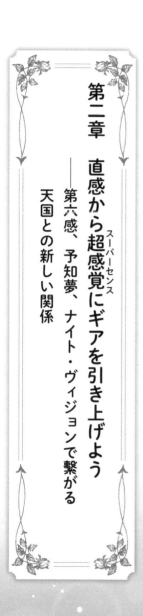

この疑問は、母が亡くなった後、繰り返しスピリットの世界に尋ねた質問でした。死後の世界について語り、私がこの世界に進むきっかけとなったのは母でした。母は二十代前半に瀕死の重傷を負い、臨死体験を経て天国に行った経験があったので、人生を精一杯生きた人でした。私は母の話を完全に信じていました。母と一緒にスピリチュアリストの集会に出席したとき、愛する大切な人を失った人たちが霊媒師によって救われている様子を何度も目撃しました。死は終わりではなくすてきな新しい始まりであり、いつか愛する人を失っても、その信念は力と慰めの源になると確信しました。

確かに、死後の世界が本当なら、私の母はすべての人の中でもとりわけ私のことを慰め、正しい方向へ導いてくれたはずだと思われがちですが、その死後最初の数年間、母はずっと沈黙したままでした。

自分の道を探して

母は私が二十代の頃に亡くなりました。それまでは、愛する人の死というのは別の人たちが経験するものでした。友人が悲しんでいるとき、彼らが頼ってきたのは私でした。臨死体験の研究から死後の世界について彼らに伝え、亡くなった大切な人は、いまは現世を卒業して天国にいて、喜びに満ちたスピリットの人生を生きているのだから喜んでよいのだと伝えました。

私の力のこもった説得に慰められた友人もいましたが、私の言葉が相手を勇気づけることも参考にもならないということもたまにありました。思うように友人をサポートできなかったり、うまく思いを伝えられなかったときは悲しいと思いました。母が亡くなって初めて、自分の言葉は表面的で、厳しい言い方でさえあったと理解しました。たとえば、私はかつて、いつまでも深い悲しみを引きずっていると、愛する人がスムーズにスピリットの世界に旅立つことができないと言ったこともあります。しかし、自分がその悲しみを経験したとき、なんて思いやりにかけたアドバイスだったのかと気づきました。

物理的な存在を失うという悲しみは、避けることのできない自然な人間の反応であり、死後の世界や臨死体験についていくら話しても、誰かを失った痛みを取り除くことはできません。そして、気が済むまで泣いたり叫んだりすることも重要なのです。私にとって、母を失ったときの悲しみは何度も押し寄せる大きな波のようでした。悲しみを和らげるために母にサインを送ってほしいと懇願しましたが、何も起こりませんでした。母を見たり、聞いたり、感じたりすることはできませんでした。なぜ母はあんな風に姿を消し、私を独りぼっちにしていなくなってしまったのかわかりませんでした。沈黙する母に対して、ますます疑いの気持ちを強めました。天国の存在についての信念も揺らいでしまいました。それは私の人生哲学の根本となるすべてでした。私は信念の危機に陥っていたのです。本当は何もないのかもしれないということ？　もしかして、天国なんてないの？

霊能者やスピリチュアリストの一家で育ち、最高の教育を受けた私は、神学やスピリチュアリティに関する専門家でしたが、自分自身の個人的な悲劇に直面したとき、その別れに向き合う準備ができていないことは明らかでした。天国について話すことはできても、自分の信念が揺らぐような経験を乗り越えることはまったく別の次元だったのです。

　後になってみれば、母の死とそのつらい悲しみは、私にとってスピリチュアルな目覚めだったことがわかります。大学、ピリチュアリストの集会、そして、ホスピスでの仕事を通して学んだこと、研究したこと、そして、目撃したことは、私が本当の意味で学ぶための準備を整えるものではありませんでした。母が亡くなって初めて、ようやく真の学びがスタートしたのです。その学びこそが最終的に、私にとって天国は現実だと思えるいまの私がいる場所へと連れて行ってくれるのですが、そこに到達するまでに、魂の暗黒とつらい自問自答と内省を経験しなければなりませんでした。

　母の死の直後——つまり最初の数日間——は、死後の世界は存在するという強い信念が私を支えてくれました。やらなければならないことや準備しなければならないことがたくさんありました。葬儀では笑顔で母の人生を称え、もう天国にいるのだとうれしくなりました。母はよく自分の葬式のときは泣かないで、現世からの卒業を喜んでほしいと言っていたので、私はそうしました。葬式の後は、母の衣服やその他の身の回り品の整理や、そして、人が亡くなるといろいろと手続きしなくてはならないことが山ほどあったので、私はそうした作業に没頭して忙しく過ごしました。手元に残しておく思い出の品はそれほど多くなくてもよいと思ったので、いくつかの大切なアイテムだけを取っておくことにしました。母は私の心とスピリットの中で生きていると、自分に言い聞かせました。また、美しい箱を購入し、大切なアイテムをその中にしまい、ベッドの下に保管しました。

数週間が経ち、数か月が過ぎると、誰もが母の死に対して私がどれほど強く自分を保ち、うまく乗り越えてようとしているかについてコメントしてきました。だからこそ、ときどき突然泣きたい衝動に駆られる自分が理解できないということは言いませんでした。ふさわしくない場面で笑ったり、わけのわからないことを言ってしまったときもありました。平日なのに週末だと思い込んで、目が覚めることもありました。また、店に入ったのに、何のために店に入ったのかわからなくなることもありました。少しずつ、自分の状況に混乱するようになっていったのです。

夜になると、よく母の形見が入った箱を手に取り、中身を全部取り出して、自分を取り囲むように円状に並べていました。母がどんな顔をしていたのか、どんな声をしていたのか忘れてしまいそうになったので、母の写真を見たり、母からの手紙を読まなくてはと感じたりしました。確かに母がいたという確信が必要だったのです。その瞬間、私の心は壊れてしまいました。母を失った悲しみは耐えがたいもので、二度とその姿を見ることができないと思うと心が張り裂けそうでした。その話し声や笑い声を聞いたり、母と人生や宇宙やいろいろなテーマについて深い話をすることも決してないのです。私の人生から母がいなくなってしまったので、人生そのものが変わってしまいました。何時間も泣いてから、夢も見ない深い眠りに落ちました。まだ母はそばにいるということを証明するために、何かサインを送ってほしいと懇願しましたが、やはり冷たい沈黙が続きました。

自分が悲惨な状況に陥っていることを誰かに打ち明けるのが恥ずかしくて、私は歯を食いしばって他の人たちの前では笑っていました。しかし、一人になると思いっきり泣いていました。こうした状況が数か月続き、最終的には重いうつ状態に陥りました。うつ病を経験したことがある人なら、それがこの世の地獄だと知っていると思います。それは、苦しい霧の中で生きているようなものです。人生におけるすべての色やエネルギーが失われ、まったく先が見えなくなります。

ときに目を開けていることさえつらいと感じる日もありました。鏡を見ると、死体のような、何も感じられない内面の苦痛にゆがんだ生気のない顔が映っているだけで、顔をしかめることさえ苦労しました。職場や日中他の人と一緒にいるときは、自動的に機能できるように繕い、なんとか痛みを隠し続けていました。しかし、一人になると心の痛みは、まるで傷口をハンマーで叩かれているように感じました。眠りに落ちることができたときは、ひと時の休息を取ることができましたが、針がまったく進まない気がする時計をじっと見つめる夜がいく晩もありました。自分がどこにも存在しないような状態が数か月続き、私は自分のスピリットが死んでしまったのではないかと感じました。ゾンビのようでした。何も感じることができず、自分はゾンビなのだと思い込んでしまいました。

それから、ある晩、とうとう疲れ果てて眠りに落ちたとき、私は夢を見ました。そんな大げさな夢ではありません。ただ母が私の寝室に入ってきて、床に転がっていたものを拾って片付け始めました。母に話しかけようとしましたが、私は口を開くことができませんでした。母は私がそこにいることは気づいていないようで、鼻歌を歌っていたと思います。母は美しく、元気で、がんで亡くなった女性には見えませんでした。夢は何か特別なものではありませんでしたが、それは信じられないほど現実的だったので、目が覚めてからの数分間、母はまだ生きていて、階下から「お茶でも飲まない？」と私を呼ぶのではないかと思いました。もちろん、そんな声が聞こえるはずもなく、現実に引き戻された私は再び痛みに襲われました。

その夢は少しの安らぎを与えてくれましたが、当時の私には十分ではありませんでした。もっとはっきりとしたサインが欲しかったのです。実際に母の声を聞くとか、ヴィジョンの中で母と向き合いたかったのです。しかしそのときは、この夢が唯一母が私に手を差し伸べることができる方法だったとは気づきませんでした。その後も、何度か似たような非常に現実的な夢を見るようになり、その度に少しずつ小さな一歩ですが前に進むことができるようになっていきました。たとえば、ランニングしたり、ネイルケアをしたりするなど、前向きに何かやろうと思えるようになったのです。自分でも気づかないうちに、トンネルの先に光が見え始め、ゆっくりと、しかし確実に、私は暗闇から抜け出そうとしていました。やがて、精力的に生きるということに向き合うことができるようになりました。死別カウンセリングに助けを求める勇気さえ出てきたのです。

この経験において注目すべきは、天国の存在について信念を失うのではなく、逆にもっと死後の世界について知りたいと思うようになったということです。私には天国を見たり聞いたりする超能力がないことに気づきましたが、それができる他の人たちを探すことはできました。そうすれば、その人たちから学び成長することができるのです。私は死後の世界に関する話や体験談を集めるようになりました。そうやって出版された本がベストセラーになって、以前には感じられなかった内なる平和を見るけることができるようになりました。もしかすると、死後の世界の使者となり、天国の存在を守ることが私の運命だったのかもしれません。結局のところ、信念の定義は証拠など求めずに信じることではないでしょうか？

母からのはっきりとしたサインを受け取ることに執着することを止め、人生とは欲しいものではなく必要なものを受け取るものだと気づくのに数年かかりました。そんなとき、母から具体的なサインは送られてきたのです。最初に夢の中で母は直接話しかけてきました。その後、起きているときにも語りかけてきたのです。どちらの場合も、母は私に正しい道を歩むように言いました。すでに序章でお話ししたように、母のスピリットの声が私の命を救ってくれたのだと信じています。

あの事故を回避することができたドラマチックな死後の世界との遭遇によって、天国は夢や直感や偶然の一致によって、これまでずっと私に語りかけていたのだと気づきました。ただ、私ははっきりとしたサインを受け取ることにこだわっていたので、それがメッセージだとは思わなかったのです。そんな深いスピリチュアルな理解を得るためには、大切な人を失うという経験と信念が激しく揺さぶられるという危機を経験する必要があったのです。だからといって、天国が話しかけてくれるためには、すべての人が深い絶望や疑念と向き合わなければならないということではありません。中には、立ち直りが早く、悲しみによって進むべき道を見失うことがない人たちもいます。彼らは前に進むための慰めやその意味を見つけることができるのですが、私は悲しみによって身動きが取れなくなって、自分で何とかしなくてはならないと思ってしまったのです。

うつ病は私にとって敵であり、できるだけ早く乗り越える必要があると思っていました。しかし、母を失った悲しみを否定し続け、大丈夫なふりをしなくなるまで、天国はそうさせてはくれませんでした。私は心から母の死を嘆き悲しむ必要があったのです。それには、まずこれまで信じるように教えられてきたものをすべて疑う必要がありました。だからこそ、最終的に私が天国を信じることにしたのは、死後の世界からサインによって「証拠」を得たからではなく、心から証拠がなくても信じてよいのだと決心したからです。答えや悟りを自分以外のものに求めるのは間違っていました。自分自身の中に天国を見つける必要があったのです。魂の闇をずっと奥まで見つめ、自分が生きる意義を見つけなければなりませんでした。カミュの言葉を借りれば、「真冬に、自分の中に揺るぎない夏があることに気づいた」ということなのでしょう。

それまでの私は、死後の世界のサインが現れるのを単純に待っていました。熱心に勉強して正しい技術を身につければ、いきなり超能力が使えるようになると思っていました。超能力の開拓とは、一人の人間としての成長であり、自分の本能を信じることを学び、内なる光を発見するという生涯にわたるプロセスであることを、私は単に認識していなかったのです。それはまた、無条件に自分を愛することを学ぶことでもあり、恐怖と決別し、答えは必ずあるはずだと固執しないということでもあります。実際には、疑念を持つことで天国に近づくことができると理解することなのです。なぜなら、人は疑うことでその意味を深く見つめ直し、スピリチュアルに成長せざるを得ないからです。そして、この地球に生きる目的とは、スピリットにおいて成長することなのです。

ひとたび、自分自身の内なる光に触れて、天国は自分の内側に見出《みいだ》すことができるのだと気づくと、あなたの周りにある天国を見たり聞いたりすることができるようになります。ごくまれに、ドラマチックなヴィジョンや出会いを経験することがありますが、あなたのスピリチュアルな成長にとってはるかに有益なのは、白い羽根や日常の何気ないサイン、あるいは、一つの思考、感情、偶然、夢を通してあなたにささやく天国を経験することです。なぜなら、あなたは本当に天国を見つけることができる現実的な世界で、生きていこうと思うようになるからです。

後から考えると、当時母が私にコンタクトを取ることができる唯一の方法は、おそらく夢だけだったことがわかります。それ以外の方法では、うまく対応できなかったはずです。もし母がもっとさりげない方法で現れていたら、母を失ったという事実に順応できず、スピリットにおける成長もあり得なかったでしょう。もっとはっきりと母の姿を見たいと望んでしまって、先に進むことができなかったと思います。きっと行き詰まっていたはずです。

夢以上のもの

繰り返しになりますが、愛する人とスピリットの世界で新しい関係を築くことができるようになるまで、あなたは物理的な存在を失ったことを十分に悲しむ必要があります。そして、最初にその人がコンタクトを取るとしたら、夢の中という可能性が高いです。

夢は、第一章で触れた多くの何気ないサインとともに、非常に一般的な天国のコーリングカードです。クレアによれば、夢は安全で安心感を与えてくれるもので、心配になる可能性は低いため、スピリットが好むコンタクトの方法だそうです。残念なことに、多くの人が夢に注意を払わず、覚えていないことがよくあります。しかし、本書を読んでいる皆さんは、亡くなった大切な人が夢の中に現れたら、心に留めて忘れないようにしてください。天国からの贈り物だと思って、その夢を大切にしてくれるはずです。

亡くなった大切な人の存在を感じることができないという人たちには、私はよくその人の夢を見なかったかと尋ねます。往々にして、彼らは「見ました」と答えます。すると私は、それこそが愛する人がコンタクトを取ろうしているのだと伝えます。そうだったのかと安心する表情を見ると、私は本当に幸せを感じます。

これまで夢を見たことがないという人は、もう一度よく考えてみてください。人は誰でも夢を見ます。私たちの中には、他の人よりも鮮明に夢を覚えているのが得意な人がいるというだけです。思い出せなくても、人は一生のうちに十万回の夢を見ていると言われています。ほとんどが夢を見ないと思ってしまう唯一の理由は、目が覚めたらすぐに夢を思い出す習慣を身につけていないからです。

夢は起きたらすぐに思い出す必要があります。他のことをしたり、考えたりすると消えてしまうからです。ペンと紙をベッドの脇に置いておくことを強くお勧めします。そうすれば、その時点では意味がないように思えても、起きたらすぐに夢について覚えていることを書き留めることができます。大抵の場合、後で読み返すと、そこに隠されたメッセージがあることに気づきます。

夢の中では天国からの答えが絶えず送られてくるので、それを覚えておけばよいのです。夢には、慰め、導き、刺激を与える大きな可能性があり、本書によってそれに皆さんが気づいてくれることを心から願っています。夢を見る自分をもっと意識するようになると、あなたはスピリチュアルに目覚め、無限の可能性を秘めた別の現実が目の前に広がっていきます。多くの偉大な芸術家、作家、音楽家、発明家、科学者は、夢からインスピレーションを得ています。たとえば、ポール・マッカートニーは彼の夢の中に「イエスタデイ」の曲が現われたのです（浮かんだのです）。まれに、夢が命を救うこともあります。これについては、本章の後半で予知夢について説明するときに詳しく話したいと思います。

五十代を迎えて、もう一つ気づいたことは、年を取れば取るほど、人生はさらに夢のような感じがするということです。おそらく、もう一つの現実に対する意識の高まりというのは、私たちがいつか人生を終えて、物質的な体から純粋にスピリットに移行するための準備をするためのものではないでしょうか。しかしながら、夢は向こう側の世界につながるための強力なリンクであるはずなのに、ときに信じられないくらい理解したり説明したりするのが難しいことがあります。これは、彼らが別の言語で話しかけているためです。また、別の言語で話したいと思うなら、時間をかけてそれを学習する必要があります。

夢の言語とはシンボルの一つです。夢の中に出てきたシンボルを覚えておく必要があります。そして、同じように夢に登場する人物から、風景、色、動物、物、さらには飛ぶとか落ちているというようなテーマに至るまで、あらゆるものに当てはまります。これらはすべてシンボルです。私自身も何冊か書いていますが、世の中には夢に出てくるシンボルについて書かれた本がたくさん出ており、よく夢に出てくるシンボルの一般的な解釈について書かれています。まずはこうした本を手に取って、始めてみるのがよいと思いますが、夢に出てくるシンボルは、個人的なレベルで解釈する必要があるため、限界もあります。たとえば、あなたが犬好きなら、夢に犬が現れるのは、無条件の愛や犬とのつながりを象徴している可能性もありますが、犬が怖かったり嫌いだったりする場合、あなたの夢に出てくる犬は何か不吉なものを表しています。したがって、あなたの夢のシンボルを解釈するのに最適な人物はあなた自身ということになります。

毎晩、夢を見ているあなたの意識は、あなた自身とあなたの人生をよりよく理解するのに役立つシンボルを送っています。夢は、あなたの希望や恐れや向き合うべき課題に集中するのに役立つため、自己認識のためのすばらしいツールとなる可能性があります。そして、起きているときもその夢をうまく活用することができるようになります。夢は新しい道を見つけたり、さまざまな状況に対応して行動したりするのに役立つため、私は夢というのは内面のセラピストだと考えています。夢の中で、安全に体験しその結末を見ることができるからです。

夢の多くは、そのままとらえるのではなく、象徴的に解釈するべきです。たとえば、愛する人が夢の中で亡くなった場合、これはその人が実際に死ぬということではなく、あなたとの関係が何らかの形で変化していることを意味します。つまり、何かが終わり、何かが始まるということもあるのです。象徴的な夢に隠されたメッセージを見つけるには、思考や自己分析が必要ですが、それは自分自身を理解しスピリチュアルに成長することに非常に役立つので、確かにやってみる価値はあります。しかし、天国からの最も力強い斬新なメッセージ——多くの場合、緊急かつ明確に送られますが——は、私がナイト・ヴィジョンと呼んでいるものです。

ナイト・ヴィジョン

ナイト・ヴィジョンは私たちが見る夢の一％にも満たず、もし見るとしても、一生のうちにほんの数回かもしれません。ナイト・ヴィジョンは象徴的な夢とは大きく異なります。象徴的な夢は非現実的な感じがしますが、ナイト・ヴィジョンは非常にはっきりとしています。象徴的な夢は、話の筋が混乱したり重複したりする傾向がありますが、ナイト・ヴィジョンには、始まり、中間、終わりが明確にわかります。実際に、ナイト・ヴィジョンはとても明確ではっきりしているため、見たままを受け取るしかありません。また、非常にリアルな感覚を伴いますが、ナイト・ヴィジョンの決定的な特徴は、目を覚ましても忘れないということです。まだ夢の中にいるのではないかと思いながら、目を覚ますことさえあるかもしれません。また、あなたは一度見たナイト・ヴィジョンを数か月、場合によっては何年も覚えているでしょう。

誰もが人生で一度は忘れられない夢を見たことがあり、目を閉じてもそのイメージを思い出すことができるはずです。そうした夢には、通常、亡くなった大切な人が登場することが多いのですが、これは天国からの答えであると私は確信しています。

ナイト・ヴィジョンを悪夢と混同してはいけません。悪夢は、あなたの人生がストレス、恐怖、疑念などに支配されてしまうために見るものです。このような夢も記憶に残りますが、ナイト・ヴィジョンのような鮮明さはありません。また、天国からのメッセージはあなたを驚かせたり怖がらせたりすることはありません。すべての死後の世界のサインを決定づける特徴は、どんなときも安らぎとなり、元気づけ、導き、そして、ポジティブなエネルギーを感じるものです。ナイト・ヴィジョンは確かにその効果があります。

本章で紹介する話は、ナイト・ヴィジョンのカテゴリーに入るものです。いずれの場合も、私に体験談を送ってくれた方々は、その夢がとても鮮明で心が安らぐものだったので、心もマインドも忘れることなど不可能だったと教えてくれました。以下に紹介するほとんどのナイト・ヴィジョンは、亡くなった大切な人に会うというものでした。

エレインは亡くなった母親のナイト・ヴィジョンを見て、人生が一変し、完全に痛みも和らいだそうです。何か月にもわたる深く暗い悲しみの後、その夢から目覚めたとき、喜びを感じ前向きになれました。

母はいつもそこにいる

二〇〇三年に突然母を亡くしました。金曜日に実家から引っ越して、水曜日に母が亡くなりました。それは大きなショックでした。それから眠ることができたのは、母の死から数日後でした。そのときに、私は母と夢で会ったのです。夢の中で私は小道を歩いているのですが、それがとても美しいのです。いまでも目に浮かびます。空はどこまでも青く、色鮮やかな花々が咲き、目を閉じるとまだ花の香りがします。なんて美しい日だと感動しながら歩いていると、ふと母が私の方に向かって歩いてくるのが見えました。母は幸せそうで、元気そうに見えました。私は母をじっと見つめ、「お母さん、ここで何をしているの？　あなたは死んじゃったのよ」と言いました。

「エリー、私は大丈夫よ。それだけは知っておいて欲しかったの」と母は言いました。

私が「わかったわ」と答えると、「エリー、私はもう行かなくちゃ。また会いましょうね」と言いました。もう十三年前のことですが、今でも昨日のことのように覚えています。母は自分がいる場所へ私を連れて行ったのだと思います。そうしたら、母がどんな美しい場所に住んでいて、どれほど元気なのか、私がこの目で見ることができて安心するからです。それから数年間、母は私の夢に出てきました。私たちはおしゃべりしたり、一緒に笑ったりしました。あれからしばらく経ちましたが、私が母を必要とするなら、母はいつもそこにいると信じています。

カトリーナは、亡くなった赤ちゃんの夢を見た後、もう一度、安らぎと生きる意味を見出しました。

もう一つの人生

昨年、私は息子のジェイムズを亡くしました。あの子は生後わずか十週間で亡くなり、私は死にそうになりました。一緒に悲しみを乗り越えることができずに、ジェイムズの父親である彼とも別れ、喜びも気力も失いました。どうにか日々を過ごしていましたが、数日前に驚くような夢を見たのです。それは特別な夢でした。

夢の中でジェイムズが泣いているのが聞こえたので、抱っこしようとベビーベッドに向かいました。ベッドに着くと、ジェイムズは手を伸ばして微笑んだのです。私は彼を抱き上げて抱きしめましたが、驚いたのはこの後です。ジャイムズのあの赤ちゃんの匂いがしたのです。この上なく幸せな気分でした。それからそっとベッドに寝かせ、私たち二人はただお互いの顔を見つめ合っていました。そうしていると、私はジェイムズが赤ちゃんから成長して老人になるまでの姿を見ました。例えば私が手を引いて初めて学校に行くところを見ました。そして、ティーンエイジャーになり、大人の男性に成長し、やがて、結婚して子どもの父親になる姿を見ました。私はジェイムズが自分の人生を生きる姿を見たのです。笑ったり泣いたりするのを見ました。そして、彼が死ぬ場面を見ました。そのときも、私はジェイムズのそばにいました。すべてが信じられないほどリアルに感じられたので、もしかすると、生きることのなかった人生には生きるチャンスを与えられる別の現実が存在するのではないかと思ったほどです。私が死ぬまで、それを知ることはできないと思いますが、一つ明らかなことは、その夢を見た後、悲しみが癒え、もう一度自分の人生を取り戻すことができるようになったということです。ジェイムズがスピリットの世界であんな風に精一杯豊かな人生を送っている姿を見て、自分も豊かで充実した人生を送っていこうと励まされました。ジェイムズのスピリットは私にそうして欲しかったのだとわかります。あの子は私に生きてほしいと思っているのです。あのときの夢について考えると、私は大きな安らぎと喜びを感じます。

私はカトリーナに手紙を書いて、これは天使となった彼女の赤ちゃんが彼女に手を差し伸べて、自分はスピリットの世界でまだ生きていることを知らせてくれたに違いないと伝えました。カナリーナのナイト・ヴィジョンが安らぎと喜びをもたらしてくれたので、私はそう確信しました。

ナイト・ヴィジョンで亡くなった大切な人と再会したという話を読むたびに、私はとてもうれしくなります。それは単なる夢ではなく、天国から答えを受け取った証拠だと伝えることができるのは喜びです。私たちが眠りにつくと意識が休むことで、無意識が運転席に座ることができるようになるのだと説明するようにしています。無意識が主導権を握っているため、私たちの自我、そしてそれらに付随する恐怖、不安、罪悪感は、私たちが目覚めているときのように私たちのマインドをブロックすることはできません。そして、私たちの心に宿る愛が天国との橋渡しをするように、私たちの無意識も死後の世界への入り口となるのです。

次に紹介するパトリックは、ナイト・ヴィジョンに祖母が訪ねてくれたおかげで、心が救われただけでなく、ビッグ・セイアンスという名前の番組を（訳者注：インターネット上で定期的に配信される音声の番組）ポッドキャストで始めるきっかけにもなった感動的な話を送ってくれました。

ヴァンおばあちゃん

普段はあまり夢を見たことも覚えていないので、これはとても重要だと思いました。細かい部分ははっきりしなくて、目が覚めたときに覚えていることをすぐに書き留めておけばよかったと思いました。僕は亡くなった曽祖母ヴァン・ザント（ヴァンおばあちゃんと呼んでいた）の夢を見たのか、それともヴァンおばあちゃんの家のリビングルームに幽体離脱したかのどちらかです。

夢か幽体離脱なのかわかりませんが、僕は明らかにヴァンおばあちゃんの目の前にいました。おばあちゃんはリビングルームの隅にある椅子に座っていました。おばあちゃんも僕も、これが夢の中のことで、亡くなった人のスピリットと話しているということをはっきりと自覚していたと思います。おばあちゃんは僕に何かを説明していました。「落ち着いて」とか「怖がらなくていいよ」とか言っていたのは間違いありません。途中で目が覚めたとき、その夢が頭の中に鮮明に残っていたので、忘れないだろうと思いそのまままた寝てしまいました。

そのことを書き留めておかなかったことを後悔しています。ヴァンおばあちゃんが訪ねてきてくれたのか、それとも僕が訪ねていったのか、それを確かめる何かがあるとよいのですが……。あるいは、本当にただの夢だったのかもしれません。眠っているとき、僕たちの魂はいつも体から離れると僕は信じています。そのとき、僕たちはスピリットガイドや他の存在と一緒にどこかに行くのだと信じてもいます。起きているときのために、特別なアドバイスやこれから起こる出来事について「注意」をもらっていると思いたいです。僕が思うに、これほど鮮明な夢を見たのはこれが初めてでした。その結果、超常現象の研究に取り組み、このテーマで自分のポッドキャストを始めるきっかけになりました。

これまで長い年月にわたり、多くの体験談が寄せられてきましたが、多くの話はその人にとって特別な日であったり、記念日だったりする傾向があること気づきました。何年にもわたって、私に送られてくる多くの話が特別な日や記念日の周りに発生する傾向があることに気づきました。まるで、亡くなった大切な人は思い出を分かち合いたいと思っているように感じるのです。次に紹介するのはソニアの話です。

天国から愛されている

これまでに夢の中で何度か大切な人たちが訪ねてきてくれました。もう何年も前に祖父母が亡くなっています。また、二〇一二年に伯父を亡くしましたが、私と伯父は仲がよかったので、とてもつらい体験でした。今回お話しする夢は、この伯父と祖父母が関係するのです。

夢はとても鮮やかで、自分が眠っていたようには感じられず、夢を見た翌日はとても幸せな気持ちがしました。私は部屋に祖父母と伯父の写真を飾っているので、よく彼らに話しかけます。したがって、夜寝る前に最後に会う人たちはこの三人なのです。

最近見た伯父の夢は、彼の命日に近い今年の七月のことでした。私は帯状疱疹にかかり、体調がすぐれない頃でもありました。そこで、心の中で「伯父さんに会いたい。

夢の中に出てきてほしい」と語りかけました。そして、夢を見たのです。それはとても鮮明で、伯父は長いこと私を抱きしめてくれました。それから抱擁を解くと、微笑みかけてくれました。伯父さんは私が会いたがっていたことを知っているようでした。天国から愛されていると思うと、エネルギーをもらえるので元気が出ます。ナイト・ヴィジョンについて読んだとき、これはそんな夢だったのだと確信しました。

ソニアがナイト・ヴィジョンを経験したとき、彼女はそれほど深い悲しみを感じていたわけではないので、命を救うというような意味合いはありませんでした。しかし、エネルギーや安心を求めてはいたので、彼女の生活に欠けていたかもしれないエネルギーや前向きな気持ちを与えるために、ナイト・ヴィジョンが送られたのだと思います。

では、ナイト・ヴィジョンを誘導することは可能でしょうか？　これはよく聞かれる質問ですが、私の答えは「できる」でもあり、「できない」でもあります。「できる」という意味では、眠る直前に亡くなった大切な人のことを考えたり、同時に見た夢について記憶して記録に残すことで、ナイト・ヴィジョンを見る可能性は高まります。あなたがサインを受け取るための準備をしているということが死後の世界にも伝わるからです。一方「できない」と言ったのは、どんなにナイト・ヴィジョンを求めたり、夢を思い出す努力をしても、ナイト・ヴィジョンを見ないという可能性が常にあるからです。これは、スピリットがあなたとつながりたくないということではなく、スピリットとあなたにとってそのときではないということなのです。多くの場合、スピリットはまずあなたに内なる強さを見つけてほしいと思っているからではないかと私は感じています。なぜなら、内なる強さを見出すとき、あなたは天国とつながりやすくなるからです。

象徴的な夢を見たのかナイト・ヴィジョンを見たのかわからない場合は、ナイト・ヴィジョンが信じられないほど鮮明でリアルに感じられるものだということを常に覚えておいてください。実際、夢を見ていたとは信じられないことがあるかもしれません。また、この夢はいつもとは違うという感じがして、その特徴からすぐに亡くなった大切な人だとわかります。そして、すでに述べたように、あなたが天国からメッセージを受け取ったと確かに言い切れるときは、安らぎを感じ、心が躍るような気持ちになります。まるで空を飛んでいるような感覚が天国の特徴なのです。

ジョルダンは彼の家族が体験したナイト・ヴィジョンについて手紙を送ってくれました。

白い服の人たち

祖父は死に際、死んだ家族がベッドの周りを囲んでいて、自分を連れていくために待っている、と言いました。祖父はずっと両手をその家族の方に伸ばしていて、穏やかで幸せそうな表情をしていました。数年後、今度は病院のベッドで祖母が亡くなるとき、祖母は私に死んだ家族がベッドの周りに集まっていて、自分を連れていくために待っている、と言いました。祖母の葬儀の後、家族そろって家に帰ると、玄関先に大きくてふわふわした白い羽根が落ちていました。そして、最近亡くなった祖母の友人で隣人だった女性が死ぬ前日のことですが、白い羽根が突然私たちの家のサンルームにふわりと舞い降りました。もしかしてこれは、天使たちが近くまで来ていて、隣人の彼女を迎えに来たことを知らせていたのかと不思議な気持ちになりました。また、このところずっと天使たちが白い服を着ている鮮明な夢を見ています。さらに、叔母がある夜目を覚ますと、ベッドの端に白い服を着た女性が立っていて、「こんにちは、私はあなたが生まれる前に亡くなったあなたのおばあちゃんよ」と言って、すぐに消えてしまったというのです。そんなナイト・ヴィジョンを見てから、叔母は心の平和と癒しを感じるそうです。

心理学者はすぐにこうした夢について、希望的観測、自然な痛みの緩和、あるいは悲嘆過程の一部だと説明しますが、もしそうなら、なぜ愛する人を失ったすべての人が同じような夢を見ないのでしょうか？　また、悲しみが引き起こすようなネガティブな感情から、それほどまでに一貫した鮮明で心地よい感情を経験するというのはとてもまれなことだと思います。私の考えとしては、その唯一の説明は、夢は天国から送られてくるというものです。

私の元には、お別れのヴィジョンに関する多くの体験談が寄せられてきます。夢を見た人はその人が亡くなったとは知らずに夢の中で会うのです。ルビーから送られてきた話もそうでした。

夜勤

私はヨハネスブルクの大規模な総合病院で、看護師の研修生として働き始めました。研修生は、さまざまな科で三～四か月を過ごします。内科、外科、耳鼻咽喉《いんこう》科などで、各病棟には二十～三十のベッドがありました。その中の一つに自己負担患者、地元の名士、そして上級医のための特別病棟があり、通常一人か二人しか入院できませんでした。その病棟で初めて夜勤をすることになりましたが、あまり楽しいものではありませんでした。患者の一人である年配の医師が、私以外の誰にも診てほしくないと言ったからです。光栄に思うべきだったのでしょうが、何かと注文が多くずっと相手をしなければならなかったので疲れてしまいました。

夜勤が明け、病院の宿舎に戻りました。カーテンが閉まっていても私には明るすぎるのでよく眠ることができませんでした。途中、年配の医師のとてもリアルに感じる夢を見ました。彼の部屋を通り過ぎようとしている私に、医師は声をかけてきました。部屋に入って驚いたのは、年配の医師が元気で健康そうに見えたことです。表情も生き生きとして、ふさふさの白髪が生えていました（実際には、禿げ頭でした）。ベッドの横に立つと、医師は私の手をぎゅっと握りしめ、「もう行くよ」と言いました。私は何も心配する必要はないし、大丈夫だから安心してくださいと伝えました。どうにか手を緩めて、無理やり医師から離れたところで、私は目を覚ましました。時計を確認するとまだ午後二時一五分だったので、どうにかもう一度眠りにつきました。

その晩、看護師部屋のベンチに座って、同僚とおしゃべりしていると、日勤明けの友人がやってきました。彼女はその日特別病棟の担当でしたが、間違いなく疲れ切った顔をしていました。私の隣に座ると言いました。

「主よ、なんて日かしら。次々と三人も亡くなったわ！」

「年配の医師はどうしている？」と私は尋ねました。

「あの人も、亡くなった一人よ」と彼女は答えました。

そう言われて、私は夢のことを思い出しました。

「何時頃に亡くなったか知っている？」と私は尋ねました。

「はっきりとはわからないけど、お昼の休憩から戻ったところだったから午後二時一五分くらいだったかしら」と友人の看護師は答えました。


ルビーの体験談でも「とてもリアルに感じられた」という言葉の通り、これが明確な始まり、中間、終わりとともにナイト・ヴィジョンの特徴です（対照的に、象徴的な夢はつながりのないイメージが断片的に現れます）。

光の未来が目の前に

亡くなったということを知らずに、愛する人が登場する夢はナイト・ヴィジョンの中でも、予知夢と分類されています。予知夢は未来の出来事について警告したり、予告したりするために現れます。ときに、予知夢は起きているときにも見ることがあります。たとえば、クレアの依頼人の一人がホスピスで出会った患者について話してくれたことがありまアす。その患者は重度の認知症を患《わずら》っていましたが、誰かが亡くなるのがわかったそうです。彼女が数を数え始めると必ず誰かが亡くなったそうです。このように説明することが難しい話を聞くと、これこそが天国は本当に存在するという証拠だと感じます。なぜなら、私たちが眠っているとき、意識と無意識の境界は融合し、スピリットは日常の法則を超越することが可能となり、同時に現世と来世、そして、過去、現在、未来の間を橋渡しすることができるからです。これまで読んだ臨死体験の話（詳細は第四章を参照）から、私たちがここ地球上で理解しているような時間の概念はスピリットには存在しないことが明らかになっています。

天国と呼ばれる場所で臨死体験や死後の世界との遭遇を通じて向こう側の世界を垣間見た人たちは、人生は永遠だということを理解しました。彼らはまた、私たちが考えるような時間の概念は単純に存在しないとも言っています。時間は現実ではありません。時間とは創造されたものであり、錯覚なのです。私たちが生きているときに経験する時間というものは存在しません。私たちの魂は時を超えて存在します。アインシュタインは一度に起こるすべてのことを止めるためにだけ、時間は存在すると示唆しました。彼が言いたかったのは、線形時間の概念（直線状に物事が次から次へと起こること）は、物事が規則正しい方法で起きるために私たちのマインドが作り出したものだということです。時間が存在しなければ、大混乱になります。彼の相対性理論は、時間は不変ではなく、また線形でもなく、物体の動く速度と方向により変わることがあるということを示しました。

臨死体験にまつわるこの時間についての新しい視点は、地球における私たちの生活に多大な影響を与える可能性があります。天国の視点からすれば、地球での私たちの生活は一秒にも満たないスピードで過ぎ、日々の出来事は目にも止まらぬ速さで起こっている、あるいは、同時に起こっているかもしれないのに、私たちの意識の中ではゆっくりと進み、整理され順番に起こっている（私たちはスピリチュアルではなく物理的な宇宙に住んでいるからですが）のだと考えると、地球上の九十年という寿命は、スピリットの世界では一瞬にして過ぎるものだと理解するようになるかもしれません。したがって、亡くなった大切な人と強いつながりを感じなかったり、サインを受け取ったりしない人がいるのは、亡くなった人が死んだとは思っていなかったり、まだ一瞬しか過ぎていないと感じたり、すぐに会えると思っているからなのです。

話を戻しますが、ナイト・ヴィジョンのような予知夢は非常にまれです。あまり正確な未来の描写ではなく、警告のようなものである夢や白昼夢の方が一般的だと思います。夢を見る人に、可能性のある災厄を避けるために事態の流れを変える機会を与えようとしているのです。夢を見た人は、現実の生活の中で夢が前もって警告してくれたことに気づくので、何かを変えなければいけないと向き合います。もちろん、そのような夢は、特に誰かの命を救ったりしたとき、直感の働きだと言う人もいますが、直感もまた天国の声であると私は確信しています。

予知夢はめずらしいかもしれませんが、これまで何度も記録されています。たとえば、アメリカ同時多発テロの前に、多くの人が二つのタワーが燃えて崩壊する夢を見ました。また、一九一二年に沈没したタイタニック号の乗客の多くは、船が沈むという予知夢を見ていました。そのためタイタニック号に乗船しなかった人たちがいましたが、気に留めることなく乗船した人たちもいました。繰り返しますが、それがどんなに明快で鮮明でも、人は夢を無視するのに慣れてしまいました。なぜなら、科学がそう考えるように奨励してきたからです。そのため、事件や悲劇が起こるまで予知夢だったと認識できないのです。

予知夢の中で最も興味深いものの一つに、生まれる前の子どもに会うというものがあります。子どもの性格や外見に関する正確な情報が含まれている場合が多く、場合によっては妊娠する前に現れることもあります。登山家のアーロン・ラルストンは五日間岩に挟まれて、自分の腕を切断して脱出を試み一命を取り留めました。彼はまだ生まれていない自分の子どものすばらしいヴィジョンを見ました（彼のサバイバルをかけた冒険はオスカーにもノミネートされた『127時間』という映画になりました）。過酷な試練の中、もう死ぬしかないと考えていたとき、夢の中で小さな男の子が現れ生きるために戦ってほしいと励ましました。当時、彼は結婚さえしていませんでしたが、数か月後に妻と出会い、レオという息子が生まれました。その子は夢の中で見た男の子にそっくりだったそうです。ラルストンは「最も深いところにある愛が私たちをつなぐ」と語ったと伝えられています。事故から命を救ったまだ生まれていない子どものナイト・ヴィジョンが、ラルストンの人生の転機となりました。

ラルストンのようなセンセーショナルな話を聞くと、私たちは人間の経験を持つスピリチュアルな存在で、私たちのスピリットは時間と空間や生と死の境界を超えることができるというさらなる証拠を提示しているように思われます。夢の中で、私たちは自分自身よりも何かもっと大きな存在とつながる機会を持っているのです。医師や科学者は、そのような経験を説明するために専門用語を使うかもしれませんが、その経験をした当事者にすれば自分にとっての真実を要約することはできません。当事者は天国とつながったことを知っているので、言葉や説明は必要ないのです。

初恋や親になる喜びを経験したことがある人なら、さらなる高みに挑戦する登山家なら、あるいは自己ベストを更新するアスリートなら、この世のものとは思えないほどの気持ちや天国に触れたような気持ちというのが理解できるはずです。長いうつ病や心の痛みから解放され、不意にどういうわけか新しい希望と平和を見つけたことがある人なら、私が言いたいことを理解してくださるでしょうし、自分が感じたものはリアルで天国から贈られたものだとわかっているはずです。

第六感

明確な予知能力を持ち直感のひらめきが強い人は、霊能者とか第六感を持つ人と言われることが多く、物理学的法則にはあてはまらない何かを経験していると考えられています。しかし、何かが霊的または超常的だと表現される唯一の理由は、私たちがまだそれが何なのかはっきり理解していないからなのです。つまり、予知夢やナイト・ヴィジョンを観るために、霊能者である必要はないということです。自分の夢や直感、そして、人生における偶然の出来事にもっと注意を払うだけでよいのです。

第六感、超能力、千里眼、そして、テレパシーは、視覚、聴覚、味覚、触覚、嗅覚など、すべての感覚の累積的な力であるこの超感覚《スーパーセンス》を説明するためによく使われる言葉ですが、おそらくそれを説明する最も簡単な方法は直感です。第一章で紹介したように、直感は死後の世界のコーリングカードだということを忘れないでください。

誰もが直感を持っていますが、ほとんどの人はそれに気づいていません。何世紀も前であれば、危険から逃れる手段として、私たちの超能力はもっと研ぎ澄まされたものだったでしょう。しかし、テクノロジーの進歩にますます直感を使わなくなり、使わないと減る筋肉のように弱くなってしまったのです。そのように、直感は一部の人しか持っていないものではなく、多くの人に欠けているものなのです。直感は私たちすべての人間に備わっているはずですが、単純に忘れてしまっている技術なので、再確認して開発する必要があります。

次のいずれかを経験したことがある場合、または経験した可能性があると感じた場合、あなたの第六感ははっきりと大きな声で語りかけています。
・あなたは夢を見たり、予感がしたり、虫の知らせを感じ、それが現実になり、正しかったと思うことがある。
・たまに、他の人が何を考えているのかなんとなくわかってしまう。
・誰かのことを考えていると、その人から電話やメッセージが届くことがある。
・部屋や会場に入ると、誰かに話しかけられる前に、その人が怒っているとか、動揺しているとか、興奮していることがわかる。
・突然、どこかに行くべきとか、反対にそこには行くべきではないという気がし、後になってそのときの気持ちに従っておけばよかったと思う。
　本書を読んだ後、読者の皆さんが直感や第六感の優しい声にもっと耳を傾け、それが天国からの慰めの言葉だと考えていただけるとうれしいです。直感と恐怖を区別するのは簡単です。なぜなら、愛情深い親が子どもを守るように、直感はあなたを常に温かく元気づけたり守ったりしてくれるからです。また、メッセージはとてもシンプルなものです。反対に恐怖の声は辛辣で、批判的で、頭の中でいつまでもごちゃごちゃと言い訳を続けます。

偶然

　偶然はたまたまだとか偶発的な出来事のように見えますが、偶然を経験した人は、シンクロニシティ（共時性：意味のある偶然の一致）や人生のために慎重に調整された計画の一部のように感じることがよくあります。天国は穏やかでちょっとしたサインであなたに手を差し伸べることを好み、生き方を指図したり、あなたの自由意志に干渉したりしません。それよりむしろ、あなたのマインドを開き、サインを送りながら幸せに続く道へと優しく導いてくれようとするのです。そして、天国は偶然を通して、それを行うのです。

すてきな偶然が重なると、私たちはそれを運がよいからだと考える傾向があります。たとえば、たまたまちょうどよいタイミングでちょうどよい人に出会ったり、ちょうどよいタイミングでちょうどよい場所にいたりすると、私たちはその幸運に感謝します。しかし、これはたまたま運がよかったというものではありません。天国が私たちに話しかけているのです。ですから、次に偶然に気づいたら、たとえ些細なことであっても、それが天国からのコーリングカードだと思ってオープンな姿勢で向き合ってみてください。そして、偶然に注意を払い、感謝の気持ちを持てば持つほど、偶然が起こる可能性が高くなります。

お気づきかもしれませんが、これまで紹介してきた体験談には共通のテーマがあります。それは、混乱から生まれる明快さ、混沌《カオス》から生まれる秩序、痛みから生まれる希望、疑いがあったところから生まれる確信です。今日、私たちの多くは混乱と不確実性を感じており、簡単に私たちに起こることはすべて混沌《カオス》としていてランダムだと思い込んでしまいます。

無神論者は、人生は単なる一連のランダムな出来事ではないと信じる人たちに対する答えとして、カオス理論（予測可能なものはなく、すべてはランダム）を引き合いに出します。しかし、ここ数十年で、科学者たちは混沌《カオス》には微妙なパターンがあることを発見しました。たとえば、DNAの奇跡、人間の循環系、雪の結晶の複雑なデザインなどについて考えてみましょう。これらにはランダムなものは何もありません。すべてに場所、機能、目的がある完璧なデザインなのです。この点をさらに説明するには、一定のパターンや説明のつかない知性がしばしば見られる自然界を見るだけで十分です。たとえば、サケは毎年どのようにして産卵場所にたどり着くのでしょうか？

そのため科学者でさえ、すべてのものには潜在的秩序があるかもしれないと少しずつ認めるようになっています。皆さんもバタフライ効果について聞いたことがあると思いますが、ほんのささいな一つの出来事が私たちの人生を永遠に変えてしまうというものです（蝶の羽ばたきが周りの空気を変え微弱な気流を作り出し、それに対応する変化を環境に与えながら、反対側の大陸に竜巻を発生させるというものです）。

スピリチュアルな視点から考えると、バタフライ効果は、私たちはみなつながっていて、ちょっとした些細な行動が将来的に大きな結果をもたらす可能性があるという普遍的な真実を示していると思います。また、私たちの思考、言葉、行動は重要で相互に関係しているということです。科学的理論はまだスピリチュアルなパワーについて認めていませんが、バタフライ効果の理論は量子科学とともに、科学者が宇宙の相互接続性を認識し始めていることを示唆するものでしょう。

そんな時代だからこそ、より調和し、より充実感があり、より有意義な生き方を模索し始めるときがきているのではないでしょうか。そして、その実現のための方法の一つは、自分の中のより高尚なスピリチュアルな自己からのガイダンスを理解するために、人生のヴィジョンを広げ、認識や意識を高めていくことなのです。

死後のサインに関して一つ確かなことは、起きているのか寝ているのかは別として、天国は最も予想外の方法で答えを送ってくることがあるということです。メッセージはほんのささやかなものかもしれませんが、だからといってそれに力がないとか、人生を変えるほどのものではないと言い切れません。実際には、こうしたちょっとしたサインは、第四章で取り上げるもっとドラマチックなサインよりも変革的な場合もあるのです。なぜなら、そうしたサインに気づくには、すべてのもののつながりを感じることができる場所に到達する必要があるからです。神とのつながりを感じることは、スピリチュアルな成長の鍵であり、現世と来世における天国の永遠の現実を認識することなのです。

思いも寄らない物語

マインドと心を開き、天国が偶然、直感の声、ちょっとした死後の世界のサイン、そして鮮明な夢を通してあなたに話しかけることができることを認識すると、あなたの人生に真の意味、魔法、そして、無限の可能性がもたらされます。イギリスのロマン派詩人ブレイクの言葉に「あなたは一輪の野花に天国を見るでしょう」や「一粒の砂の中に世界」というものがあります。あなたは太陽や月や星に気づき、雲の形に感心したり、感動しながら虹を見つめたりするでしょう。この美しい世界を通して天国があなたに語りかける可能性は無限大なのです。

天国が地球上にその姿を現すというテーマは次章に続きます。生き物すべてのつながりやそれがどんな形であれ無条件の愛によって生まれる永遠の絆について寄せられた体験談を紹介しながら進めたいと思います。

ひとりぼっちの人なんていない
私たちが愛したものはまだ、私たちの思考、言葉、
心、スピリット、そして夢の中で生きている

作者不明

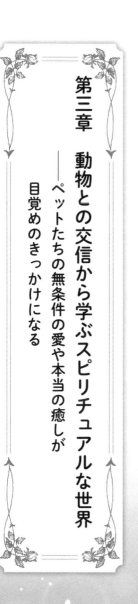

第三章　動物との交信から学ぶスピリチュアルな世界

――ペットたちの無条件の愛や本当の癒しが目覚めのきっかけになる

動物を愛するようになるまで、
魂の一部は目覚めぬままだ

アントール・フランス

奇跡はさまざまな形で起こります。本章では大切なペットや動物にまつわる死後の世界とのコミュニケーションについて取り上げます。ペットや動物に関しては、もっと重要視されるべきだと考えているので、私自身はここでお話しさせていただくことができて大変うれしいです。すべての生き物にとって天国は存在しており、それらはすべてつながっていると心から信じています。本書の後半では、クレアがスピリットの世界の動物についても言及し、動物とつながり、そこからインスピレーションを得る方法についても説明してくれる予定です。

何年にもわたり、動物が現世や来世からもたらすスピリチュアルな癒しに関する数え切れないほどの手紙を受け取ってきたので、丸々一章を動物に捧げるときが来たと感じました。こうした手紙を読むと、死後の世界へ行った動物とつながることができるというだけでなく、いま生きている世界でも動物から無条件の愛、癒し、思いやり、忠誠心、そして、忍耐についてのスピリチュアルな教えを学ぶことができると確信するようになりました。そうすることによって、この地球で私たちは天国を垣間見ることができるのです。

グレンは、飼い犬の愛らしく、とてもスピリチュアルな話を送ってくれました。

私の黒い犬

ウィンストン・チャーチルが持病のうつ病について「黒い犬」と呼んでいたのはなんとも皮肉なことです。なぜなら、私の黒い犬、ラブラドールは私の命とおそらくまだ生まれていなかった息子の命を救ってくれたからです。

およそ十年前、私は最悪の状況で離婚しました。私はまだ妻を愛していましたが、妻には別にもっと好きな人ができて、別れを告げられました。私たちに子どもはいませんでしたが、二歳になるラブラドールのサムソンがいました。お互いサムソンをかわいがっていましたが、妻が買った犬だったので、妻と一緒に住むのがよいということになりました。結婚して5年が過ぎていたので、一人暮らしに戻るのは簡単なことではなく、一か月ほど苦しんだ後、うつ状態になりました。もうこれ以上生きていたくないと思うようになりました。寝室の床に横たわり、泣いていたことを思い出します。ある日、ドアベルが鳴らなかったら、私はそのまま何日も泣き続けていたかもしれません。最初は無視していたのですが、しつこくベルが鳴ったので、結局足を引きずりながらドアを開けました。それは別れた妻でした。絶対に会いたくない相手でした。彼女はサムソンを連れていましたが、とても痩せていました。ラブラドールを飼っている人ならわかると思いますが、ラブラドールは痩せることを好みません。元妻はサムソンがまったくエサを食べず、それは私がいなくなったせいではないかと言いました。彼女は途方に暮れてしまい、私と一緒ならエサを食べるか確認したいので、サムソンをしばらく預かってほしいと頼んできたのです。

私は肩をすぼめてサムソンを家の中に入れると、そのままドアを閉めました。サムソンはソファに横になりました。しかし、家には犬用ビスケットがなかったので、着替えてスーパーに行かなければなりませんでした。スーパーから戻ってきたとき、サムソンはソファで仰向けに寝っ転がっていました。その姿がおかしくて、思わず笑ってしまいました。二時間もすると、サムソンはビスケットを一箱全部食べてしまい、散歩に行きたそうにしました。仕方なく、サムソンと出かけました。一時間くらい歩きましたが、運動して新鮮な空気を吸うのは気持ちがよかったです。テレサ、それからどうなったかあなたにはわかりますよね？　数週間もすると、私は元気になり、サムソンは太っていきました。元妻が引き取りに来たとき、サムソンの幸せそうな姿を見て、飼うのは私以外ありえないと判断したようです。私がサムソンの飼い主になりました。

サムソンが生きる支えになりました。サムソンは私を愛し、必要としてくれました。そして、私はサムソンの面倒を見るのは自分しかいないと感じました。世の中と向き合うのがつらいと感じる朝も、サムソンが起こしに来てくれました。散歩やトイレ休憩や一切れの鶏肉など、たいしたことをしたわけでもないのにうれしそうに興奮するサムソンの様子を見て、思わず微笑んでしまうこともありました。サムソンは私が必要としていた奇跡だったのです。そのままの私を受け入れてくれました。惨めな気持ちで沈んでいるときでさえ、私と一緒にいたいと思ってくれたのです。サムソンが私の命を救ってくれました。それについては何の疑いもありません。

二年後、私は結婚しました。相手は茶色い元気なラブラドールを飼っていて、散歩の途中で何度も出くわして、話をするようになった女性です。サムソンはもしかしたら、まだ生まれていなかった息子の命を救ったかもしれません。そのとき、妻は妊娠八か月でした。朝の四時ごろ、サムソンが寝室に勢いよく入ってくると、前後に歩き回っていました。用を足す必要があるのかと思いましたが、外に行こうとはしませんでした。物音で妻も目が覚め、起き上がりました。彼女の顔を見ただけで、何かがおかしいと気づきました。妻は出血していたのです。すぐに病院に連れて行くと、かわいい息子のトミーが生まれました。はっきりとはわかりませんが、もしサムソンが私たちを起こしてくれなかったら、妻は出血に気づかずに寝ていたかもしれません。

昨年、サムソンは私の腕の中で亡くなりました。悪性腫瘍ができて、二度の手術を受けましたが、助かりませんでした。私は手足を失ったような痛みを感じました。死ぬ直前、サムソンがじっと私の目を見つめたときに、決して私のそばを離れないでほしいと言いました。それからずっとサムソンは私の心の中にいます。サムソンの死は、うつ病よりもつらいものでした。しかしそれ以上にサムソンと出会えたことは、最も美しいスピリチュアルな体験でもありました。最も必要としているときに、サムソンのような天使を私の元に送ってくれた宇宙に深く、深く感謝しています。サムソンのことをちょっと考えるだけでいいのです。毎日私のそばにいてくれます。サムソンの遺灰の一部をお気に入りの公園に散骨しました。また、ロケットの中にほんの少し遺灰を入れて、毎日首にトげています。ちょうど心臓のあたりに来るように。そこが私の黒い犬、サムソンがずっと住んでいる場所です。私の心の中です。サムソンがいなくなって寂しいですが、彼がくれた愛は私を包み、私を満たしてくれています。

犬は飼い主が危険な目に遭うと、超感覚を発揮するとよく言われています。グレンのように、犬が命を救ったり、飼い主に生きる意味を与えてくれたという話をこれまでたくさん読んできました。犬が飼い主を裏切り、怪我させたり殺したりしたという報道を見ると、とても心が痛みます。恐ろしい話ですが、多くの場合、問題は飼い主がどのように犬を扱ってきたかが原因となったりします。年を取れば取るほど、動物を残忍に扱い続けると、その苦しみはいつまでも続き、最終的には自分たちに跳ね返ってくると私は思うようになりました。スピリットの観点から見ると、私たち人間の動物の扱い方や動物に対する敬意の欠如が、私たちのスピリチュアルな成長を妨げている可能性があります。動物を含むすべての生き物を大切にし、尊重して初めて、私たちはスピリチュアルに成長できるのです。ガンジーの言葉を借りれば、「国の偉大さや道徳的進歩は、その国の動物の扱われ方でわかる」のです。

次に紹介するダーシーは、人気の高いもう一つのペットにまつわる話を送ってくれました。そのペットは飼い主の心と体の痛みに気づき、癒してくれたのでした。

人生の旅の終わり

私の母は昨年、肝臓がんで亡くなりました。母はとても気丈に向き合い、不平を言うことはありませんでしたが、ひどく苦しんでいるのは明らかでした。ホスピスには入ってほしくなかったので、在宅で世話をすることにしました。医者からは、最後の数週間はとてもつらいものになると言われていました。兄と私はどうやって母を支えようかと心配していましたが、私たちの祈りが届いたようでそのための大きな力をもらいました。

亡くなる一週間ほど前から、母は大量のモルヒネを服用していましたが、ときどきは意識がはっきりしているときもありました。母を見守ることは、胸が張り裂けるような痛みでした。数週間ずっとほとんど眠れず、ある朝、私はキッチンで百杯目のコーヒーを煎れていました。すると、裏口からニャーという鳴き声が聞こえてきました。ドアを開けると、そこにはぼさぼさの毛の猫が立っていました。普通なら、猫が入ってこないように急いでドアを閉めていたのですが、疲れていたのか、直感なのかわかりませんが、私は一瞬躊躇《ちゅうちょ》しました。猫はそのまま二階へと走っていって、母の寝室に入るとベッドに飛び乗り、母のそばで丸まってしまいました。

母は穏やかに眠っていたので、そっとベッドに近づき猫を連れ去ろうとしましたが、猫は母を飛び越えて反対側に行ってしまいました。その動きで母は目を覚ましたに違いありません。目を開けました。猫を見ると母は微笑み、そのままでいいわと言うように、首を少し横に振りました。それで、私は猫を捕まえることはあきらめて、母と猫を一緒に寝かせておくことにしました。

それから二日間、食事の時間（私たちは白魚をあげました）と外にトイレに行く以外、この猫は母のそばから離れることはありませんでした。それまでの母はとてもつらそうで、ナーバスになっていましたが、猫がそばで丸まって眠るようになってからは、はるかに穏やかになったように見えました。

母が亡くなったとき、私たちは猫を飼うことにしました。なぜなら、猫には新しい仕事が見つかったからです。他に適当な言葉が見つからなくて新しい仕事と言いましたが、それは父を慰めることです。父は母がいなくなってとても寂しがっていました。そんな父の様子を見た猫が今度は父のよい相棒になりました。

ダーシーのような体験談を聞くと、動物と人間の間には説明のつかない、おそらく神秘的なつながりがあり、そのつながりは私たちが一番弱っていて助けを必要としているときに特に強く現れるのでないかという私の考えが正しかったこと証明してくれます。ダーシーの猫は両親に大きな愛と優しい気持ちを与えてくれました。そして、死後の世界のサインや夢と同じように、ときに天国は動物を通してその愛を明らかにするということを証明してくれたのです。

野生の叫び

もしペットを飼っていて、天国を垣間見たいと思うなら、より多くの時間をペットと一緒に過ごすというのは、スピリチュアルな振動を高める最も簡単な方法の一つです。ペットを飼っていない場合は、自然や近くの公園でより多くの時間を過ごすことも別のやり方です。第一章で触れたように、自然は天国がサインを送るのにとても気に入っている場所の一つです。そよ風の中にあなたは本当に天国を感じることができます。また、天国は亡くなった大切な人を送ってあなたの頬に雨粒のキスをしたり、葉っぱがこすれる音でささやいたり、鳥のさえずりを通して愛の歌を歌ったりするのです。犬や猫などのペットが危険を察知して命を救うという話はよく耳にしますが、野生動物が天使のように働くこともあります。ＮＢＣテレビが実際の話として報じた次のようなニュースを聞くと、私はとてもうれしくなります。

三頭のライオン

エチオピアでは、若い女の子が誘拐されて結婚を強要される危険にさらされているが、この十二歳の少女の場合、三頭のライオンが介入した。少女は彼女と結婚するつもりだった男を含む七人の男に連れ去られたが、誘拐犯が知らなかったことは、三頭のライオンの群れが一日中彼らを追跡し、監視していたことだ。男たちが少女を殴り始めると、三頭のライオンは男たちに飛びかかり、彼らを追い払い、警察が少女を見つけるために駆けつけるまで彼女を守り続けた。三頭のライオンは警察を見るとすぐに逃げ出した。野生動物の専門家によれば、少女の泣き声はライオンの子の鳴き声のように聞こえるかもしれないということだが、その理由が何であれ、少女はその日天使のようなライオンたちに見守られて幸運だった。動物界にはいつも驚かされる。

私は読者からいただいた野生動物やそうした動物によって愛する人を失った悲しみを和らげることができた話をファイルに収めてきましたが、今では膨大なコレクションとなっています。鳥、最も一般的にはコマドリは、パーフェクトなタイミングで現れたり、いつになく人に慣れた感じだったりで、うれしい死後の世界のサインとなったり、癒しや慰めを運んできてくれます。次に紹介するカーシャから送られた話を読むと、天国は野生動物を通して歌うことがあるというのがわかります。

天使の鳥

夫は私のことを天使と呼んでいました。娘のポピーが生まれたとき、夫は彼女のことを天使の鳥と呼んでいました。なぜなら非常に食が細く、鳥のように少ししか食べないからだと言っていました。二〇〇六年に夫が前立腺がんで亡くなるまで、私たち家族はとても幸せでした。私は精神的に打ちのめされましたが、ポピーのために何とか生きていかなければなりませんでした。それに、夫はずっとそばにいてくれているような気がしていたのです。そして、娘に対する愛情の中で、夫は生きていました。しかし、夫の母親にとっては違っていました。

私は毎日、仕事から帰ると、義母に電話をして話をし、彼女がしっかりと食べているかを確認していました。義母はどうもほとんど食事をしていないようでした。ときに、義母は何日もスコーンしか食べないこともあったようでした。私は食べ物を持っていきましたが、それにもほとんど手をつけませんでした。そんな義母を見てとてもつらい思いがしました。義母はもともと活発で、生き生きとした人なのです。私はあきらめずに義母に食べてもらおうと、あるよく晴れたすてきな日に、庭で食事をすることを提案しました。私はポピーを連れていきました。娘は祖父母の庭で遊ぶのが大好きでした。私たちの家の庭よりずっと広かったからでしょう。

その日の午後、とても特別なことが起こりました。私たちがテラスに座ってポピーが遊んでいる様子を眺めていると、コマドリだと思いますが一羽の野鳥が飛んできて、ポピーのそばに着地しました。コマドリは少なくとも一分間、ポピーに頭を撫でさせてくれました。私も撫でることができるか気になったので立ち上がりましたが、コマドリは飛んで行ってしまいました。私がイスに座ると、再びコマドリがやってきて、もう一度ポピーに頭を撫でさせてくれたのです。

それは特別な光景でしたが、さらに驚いたのは義母の反応でした。義母は私の方を見ると、あの鳥は息子（私の夫）で、自分の天使の鳥（娘）に別れを告げに来たのだ、と言ったのです。確かに、野鳥が逃げずに、子どもに頭を撫でさせることなんてあるのでしょうか？　鳥は怪我をしているわけではなく、娘がパンくずをあげたわけでもないのです。

その日以来、義母は元気を取り戻しました。そして、息子が待っていることを知っていたので、笑顔で亡くなりました。

リンは幼い頃から父親との関係に悩んできましたが、彼女のそばにやってきた若くてか弱そうなコマドリの姿によって、リンに対する父親の愛情を思い出しました。

楽しかった頃のことを思い出した

父が一番好きな鳥はコマドリでした。コマドリは私の人生において、驚くような形で現れました。

ある夏の終わり、静かな通りを歩いていると、後ろから甲高いさえずりのような音が私を追いかけているように聞こえてきました。振り返ると、親から離れるには若すぎるコマドリのヒナが見えました。私はそのヒナを草むらに誘導し、母鳥が早く見つけてくれることを願いました。

私の父は崩壊した家庭に生まれ、わずか三歳で親に見捨てられ、ウェールズの小さな村で伯母に育てられました。なぜ父が私に暴力的だったのか、その理由は一生わからないでしょう。尋ねたこともありません。複雑な話ですが、あのコマドリのヒナを見たとき、父の脆さに気づき、父にもよいところや、一緒に楽しい時間を過ごしたことや、父の私に対する愛情について思い出しました。

鳥のさえずりは、悲しみを抱えているときに深い安らぎを与えてくれます。どことなく天国とのつながりを感じさせる神聖な音が含まれているのです。神からインスピレーションを得たいとか、何かもっと崇高なものとつながっていると感じたいときは、心を落ち着かせて鳥のさえずりに耳を傾けてください。

同様に、私は蝶のような昆虫が希望のメッセージを伝えるという話も聞いたことがあります。蝶は昆虫の仲間ですが、生きている存在であり、愛と光のメッセージを分かち合ってくれる愛すべき生物なので本章に含めたいと思います。シャーリーの話を紹介します。

美しいもの

がんとの長くつらい闘病の末、私の夫は五年前に亡くなりました。私は自宅で最後の最後まで夫を看病しました。彼が亡くなった次の日の夜、私は久しぶりにぐっすり眠りました。それまではずっと、夜中に夫が何か必要かもしれないと、浅い眠りしか取らなくなっていました。その晩、夫と私がバード・ハイド（野鳥観察用の設備）の中にいる夢を見ました（私たちは熱心な野鳥観察愛好家でした）。地面に大きなヒオドシチョウがいるのを見つけました。私は夫に蝶の場所を指さしてから、かがんで拾おうとしましたが、みるみるうちに蝶はどんどん大きくなっていきました。蝶を捕まえると両手が隠れるくらいに大きくなりました。そして、開いていた窓から逃がしてあげました。

目が覚めたとき最初に思ったのは、なんて不思議な夢を見たのかしらというものでした。頭にはっきりと強く残り、それまで見た夢とはまったく違っていました。一階に降りると、二枚のお悔やみ状がドアの下から差し込まれているのに気づきました。

開けてみると、二つとも同じカードで、表紙には同じ蝶が描かれていました。それからしばらくして、訪問看護師が訪ねてきて、私にカードを手渡しました。開ける前に「ひょっとしてカードには蝶の絵が描かれていますか？」と尋ねました。看護師はそうだと答えましたが、通常女性の遺族には花の絵のカードを選ぶけれど、どういうわけか蝶の絵に惹かれて、そのカードを選ぶことにしたと付け加えました。もう推測していると思いますが、それは私が受け取った他の二通とまったく同じものでした。暖炉のマントルピースには、三枚の同じ蝶の絵のカードが並んでいるので、何だか少し奇妙な感じがしました。私と蝶とのつながりやどんどん大きくなる蝶の夢は、夫がついに苦しかった病から解放され、再び元気になったというサインではないかと考えるようになりました。

シャーリーの話が示すように、生き物によって伝えられる天国からのメッセージは、何も実際に生きている存在に限定されるものではないということを心に留めておくことが重要です。生き物は夢、写真、または他の人の言葉を通じて、あなたにメッセージや大切な教えを伝えることもできるのです。また、生き物はふと浮かんだ考え、物語、テレビ、広告やポスターの中にさえ、メッセージを伝えるために現れることがあります。

数年前、少し混乱した時期があり、スピリチュアルな事柄に関する執筆の方向性に迷っていたことがありました。あるとき、店の前の通り過ぎるとそこには見事なワシのポスターが貼られており、そこにはこんな言葉が書かれていました。「そこから立ち上がり、もっと広い視野で捉えなさい」。まさにワシが私に語りかけてくれたようでした。その頃、私はFacebookの運営にかかりきりになっていて、送られてくるメッセージや体験談を読む時間が取れず、このままだとどうなってしまうのかと悩んでいたのです。私はもっと広い視野を持ち、どうしてスピリチュアルな本を書いているのか考える必要がありました。それは、私たちが人間の経験をしているスピリチュアルな存在であり、その逆ではないことを人々に伝えるためでした。ワシのポスターを見てからずっとその言葉が頭の中に残っていましたが、その直後に、天国からの情報を伝えることができる霊媒師を招待して、共同で本書を執筆するのはどうかという考えが浮かびました。

動物に魂はあるのか？

現在では、私はすべての生き物の中に天国の一部が存在すると確信していますが、子どもの頃はそうではありませんでした。学校では、地球上の生物におけるダーウィン的見解において適者生存の考え方を教えられましたが、なるほどそのような考え方には愛情とか思いやりの余地はありませんでした。しかし、本章で紹介する話が示すように、ペットも野生動物も愛情や思いやりを持って行動していることがわかります。動物たちも私たちと同じように愛を感じ、愛を与えることができます。そして、魂、つまり不滅の魂を持っているのです。

人間の姿であれ、動物の姿であれ、愛には空間と時間の境界を超える力があると信じています。これまで読者から寄せられた数千にも及ぶ体験談には、向こう側の世界に旅立った動物が自分を訪ねてくれたというものがたくさんあります。私自身も、飼っていた愛猫が亡くなって数週間後、足元に何かが体をこすりつけてきた経験があります。それはとても心地よい経験でした。そして、後に超能力を持った猫の話を書くきっかけとなりました。現在は、犬と猫の両方を飼っているのですが、私たちの間の強い愛の絆は、私たちが死んでもずっと続くものだと確信しています。もし、天国で私が飼っていたペットたちに会えなければ、そこはもはや天国ではないのではないかと思います！

動物からの死後のコミュニケーションに関する話を読めば読むほど、動物たちも向こう側から私たちに手を差し伸べることがあるという確信が持てるようになりました。クレアも同じように考えていて、本書の後半では天国にも動物が存在することを言及しています。あなたが動物愛好家かどうかにかかわらず、動物にも死後の世界があり、大切な存在はその種類や大きさに関係なく、決して死ぬことはないということを心に留めてください。

次に紹介する三つの話を読めば、人間と動物の両方にとって天国は現実に存在するということがわかると思います。ときに愛するペットは、飼い主に対する愛が永遠であることを伝えるために、向こう側からやってくるということを示唆しています。

マークは、愛犬が亡くなった後も愛犬との絆が続いていることを確信しています。彼の話を読むと、ペットが生きているときは私たちを笑顔にし、死んだあとは私たちの心に永遠の笑顔を残してくれることを教えてくれます。

トリークルの夢

僕はこれまでずっと飼い犬に恵まれてきました。これまで出会った犬たちとはそれなりに奇跡のような時間を共に過ごしましたが、今回はトリークルについて話します。トリークルは美形で愛らしいレトリバーで、これまで飼ったどの犬よりも身近に感じていました。トリークルが生まれたとき、最初に抱きしめたのは僕でした。というより、僕が取り上げたのです。

トリークルと十一年間共にすばらしいときを過ごし、無条件の愛や生きる喜びについて多くのことを教えてもらいました。トリークルの死から数週間後、僕は非常に鮮明な夢を見て、虹の橋の上でトリークルに会いました。夢の中では、トリークルと一緒に空を飛び、野原を駆け回りました。死ぬ直前、トリークルはほとんど歩けませんでしたが、夢の中ではとても軽快に動き回っていたのです。また、トリークルはテレパシーで、自分はもう大丈夫、再び自由に走れるようになったし、天国はすばらしいところだと話してくれました。そして、トリークルには友だちがいました。見たことのない茶色と白の小さなパグでした。

翌日、職場で同僚に前の晩に見た夢とトリークルと一緒にいた犬の話をしました。どんな犬だったか説明すると、同僚は信じられないと言いました。なぜなら、それは約一年前、今の職場に来る前に死んだ彼女のパグに似ていたからです。彼女は僕に写真を見せてくれましたが、僕が夢の中で見たパグとそっくりでした。それだけで十分でした。人間にとっても、ペットにとっても天国は存在するという証拠だと思いました。

マークと同様に、ルーシーも飼い猫カイルとの絆は、死によっても絶たれることはないと確信しています。

大丈夫

愛猫のカイルは二年半前に亡くなりました。カイルは私の猫でしたが、母の家に住んでいました。もともとは彼氏と私が、カイルとカイルの双子の猫を、子猫の頃から飼っていました。父ががんの診断を受けたとき、母の慰めになればよいと考え、私たちは猫たちを母のそばにおきました。

カイルはここ数年病気で、延命のために錠剤を服用していました。どうにか二年がんばっていましたが、病状が悪化していきました。カイルは緊急で獣医のところに運ばれました。ひどい状態で、獣医は最悪の事態を想定するようにと言いました。私が病院へ行くと、後ろ足が完全に麻痺して身動きが取れないのに、私の声を聞くと喉をゴロゴロ鳴らしてうれしそうで、妙に満足そうな顔をしていたのです。カイルは数日間持ちこたえていました。早朝、病院に電話して、カイルはあまり食べていなかったのでエサを持って行ってよいか尋ねました。受付の人は、電話を保留にしたので、何かあったに違いないと思いました。そして、再び電話に出ると、カイルは夜に状態が悪化し、かなり苦しそうだったので安楽死となったと告げられました。

私はものすごいショックを受け、一日中泣いていました。カイルが死んだとき、一人ぼっちにさせてしまったことに罪悪感を覚えました。私はずっとそばにいなかったし、その最期の瞬間もいなかったので、カイルは私が自分のことを愛していないと思ったかもしれないと、そんなことばかり考えていました。カイルが生きていたとき、私たちはとても仲が良かったのです。私の腕の中でゴロンと横になったり、赤ちゃんのように抱っこされるのが好きで、私が落ち込んでいると体をこすりつけたり、そばで丸くなったりしていました。

とにかく、その夜は彼氏の隣で、ベッドに横になっていました。突然涙が込み上げたり、思わずどんなに悲しい思いがするか、どれほどカイルのことを愛していたか声に出して言ってしまいました。彼氏は、カイルが自分は大丈夫だとサインを送ってくれるはずだと、私を安心させようとしましたが信じることができませんでした。

眠りにつく前に、私はカイルに、無事であることを知らせるサインをくれるように祈りました。そして、私が死に際にいなかったことを詫び、愛していることを伝えました。私はやがて眠りにつきました。午前四時ごろ、一緒に住んでいたカイルの母猫に驚かされて目が覚めました。母猫は自分も起こされたとでも言いたげに、私の顔のすぐそばで奇妙な音（鳴き声）をあげていました。そして、人懐っこそうに私の手をなめたり、押したりしてきました。普段はまったくそんなことはしませんでした。母猫の方は、カイルのように愛情表現する猫ではなかったのです。まるで私に話しかけようとしているようでした。それが何だか心地よく感じて、肩の荷が下り、幸せな気持ちがしました。カイルが母猫を通じて、自分は大丈夫だし、私がカイルを愛していることはちゃんとわかっているというメッセージをくれたような気がしました。翌朝、カイルからメッセージが届いたと思うだけで、幸せな気持ちになりました。そして、母の家に向かって歩いていると、道に小さな白い羽根が散らばっていて、まるで誰かが空から破った枕の中身を落としたみたいでした。それくらいたくさんの羽根が散らばっていたのです。

カイルはわずか七歳でした。カイルは父が亡くなる一年前に母を慰めるために地球に連れてこられたように感じるのです。そして、父の死や悲しみを乗り越えるサポートをしてくれました。それから、病院に駆けつけた私を見て、「大丈夫だよ。やるべきことは全部やったよ。地球での僕の仕事は終わったから、もう行くね。大丈夫だから」と言っていたような気がします。まるでそれが、カイルが生まれてきた目的だったみたいです。

サムはまた、飼い猫のウィルムが、最期の別れを告げるために変わった方法で戻ってきてくれたと感じています。

そばにいるからね、ずっと

私は人生でたくさんの猫を飼ってきましたが、特に可愛がっていたウィルムを二〇一〇年に安楽死させなければなりませんでした。とても苦しかったのですが、そうする他なかったのです。ウィルムは特徴的な見た目をしていて、これまでそんな見た目をした猫を見たことはありませんでした。ウィルムが死んで三か月が過ぎていましたが、私はまだ寂しさを抱えていました。ちょうど七月の中旬でしたが、その日は裏口が開いていました。ふと庭の方に目を向けると、ウィルムにそっくりな黒猫が見えました。私に背を向けていましたが、黒猫は桜の木の下に座っていました。その隣にはもう一匹の飼い猫のポピーがいました。ポピーは他の猫が近寄ることを許さなかったので、それは明らかに不思議な光景でした。二匹の猫はいつものように、私に背中を向けて、隣同士に座っていました。頭ではウィルムのはずがないとわかっていても、その姿を見たときの幸せな気持ちは今でも感じることができます。まるで、ウィルムが死から蘇ったようでした！　近づいてみたくなって、庭に出ましたが、黒猫は生け垣を抜けて姿を消しました。普通、一度庭で見かけた猫は、その後何度も見かけるものです。しかし、それまでその黒猫を見たことはなく、その後は一度も見かけていません。

動物がもたらす平和な気持ち

本章を執筆中、おそらく天国がくれた偶然によって、アニマル・ヒーラーであるティナ・リードと連絡を取るようになりました。彼女の仕事や動物にまつわる話を聞くと、とても元気になり、心が安らぐので、私のFacebookに定期的に投稿してもらうよう依頼しました。ティナは毎週投稿してくれており、とても人気のコーナーになっていますが、私は驚きません。ここで、ティナの人生、仕事、そして彼女にインスピレーションを与えてくれた動物についての話を紹介します。

スパロウ

猫の保護レスキューセンターを初めて訪れたとき、後にスパロウ（スズメという意味）という名前だと知るのですが、どうしたことか一匹の猫が、レイキの瞑想している私の膝の上にそっと上ってきました。するとすぐに、すやすやと眠り始め、私が帰る時間になるまで目を覚ましませんでした。スパロウは重い病気にかかり病弱でしたが、周囲の人たちを振り回すかなりの名物猫だったようです。レスキューセンターを運営するモリーは、獣医を呼ぶときが来たと悟ったとき、スパロウの最期の日を大好きなものでいっぱいにしたいと考えました。モリーはスパロウを抱きしめて、お気に入りの食べ物を与えました。その後、モリーは床に敷いた毛布でスパロウに寄り添い、虹の橋を穏やかに渡って天使たちの元に行くまで、最後の数時間を一緒に過ごしました。先週レスキューセンターに行ったとき、スパロウがいた場所に行ってみました。スパロウの存在をとても強く感じたので、今は特別治療室にいる他の猫たちの守護天使になったのではないかと信じています。

ラッキー

単純に、物事にはそうなるようになっていたというものがあります。夫も私もこれ以上犬を増やすつもりはありませんでしたが、ある日曜の午後、私たちはそれぞれFacebookの、同じジャーマンシェパードの救援ページを見ていました。画面からは濃い茶色の目が私を見つめていて、すぐにつながりを感じました。一四歳くらいの年老いた犬で、明らかにジャーマンシェパードではありませんでした。夫にそのラッキーのことを話したら、夫も同じ投稿を見ていました。私たちはすぐに、ラッキーは家に来て一緒に暮らす運命だと思いました。

引き取ってわかったのですが、ラッキーは十分な愛情やケアを受けずにつらい生活を送ってきました。健康状態にいくつか問題があり、静かに過ごせる老犬用の小屋が必要だと言われましたが、ラッキーは子犬のように走り回り、エサをおいしそうに食べ、TLC（優しく愛情のこもった世話）を楽しんでいるようでした。そして、ラッキーは人気者でした。他の犬たちともすぐ仲良くなり、これまで失われた時間を取り戻そうとしているようでした。幸せな日々とたくさんの愛に満ちた六か月間を一緒に過ごしました。六年だったらどんなによかったかと思いますが、彼はこれまでできなかったことをすべてやりつくしたと心から信じています。

最後の一、二週間は、夫と交代でラッキーと一緒に一階で寝ました。ある晩、ラッキーの目を見ると、虹の橋の向こうに行く準備ができたと訴えかけているようでした。受け入れるのはつらかったのですが、心の中で感じたことを無視することはできず、獣医に来てもらうように手配しました。私たちは他の三匹の犬と一緒に庭へ連れていき、そこで写真を撮りました。写真に写っているどのラッキーの後ろにも一筋の光がついていました。

ラッキーが亡くなってからも、私はラッキーのエネルギーをとても強く感じました。そして、弱った体から自由になって喜んでいる様子が目に浮かびました。六か月後、私たちは盲目のジャーマンシェパードのネルソンの里親になりました。六週間後、ネルソンは新しい飼い主の元に行きましたが、数日後、ちょうどラッキーが一年前に私たちの元に来た同じ日に予期せず戻ってきました。もし、ネルソンは私たちの家にいるべきだというサインをラッキーが送っていたとしたら……。きっとそうなのだと思います。言うまでもなく、ネルソンは私たちの愛すべき家族の一員となり、すでに二年半一緒に暮らしています。ラッキーがいまも私たちのことを見守ってくれていることがとてもうれしいです。

小さな魂たち

二〇一四年十月、シェルター・アニマルレイキ協会のレイキ施術者、そして、インドのラジャスタン州のツリー・オブ・ライフ・アニマルズ（TOLFAとして知られています）の講師として、すばらしい二週間を過ごしました。帰国する数日前に、TOLFAの創設者であるレイチェルに、親を失いとても弱っている子犬たちにレイキを施してくれないかと頼まれました。

部屋に入って小さな魂たちを見たとき、私の心が大きく開いたので、愛の空間を保てるように、深呼吸をして自分の中心を探す必要がありました。その日の午後、子犬たちにレイキを施し、翌日また戻ってきました。二度目の訪問では、二匹の子犬しか残っていませんでした。再び、レイキを送り、私たちは愛と思いやりに満ちた穏やかな空間を分かち合いました。帰り際、私が立ち上がると、二匹のうち小さい方がふらふらと近づいてきて、私の手にキスをしました。子犬はさよならを言っているような気がして、その小さな体からはたくさんの愛が伝わってくるのを感じました。翌日、最後に訪れたとき、生き残っていたのは一匹だけでした。かなり弱っていましたが、明らかに持てる力をすべて使って戦っていました。心を落ち着けてレイキを送ると、完全な平和の波が私の心に押し寄せてきました。すでに死んでしまった三匹の子犬たちが小さな天使のように私たちの周りを飛んでいて、たくさんの愛を送ってくれているのを感じることができました。それは最も美しく愛に満ちた体験で、喜びの涙が私の頬を流れ落ちていきました。

その日の午後、一人ぼっちになってしまった子犬に別れを告げました。今後どうなってしまうのか私にはわかりませんでしたが、何があっても他の三匹がずっと一緒にいてくれるだろうと信じました。一年後、レイチェルと話す機会があったので、子犬について尋ねました。子犬はとてもハンサムな犬に成長し、退職したＴＯＬＦＡの職員が引き取って、永遠の住処を得たということでした。そして、幸せで健康で充実した生活を送っていると聞いてうれしく思いました。今も三匹の兄弟たちが、愛を送りながら見守り続けていると確信しています。

アパ

アパは、長い脚とつややかな薄茶色の毛並みを持つ、美しくて威風堂々とした犬でした。アパはずいぶん長生きして、最近亡くなりました。何年も前に救助されて以来、引き取った家族とすばらしい生活を送りました。アパは本当に愛され、大切にされていました。アパの死は明らかに悲しい出来事だったので、飼い主はもう一匹の飼い犬カリンのことを診てほしいと依頼してきました。カリンの隣に座ると、すぐにリラックスしたようでした。カリンと共に美しいレイキの瞑想に入ると、不意に部屋の中に愛のある存在を感じ、すぐにアパに違いないと思いました。目を開けると、カリンがソファのある一点を見つめていました。まさにこの瞬間、圧倒されるような純粋な喜び、至福、そして天国に包まれているような気がしました。私の頬を涙が伝い、とてつもない力が溢れるようでしたが、同時に穏やかな気持ちでした。カリンと私は、アパから送られてきた愛の中に包まれていたのです。家族には、アパが私たちとつながったこと、そして、アパが自由で愛に満ちた世界を生きていることを伝えることができて、とても幸せでした。

フレッド

フレッドはとてもかわいいテリアでした。小さな体にもかかわらず豪快な性格で、その表情と後ろ脚で立つなど絶妙なタイミングでおもしろい技を披露して人を笑わる才能がありました。フレッドの後見人のジュディと、フレッドは禅師ではないかといつも冗談を言い合っていました。すべてお見通しだとでも言いたげで、古老といった風格なのです。私は何年もの間、定期的にフレッドやフレッドの家族にレイキを施してきました。もはや私も家族の一員になったような気がしていたので、フレッドが虹の橋の向こう側に旅立ったときには、悲しくて仕方ありませんでした。いつもと違っていたのは、その悲しみが一瞬にして消え去ったということでした。まるで魔法がかかったように痛みを取り除いてくれました。その瞬間から、私は悲しみをまったく感じなくなりました。これは、フレッドから私への別れの贈り物ではなかったのかと感じています。フレッドが死んでからしばらくの間、私がフレッドのことを考えると、真っ白な羽根を見つけました。どんなときも、どこにいても、それはフレッドが送ってくれた羽根に違いありません。フレッドはまさに動物の天使で、フレッドの家族といつも一緒にいます。

動物と死後の世界

美しい体験談を本書に掲載することを許可してくれたティナには深く感謝しています。動物にとってティナは地球に舞い降りた天使です。ティナの詳細やそのすばらしい仕事について知りたい方は付記五を参照してください。また、ティナは飼い主がペットとの死別とどのように向き合えばよいのか、そして、ペットの死後もその絆をどのように保つかについてもサポートしています。私も経験していますが、ペットを失うことは心に大きな打撃を与える可能性があるにもかかわらず、ただ受け入れて前に進むしかないという風潮もあり、非常に重要なサポートだと考えます。ペットの死が悲しいので仕事を休むというのは、現状ではなかなか受け入れてもらえません。しかし、愛するペットを失った人ならわかるように、その喪失が破壊的な場合もあるのです。

次に紹介する話は友人でアニマル・ヒーラーのフィオナから送られてきたもので、大切な動物が死ぬとき、天国が近く感じるという体験です。

ティファニー

二〇一二年三月九日の朝は、いつも通りに始まったと思いました。馬のティファニーは私の姿を見ると喜んで、朝食を平らげました。普段と何も変わりませんでした。しかし、厩舎《きゅうしゃ》からティファニーを牧場に連れて行こうとしたとき、お尻の辺りが左右にふらつきました。私はティファニーを牧場に残し、すぐに獣医に電話をかけました。

獣医が到着するのを待つ間、私はティファニーと一緒に牧場にいました。私の前に立ち、頭を私の肩に乗せ、それから、数分ごとに小さな円を描いて歩き、同時にいななきました。しかし、それは苦しむようでも痛がっているようでもなく、いつもの幸せそうなおだやかないななきでした。その様子を見ていると、数年前の祖母のことを思い出しました。亡くなる数時間前、祖母は自分のベッドのそばに（私には見えない）男の子と女の子が立っていると話していました。直感的に、ティファニーの母馬《ははうま》が娘を迎えに来ていて、私にさよならを言っているのではないかと思いました。二十六年間一緒に過ごしてきましたが、それが終わろうとしているのかと思うと、涙が込み上げてきました。

ティファニーはそうやって、一時間後獣医が到着するまで、ずっと同じ動きをしていました。獣医がこちらに向かってくると、ティファニーは牧場を一回りし、ゲートの近くで倒れました。ティファニーはどうにか持ちこたえていましたが、とうとう力尽きました。完璧なタイミングでした。獣医はティファニーが苦しまないようにすぐに処置を始めました。獣医は神経系の異常ではないかと話していました。

私はまさに数時間で自分の馬を失いました。当時はつらい思いをしましたが、あれがティファニーにとって最良の死だったと理解しています。すでに三十四歳だったティファニーは、まだ信じられないほどエネルギッシュで、とても老馬とは思えませんでした。少しずつ衰弱していくような病気と闘うなんて、ティファニーには向いていませんでした。あのような死をティファニーは望み、見たところ痛みや苦しみもなかったと思います。私が感じたのは、娘を安らかな場所へ連れて行こうとやってきた母馬の愛情だけでした。

本書の物語に心を動かされたのなら、あなたには動物とコミュニケーションを取る力やペットとの魂と魂のつながりを感じることができる人だと思います。ペットは愛を通じて私たちの魂に触れようとするので、そこに奇跡が起こるのです。したがって、ペットを愛するということは、天国に触れるということなのです。ペットが私たちに与えてくれる愛は、現世でも来世でも無条件で永遠です。ペットや動物は私たちを守り、導き、落ち着かせ、慰め、最も必要なときに愛してくれます。天国はさまざまな方法で私たちの祈りに応

えてくれます。本章で紹介した数々の話が示しているように、動物とのつながりを感じている人々にとって、それらの祈りには毛皮、羽根、ひげ、翼、尾などが関係してくることもあります。

次の段階

ここまで、最も一般的な天国からの答えについて、さまざまな視点から刺激的で心温まる話や体験談を紹介してきました。また、天国は数え切れないほどのごくあたりまえの、それでいて特別な方法で語りかけることがわかりました。それは、ペットも同じで、ペットは飼い主に対する愛情を通して、天国の存在を教えてくれるのです。こうした天国からの答えはすべて、人生のある時点であなたが経験するであろう、あるいはすでに経験してきたものなのです。たとえ、そのときそれが天国から送られたサインだと気づかないとしてもあなたは受け取っているのです。そんなはずないと思う方は、以下の質問について考えてみてください。

✦ 愛する人が亡くなった夢を見たことがありますか？
✦ すばらしい偶然だと思ったことはありますか？
✦ 思いがけないときに、亡くなった大切な人のことを考えたことがありますか？
✦ わけもなく、とてつもない愛と喜びを感じたことはありますか？

これまでの人生でいま挙げた中から一つでも経験したことがあるなら、次にあなたに同じようなことが起きたら、天国があなたを呼んでいるとわかるでしょう。また、あなたが一般的な、しかし往々にして無視されてしまう死後のサインについてここまで学んできたことによって、日々の生活の中で、そして、あなた自身のやり方で天国からの答えを受け取る助けとなれば幸いです。

では、次の段階に進みましょう。第四章では、これまでよりもはるかにドラマチックな話を紹介していきます。死後の世界との遭遇という意味ではまれなケースですが、何気ないサインというにはほど遠く、説明することも難しいのに、完全に疑う余地などないほどに天国がはっきりとサインを送ってきます。そのようなサインは向こう側の世界から送られる、永遠の愛についてのただただパワフルで、大胆で、明確な主張です。

私はいま、すべての生き物には例外なく永遠の魂が存在すると断言する
不滅の命だけだ、誓ってもよい

ウォルト・ホイットマン

第四章　愛のエネルギーの強さが交信感度を高める

――祈りの力、幽体離脱、臨死体験が天国からの奇跡を現実化

愛する人が死ぬなんてありえない
だって、愛は不滅だから

エミリー・ディキンソン

誰も、クレアのような霊媒師でさえも、私たちが死ぬとどうなるか確実に知ることはできません。私たちはただ息を引き取り、光が消えて、何もなくなると信じる人たちもいます。私たちはいなくなり、その死を悼む人たちに唯一残されるものは思い出だと言うのです。これまでの教訓を学びスピリチュアルに成長し続けるために、私たちのスピリットはその都度違う人間の姿をして、何度も地球に戻ってくるという輪廻転生を信じている人もいます。また、私たちが地球にいたときの行いによって報われたり罰せられたりする死後

の世界のようなところがあると信じている人もいます。

それから、私たちの意識、私たちのスピリット、あるいは私たちの内なる命の火花は、体が死んだ後も生き残り、人間という形では完全には理解できず、目にも見えない次元で生き続けると信じている人もいます。要するに、私たちは人間の姿をしたスピリットだということです。もう何年も前に、ホスピスで働いていたときに私も何度か経験しましたが、読者の皆さんの中で亡くなった人の体（遺体）を見たことがある人は、そこに体はあっても、その人の命の火花、本質――あるいはその人を特徴づけるものがなんであれ――はなくなってしまったと強く感じたことがあるかもしれません。その体自体が着ていない服のように見えます。科学がどれほど進歩しても、科学者たちはまだ命の火花（生気）を作り出すことはできず、いまだに謎のままです。しかし、過去三十年間に研究してきた死後の世界に関するすべての資料や話から判断すると、肉体が死んでも命の火花は目に見えない領域で生き続けると、私はこれまで以上に確信しています。

死後の世界の存在を否定するどころか、実際には現代科学も死後の世界に目を向けているのかもしれません。基礎物理学によれば、あなた、この本、あなたの携帯電話、あなたの車、そしてあなたが出会うすべてのものは、振動するエネルギーで構成され、そのエネルギーがどのように振動するかによってその形を決定するとしています。もちろん、これはあまりに簡素化した説明ですが、私が言いたいのは、私たち全員がエネルギーであるということです。あなたの体、マインド、思考もそうです。

では、私たちの肉体が滅ぶとき、私たちの思考や感情によって生み出されたエネルギー――スピリットと呼ぶこともできます――は、非物理的で目に見えない次元で続いていくのではと提案するのは言いすぎでしょうか？　また、ときに亡くなった私たちの大切な人々に宿る永遠のエネルギーと同調することは可能なのでしょうか？

これまで天国に触れ、死後の世界に遭遇したと話す無数の人たちによれば、それはほぼ間違いなさそうです。数千人以上の人が、そのような報告を送ってくれています。そして、こうした報告は、場合によっては、また特定の状況下では、愛し合っている二人の間のエネルギーの強さというものが現世と来世の間のコミュニケーションを可能にするという非常に現実的な可能性を証明しているのです。

こうしたコミュニケーションまたはつながりは、無数の異なる方法で起こる可能性があります。すでに死後の世界のサイン、夢、直感、偶然によってそれがさりげなくどのように起こるのか見てきました。その中には、眠っていないというだけではなく、はっきりと目覚めている状態で一部、あるいは完全な姿を現すものもありました。いずれの場合も、死後の世界からのメッセージは、慰め、希望、愛のメッセージなのです。あるいは、私たちが愛し、失った人々は去ったわけではなく、ずっと愛を送り続け、私たちを見守ってくれているということを保証する天国からの明確な答えなのです。

これから紹介する体験談はすべて、亡くなった家族と死後の世界でまったく思いがけない遭遇を経験した方々から送られてきたものです。彼らの話は、家族間の愛が生きる力、慰め、喜びの源になるだけでなく、天国は手を差し伸べてくれるということ証明しています。クレイグの話は、母としての愛や妻としての愛は空間や時間を超越できることを教えてくれます。

家族のつながり

家に連れて帰る

母は二〇〇〇年十一月に乳がんで、父は二〇〇四年二月に脳卒中で亡くなりました。父が亡くなる前日、私は父の家に行って、ドアを改修する業者を待つことになっていました。父は自分の家で最期を迎えたいという希望で、車いすが通れるようにするためでした。朝起きてリビングに行くと、母がソファに座っていました！　それは元気だった頃の母の姿で、着ている服も同じでした。私の方に顔を向けると、母は微笑みました。瞬きすると、母はいなくなっていました。

父の家では予定通り改修に立ち会い、帰宅しました。翌日、病院から父の容態が悪化したという電話がありました。実は、父と私は、父の最期には立ち会わないという約束をしていました。父は私の前で死にたくないと言ったのです。そんな父でした！　それで、父が亡くなったという連絡が来るまで、私は自宅で待機していました。おそらく母は「自分が父を家に連れて帰る、それが楽しみ」と伝えるために私を訪ねてきたに違いないと確信しています。

次はペニーです。家族が共有する永続的なつながりと、最愛の父親が、娘の心の中でずっと生き続けることをしっかりと伝えたことがわかる美しい物語です。

ある晩

私の父は二十年前に亡くなりました。最高の父でした。私はずっと父が何とかしてくれるし、私を守ってくれると思っていました。私の心の支えであり、「頼りになる」人でした。彼は虫に刺された後、敗血症で突然亡くなりました。私は精神的に打ちのめされ、一人ぼっちになってしまったようで、どうしたらよいかもわからず、孤独を感じました。父は夢の中に出てきたことは出てきたのですが、がっかりするような夢ばかりでした。たとえば、誰かが父から電話だと言うので出てみると、電話が切れてしまうとか、母が父はスーツケースのようなへんなところに隠れていると言うので、ケースを開けようとすると夢から覚めた、というような感じです。そんな夢は本当に私を不安にさせるだけでした。

それがある夜、すべては一変したのです。玄関のチャイムが鳴って目が覚めました。私のパートナーは眠ったままで、声をかけましたが起きませんでした。廊下に出ると玄関ドアのガラスの部分から向こう側は見えました。亡くなった父がそこに立っているのが見えたのです。ショックを受けることも、驚くこともなく、私はドアを開けました。父は微笑んで、私の横を通り過ぎました。奇妙なことに母も父と一緒にいました。母はまだ生きているのに！　父は居間に行くとアームチェアに座りました。私は父の向かいに座り、父がすごく若いことに気づきました。亡くなったとき父は六十七歳でしたが、四〇歳くらいに見えました。それについて尋ねると、父は自分が最も幸せだと感じる年齢を選んだと言いました。私は父がいなくなってどれだけ寂しかったか、そしてどれだけ悲しかったかを伝えました。私が、死んでしまって悲しくないのか、私たちに会えなくて寂しくないのかと尋ねると、悲しくないし、寂しくないよと答えました。父はその間ずっと笑っているのです。その後の会話はほとんど覚えていませんが、彼が立ち去ろうとしたとき、また戻ってくるかどうか尋ねましたが、父はいいや、戻る必要はないと言いました。そして、訪問中に一言も話さなかった母と一緒に玄関のドアから出ていきました。私は怖いとはまったく感じませんでした。

気がつくと、私はベッドから体を起こして、息ができない状態でした。パートナーが目を覚ましたので、起こったことをすべて話しました。すると、彼は私を信じてくれました。夢だったのかもしれないと思うこともありますが、それはとてもリアルで、あのときはっきりと目を覚ましたことを覚えているのです。その日以来、父のことで心を痛めることはなくなりました。いつも父のことを感じることができますし、困っているときや何をすべきかわからないときも、父はまた「頼りになる」人に戻りました。私は毎日心の中で父と話していますが、私の夢に現れるときは、父は生きていて、電話の向こうとかスーツケースの中ではありません。私はとても恵まれていると感じています。あなたの本を読んだ後、これは父が私の痛みを見て、私を助けに来てくれたのだと思いました。

父親の姿を見たとき、ペニーはそれが自分の想像や夢ではないことがわかりました。父親はペニーに本当に語りかけ、永遠の愛が起こす奇跡を明確に示したのです。ジョーダンも、彼の祖父が現れたと信じています。

浮かぶ人影

僕がそれを初めて経験したのは、五歳の頃で、祖母の家での出来事でした。ダイニングルームに足を踏み入れると、特徴のない白い人影が浮かんでいるのが見えました。隣の部屋にいた祖母に駆け寄り、その人影のことを話しました。祖母はずっとその部屋の椅子に座っていたので、それは祖母でないことは確かでした。家には他に誰もいませんでした。そこで、僕は祖母に人影について尋ねたところ、「心配しなくていいよ。あれはおじいちゃんだよ。死んだとき、白い服を着ていたのさ」と言いました。

ジョーダンにとってよかったことは、彼が見たことを祖母が空想や幼稚な想像として取り合わなかったり、作り話をしていると叱ったりしなかったことです。ジョーダンの祖母は彼を信じており、その信頼によって彼は自分の超能力を探求し開発する自信を持つことができ、自分のそんな能力を恐れたり恥じたりしなかったのです。

幼い頃超能力の可能性の兆候が現れたとき、家族に笑われたり、止められたりしたという話を聞くと、私の心は痛みます。子どもというものは疑うということをしないので、天国に近い存在です。そして、子どもがスピリットに関することや、何かを見たり、聞いたり、感じたりすることができるという話に耳を傾ける親は、子どもの創造性や個性を育むというだけでなく、スピリチュアルな成長を助けることもできます。

永遠の絆

もちろん、時空を超越できるのは家族間の永続的な愛だけではありません。次に紹介するリリーのように、二人の間の愛が強ければ、死のヴェールを超えることができるのです。

人生は続く

夫が亡くなってからちょうど二十日目、私は泣きながら夫に話しかけ、彼なしでは生きていけないと思っていました。翌朝目が覚めたとき、私はバルコニーに出て庭を見下ろしました。すると、私たちのバラの木にメッセージが書かれた小さな紙が結びつけられているのを発見しました。それまで庭にいても、バルコニーから外を眺めたときも、その紙には気がつきませんでした。最初は誰かが私のためにそこに置いたのかと思いましたが、すべてのドアには鍵がかかっているので外から入ってくるのは無理だと思いました。庭に出て紙を取って開くと、そこには人生と愛は続くという内容の詩が書かれていました。一番驚いたのは、筆跡が夫のもので、その木には小さなバラが咲いていたことです。その木まだ一度も花をつけたことがなかったのです！　そして、それはその木に最初で最後についたバラの花でした。さらに、一夜にして開花したのです！　付け加えると、夫はバラが大好きでした！　その後も一年半にわたり、夫がそばにいてくれているのがわかるような出来事が起こりました。一度など、眠る前にうとうとしていると、「泣かないで」という夫の声が耳元で聞こえました。

リリーは、夫が彼女のためにこの美しいメッセージを用意してくれたと確信しています。夫の姿を見たわけではありませんが、リリーにとってそれは奇跡と呼べるものでした。同じように、奇跡と祈りが届くというテーマは、ジュリアが送ってくれた次の話にも登場します。

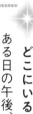

どこにいるの？

ある日の午後、私は家に一人でいて、亡くなったとても親しい友だちのことで気分が落ち込み、少しでも痛みが治まればと祈っていました。苦しい中、私は泣きながら彼に話しかけました。彼がいなくなってどれだけ寂しいか、そして、「どこにいるの？」と尋ねたのです。

たちまち平和で穏やかな気持ちが込み上げてきました。私は泣き止み、心に安らぎを感じました。私は微笑み、心の中で彼に感謝しました。

それはとてもリアルに感じられ、あの日、天使が私と一緒にいたと確信しています。その日以来、友だちのことを思うとき、私はもはや悲しみを感じません。

もちろん、彼がいなくなって寂しいです。でも、笑っているときの彼のことをよく思い出すのです、もう涙は必要ないのです。彼は今も元気で、私の番が来たら、また彼に会えると信じています。あの日の午後、私に込み上げた感情はすばらしい経験でした。本当に癒されました。

ジュリアの体験はこの世界のものではないのですが、同時にこの世界で起こったとも言えます。なぜなら、ジュリアの話には意識的か無意識は別として、私たちの誰もが行う行為、つまり祈ることが登場するからです。祈りは宗教と関連することなので、ここで祈りについて話すことに躊躇《ためら》いを感じますが、祈るために信仰心がある必要も、跪《ひざまず》く必要もありません。愛する心を持つ人なら、いつでもどこでも祈ることができます。祈りはスピリットとの心からのコミュニケーションであり、次に紹介するキャリーの話からわかるよ

うに、向こう側の人々は時折私たちの祈りを聞くことができるのです。

すばらしいことが起きました

それは約二十年前に起こったのですが、ほんの一握りの人たちにしか話したことはありませんでした。多くの人と共有するべきだと感じましたが、その方法がわかりませんでした。これまで死後の世界について誰かを説得しようと思ったこともなかったのです。私は一人っ子で、とても孤独な人生を歩んできました。いつも不安と失望感で一杯でしたが、幼い頃から死後の世界を信じていたようで、この地球は自分が生きるべきところではないように感じていました。過去には何度かスピリットの世界と遭遇したことがありますが、多くの人が経験するように、日常生活で「そのような生き方をする」のは難しいと感じています。

当時、私は特に困難な時期を過ごしていました。二人の小さな子どもを抱えて離婚しましたが、ちょうど再婚したところでした。しかし、すでにこの結婚はおそらく間違いだということがわかっていました。私は教会の会員でしたが、歓迎されているような気はしませんでした。そのことを教会の長老の一人に相談したところ、私は「そこに属していない」ので、「家に帰って祈る」べきだと長老は言いました。この後何週間もの間、起きている間はずっと祈っていました。私はどこかに属していることを、そして、このすばらしい宇宙の一部であるということを示すサインを求めて祈りました。まさにそうやって何週間も祈りと瞑想を続けた結果、すばらしいことが起こりました。

その夜、サインが欲しいという必死の願いが頭の中をグルグルと回る中、ベッドに入りました。やがて、新しい夫がぐっすり眠っている横で眠りに落ちました。

私は、拍手、歓声、トランペットの演奏の音で目が覚めました。これまで感じたことがないほどの喜びや平和や愛のすばらしい感覚と、美しく暖かい明るい光に包まれているような気がしました。私は光に向かって両腕を伸ばし、どこかで聞いたことのある声がしました。しかし、私自身のスピリットの声が「あなたは来ました、あなたは来ました」と言っていたので、その声の持ち主が誰だったのか忘れてしまいました。地球の感覚でこの愛に包まれる時間がどれくらい続いたのかわかりませんが、拍手と歓声が小さくなり、光が弱くなると、美しい白い鳩が部屋の中を飛び回りました。すると、声が私に話しかけましたが、どういうわけかその声は私の中から聞こえてくるようでした。「私たちがつながっていないなんて考えてはいけません」と言いました。最終的に、すべてはだんだん暗くなり、何も見えなくなり、暗く静かな部屋で両腕を上げて座っている自分に気づきました。夫はまだ隣で眠っていました。

何が起こったのかわかりません。私に言えることは、それが何だったにせよ、私のスピリットは何が起きているのか認識していて、それは「私」でしたが、同時に「私ではなかった」ということだけです。うまく言えませんが……。私が認識した「私ではない」私は、私となった「私」よりもはるかに愛情深く、スピリチャルな存在でした。

私が何を言いたいのかわかっていただけることを願っています。ご存じのとおり、スピリチュアルな出来事を地球の言葉で説明するのは非常に難しいのですが、これを皆さんと共有したいという強い衝動を感じました。

私たちは皆、無力感を覚えることがあります。あなたが死別を経験したり、うつ病に苦しんだりしている場合、それが当てはまるかもしれません。あるいは、愛する人が重病だったり、事故や自然災害に遭っていたりしても、何もしてあげられない、またはそのスキルがないということもあるでしょう。そんなときでも、あなたにできることがあることを知っていてほしいのです。あなたは祈ることができます。

祈りには信じられないほどの力があり、祈ってもらった患者は、そうでない患者よりも回復時間が短いことを示す科学的な調査結果があります。すべての物質（私たちの思考でさえも）はエネルギーで構成されていることを考えると、このエネルギーは、現世で結果を出すだけでなく、来世とコンタクトをはかるときにも利用できる可能性があります。次に紹介するミシェルの話は、そうした力についてぴったりの例だと思います。私たちの祈りを亡くなった大切な人はどのようにして聞くのか教えてくれます。

待機リスト

昨年、私たちは家を引っ越し、子どもたちは地元の学校に通い始めました。娘は不安症で、当時は勉強についていくのが大変で学校が嫌いでした。娘は新しい学校では最初うまくやっていました。しかし、先生が辞めて、六歳だった娘はいじめを受けるようになりました。クラスには他に女子が二人しかおらず、その二人が娘を仲間はずれにしたので、友だちができませんでした。クラスメイトたちは、娘が泣くまで、毎日のように娘に向かって叫びました。学校には何度か報告しましたが、何もしてくれませんでした。その後、娘の様子がおかしくなり、学校に行きたがらなくなりました。そして、ある日、三か月間休み時間はずっと一人だったと言って、とうとう精神的に壊れてしまいました。

それがきっかけとなりました。隣村の私が働いている学校に応募しましたが、評判のよい学校で、通学区域外だったこともあり、空きはなく待機リストがあるほどでした。そこで最善の結果を願いつつ、順番待ちのリストに登録することにしました。娘が入学するには、二人の子どもが転校しないと順番は回ってこないと言われました。私は落胆しました……。すぐに二人も転校するという可能性がどれほどあったでしょうか？

そのため、私は娘を同じ学校に通わせなければならず、心が張り裂けそうでした。親にとって、子どもをひどい環境の学校に行かせなくてはならず、何もしてあげられないことほどつらいことはありません。一か月後のある夜、私はいつもより早くベッドに入りました。すべてのことがつらくて涙がこぼれ、亡くなった父に娘を助けてくれるよう一生懸命に祈りました。私は父に語りかけました。「お父さん、私の声が聞こえるなら、あなたの孫娘が新しい学校に入学できるように助けて。もうつらくて悲しくて耐えられそうにないの。あの子は本当に惨めで、他に何をしてあげればよいのかわからないの！」

三日後、学校の受付係が私のところにやってきて、空きができたので体験入学について話がしたいと言いました！　私はびっくりして椅子から転げ落ちそうになりました。学期末に二人の児童が転校するので、娘は次の学期から通うことが可能になりました。そんな偶然があるでしょうか？　それが偶然だったとは絶対に思えません。父が実現させてくれたと心から信じています。父はとても家族思いな人でした。もしまだ生きていたら、家族や孫娘を守るために最後まで戦ってくれたと思います。

あれから一年過ぎようとしていますが、娘はとても幸せそうで自信を取り戻し、大勢の友だちに囲まれています。また、前の学校では受けることができなかった、学習サポートも受けています。

ミシェルは奇跡が起きるように祈りましたが、次に紹介するロレラにはただ奇跡が起こりました。ロレラは奇跡を祈ったり、切望したわけではなく、ただ命を助けてもらったのです。

跡形もなく

ある夜遅く、夜間クラスを終えて、あまり街灯のない郊外を車で走っていました。前方がよく見えないのが心配で、とても慎重に運転していました。急な曲がり角を曲がろうとしたとき、制服を着た少年が道端を歩いているのが見えました。少年は私に手を振りました。私は速度を落とし、手を振り返しました。実は、車を停めようと思っていました。そんな夜遅い時間に少年が一人で歩くなんて危険だと思ったからです。しかし、ちょうどそのとき、反対側からものすごいスピードで一台の車がカーブを曲がってきました。法定速度で走っていたら、おそらく衝突していたでしょう。私は慌ててクラクションを鳴らしましたが、運転手はスピードを出したまま走り去っていきました。辺りを見回すと、少年は跡形もなく姿を消していました。

翌日、職場の同僚に前の晩の出来事について話したところ、彼女はどの曲がり角のことか確認し、ショックを受けたようでした。そして、同僚は二年ほど前に、その曲がり角で、学校から家に帰る途中の十歳の少年が巻き込まれた恐ろしいひき逃げ事故があったことを教えてくれました。

ここまで紹介してきた体験談はすべて奇跡のような出来事でしたが、ロレラのケースを除いて、どれも生死にかかわるようなものではありませんでした。ロレラは角を曲がったら、何が向かってくるのか知ることはできませんでしたが、明らかに天国は知っていたのです。彼女に警告を与えるために、これから起きるかもしれないことを知っている何かが、誰かが介入したのです。私自身も同じように天国からの警告を受けたことがあります。序章ですでにお読みになったと思いますが、スピリットとなった母の声が語りかけ、私の命を救ってくれたときです。あなたが天国を信じているなら、おそらく説明は必要ないでしょう。しかし、どうしてそんなことが可能なのか知りたいと言うなら、それは私たちが皆つながっているということを思い出していただければ、答えは見つかるかもしれません。科学はすでにこれを証明しています。そして、時間は直線的ではなく、過去、現在、未来というものはなく、ただの感じ方に過ぎないという理論も存在します。

このような考え方は極めて衝撃的ですが、ここで議論するには十分なスペースがありません。しかし、本書で紹介する奇跡の数々が科学的観点からどのように実現可能なのかを理解するために役立つことを願っています。私たちの思考や感情は、時間と空間、生と死の境界を超越できる可能性があります。しかし、最終的にどんな説明がつくのかわかりませんが、次に紹介する話を読めば、感動し、力が湧き、大いに刺激を受けるに違いありません。彼らは天国に救われたと信じています。

見えない手

二〇一五年、大学に行くためのお金を貯めるため、私は彼氏と一緒に窓掃除の仕事をしていました。仕事はハードでしたが、楽しかったです。天国に触れたに違いないと感じた日時は正確に覚えています。五月十四日午後二時頃でした。

私は彼氏と何かについて笑っていました。私は彼をからかうのが好きで、私たちはよく一緒に笑います。しかし、このときばかりは冗談が過ぎました。ワゴン車の後部からさらに洗剤やスポンジを取り出そうとしている彼氏に向かって、ふざけて大声で叫んでいました。次の窓を掃除するために一度下に降りる必要があったため、私は梯子を降り始めました。ちょうど半分くらい降りてきましたが、電話が鳴って、集中力が切れてしまいました。電話に出たはずみに、梯子を踏み外し下へ落ちてしまいました。地面に落ちて気を失う直前に、誰かの腕が私の頭をかばってくれたことは覚えています。それで、コンクリートの歩道に頭を打ちつけなくて済んだのです。

医者は、頭蓋骨が割れていてもおかしくなかったので、私はぎりぎりのところで難を免れたのではないかと言いました。私は医者に、彼氏が地面に落ちる前に受け止めてくれたからだと言いました。しかし、彼氏が落下を知ったのは私が悲鳴を上げて歩道に落ちたときだと聞いているので、それは不可能だと答えました。彼氏はワゴン車から走ってきて、私が意識を失っていたので、救急車を呼んだそうです。彼氏は応急手当の知識がなかったので、私には触れない方がよいと判断したのです。

これはかなり不思議な話ですよね？　しかし、さらに驚いたのは、私が落ちる一時間前に父が心臓発作で亡くなったことです。電話が鳴っていたのは、母がその恐ろしい事実を知らせるためにかけていたからです。スピリットとなった父は私を受け止めるためにそこにいたのだと思います。もちろん、それを証明することはできませんが、それはどうだってよいのです。それは私だけの経験であり、父の死と向き合う助けになりました。

次はアマンダの娘があの世から彼女の命を救ってくれた話です。

いますぐ止まって

私の美しい天使のような娘が、海外の兵役中に亡くなってから六年後のことです。私は買い物を終えて横断歩道を渡ろうとしていました。その日は雨が降っていて、買い物袋もずっしりと重たかったのです。信号は青に変わりましたが、そのとき娘が歩道の真ん中にいるのが見えました。娘は一時停止の標識を持っていました。私はその場に固まってしまいました。すると、娘はいなくなり、その瞬間に白いワゴン車が赤信号を無視して、猛スピードで走ってきました。あの魔法のような天国の瞬間を決して忘れたことはありません。私はそのときの記憶を自分の墓まで、そして、来世にまで持っていくつもりです。

キャシーはまた、天国が彼女を見守っていると感じました。彼女は、天使を二度見たと信じています。

本当だとわかりました

親友が死の淵に立ち、私は彼女のために必死に祈っていました。そのとき、二人の男性のような巨大な天使が親友の後ろに現れ、テレパシーで「もう自由にさせてあげなさい」と言いました。彼らが放つものすごいパワーから、二人は本物の天使だとわかりました。そのパワーと、信じられないほどの包み込むような純粋な愛が感じられたので、彼らに逆らうことなどできませんでした。その愛について表現できる言葉はありません。私は「自由にさせ」ました。それ以外の選択肢などありませんでした。そして、私はこれまでで最も安らかに眠ることができました。親友はその三日後に亡くなりました。その後、親友の妹からそのときのことをどうか「教えて」ほしいと言われたのですが、彼女とはあまり親しくなかったので、言ってよいものか心配でした。しかし、ちょっとしたきっかけがあり、緊張しながら彼女に話しました。話を聞いて親友の妹は泣き崩れ、話してくれて本当にありがとうと感謝していました。彼女は、姉が死後の世界で幸せだというサインを求めて祈っていたそうです。私は親友の妹にそのサインを伝えることができました。

息子のデイヴィドが亡くなって六か月後、真っ白な光の柱が私の左側に降りてきました。この光の下には、言葉では言い表せないほど純粋で、完璧で、神聖で、すべてを包み込む愛がありました。それは途方もなく美しく、それがデイヴィドからのものであると確信しました。私は大いなる平和に包まれていました。デイヴィドが話をしたときには（息子は統合失調症に苦しんでおり、コミュニケーションを取ることが困難でした）、必ず愛が一番重要だと言っていました。デイヴィドは正しかった。その日、天国を少し垣間見たような気がしました。

マーガレットは天使たちが訪ねてくれたと信じています。彼女の経験を紹介します。

いつも私と一緒

娘が生まれてすぐに、私は初めて天使に出会いました。産後うつにひどく苦しんでいたときでした。ある日の午後、泣きながら眠りにつきましたが、翼のようなものに包まれて、愛されているという感覚になりました。神と自分のスピリチュアリティ（訳注：自分の中の霊的な部分という意味）に心を開く必要があると思いました。それから数年間、私はオーブを見たり、自分が飛んでいる夢を見たり、スピリットとなった父と母と話をしているとても鮮明な夢を見たりするようになりました。私はスピリット（精霊）を見たことがあります。寝ているのか目が覚めているのかわからない夢のような状態のときで、スピリットを見たのは一度きりです。正直に言えば、少し怖いと思いました。あれから何年も経ちますが、このような夢の詳細をはっきりと思い出すことができます。

しかし、これまでで最もすばらしい経験は、六か月ほど前に起こりました。私はアイルランドに（とてもスピリチュアルな場所だと思います）いました。寝ているのか起きているのかわからない夢のような状態で、私はベッドに横になっていました。ふと目を開けると、隣に美しい年配の女性が座っていました。その髪は銀白色で、鮮やかな青いドレスを着て、それに合わせたように全身に青いオーラをまとっていました。彼女は「こんにちは」と言って私の手を握り、「霊的なものが見えるというのは怖いかもしれないけれど、私があなたを守るためにいつもそばにいるわ」と言ったのです！　それから女性はしばらく私と一緒にいてくれました。私はそのまま彼女とずっと一緒にいたいと思いました。彼女の名前を尋ねましたが、答えてくれたのかどうか覚えていません。それから私は深い眠りに落ち、とても幸せで祝福された気分で目が覚めました。女性が私の天使だったことは間違いありません。また彼女に会えることを願っています。

本書の後半のクレアのパートで、彼女は天使についての考えを書いてくれることになっています。私はよく、天使は亡くなった大切な人のスピリットなのかと聞かれます。厳密に言えば、スピリットは亡くなった大切な人ですが、天使は地上に転生していない天国の存在です。しかし、私が思うに、慰めと喜びをもたらしてくれるスピリチュアルな存在は、天使のようなものであり、天国からやってきたものです。したがって、私は天使、スピリット、亡くなった大切な人のスピリットという用語を同じ意味で使用する傾向があります。しかし、それに同意しない人や、スピリチュアルな存在には階層があると信じている人がいることも承知しています。ただ、私はあまり深く考えないようにしています。読者の皆さんがどのような言葉を使うとしても、何らかの形で天国に触れたという事実は変わらないと思います。

次の紹介するタムシンの話は、愛が死とは比べものにならないほどパワフルだというすばらしい証拠を提示してくれます。

がんばって、しっかりしなさい

十九歳の息子がバイク事故で集中治療室に運ばれ、私は四日間病院に泊まりました。自宅と病院を毎日行ったり来たりせずに済みました。息子の命は危険な状態だったので、そばにいてあげる必要があったのです。昨年の六月二十二日、最高にすばらしい出会いまたは経験をしたので、あなたと共有したいと思います。私は付き添い部屋の椅子に座って、お見舞いを送ってくれた友人たちにお礼状を書いていました。すると、強いバニラの香りがしました。お見舞いの品はすでに確認していましたが、その中には石鹸や香水はありませんでした。ふと、それは亡くなった母が焼いたケーキの香りだと気づきました。

いつの間にか涙が頬を伝い、落ち着くために体を左右に揺らしていました。涙が止まりませんでした。母はどんなときもとてもやさしくて強い人でした、母が一緒にいてくれたらどんなに心強かったかと思いました。母と抱き合い、きっと大丈夫と言ってもらいたかったのです。一時間ほど泣くと、気持ちが落ち着いてきました。温かいお風呂に入ることにしました。お湯を入れていると、声が聞こえました。それは母の声で、頭の中からも外からも聞こえてくるような気がしました。母は、泣いてもいいのよと言いました、そして、母はこれまでもずっと私のそばにいたし、これからもずっとそばにいると言ってくれました。また、私の息子、つまり母の孫は、母の元に来るにはまだ早すぎると言いました。

翌日、息子は劇的に回復し、四週間後に退院しました。医師たちからは息子が危険から脱したので、これ以上は付き添いをしなくても大丈夫だと言われました。母はそれを知っていたのですね。私は日々母の愛と強さを感じています。死後の世界は私たちの人生の一部なのに、それを信じない人がいるなんて悲しいことです。

子どもを思う母親の愛は、山をも動かします。

レベッカの話は胸が張り裂けそうですが、深く心強いものでもあります。ゆりかごから来世まで、天国は私たちを見守り、導いてくれるのだと気づかされます。

サイレント・ナイト

赤ちゃんが死産で生まれた夜、私は天国に抱きしめられているような感覚を初めて感じました。あれから八年が経ち、あのつらく悲しい日のことを思い返すと、守護天使が愛と慰めをもって私を抱きしめてくれたのは、私がその愛や慰めに値すると教えてくれようとしていたからだと思います。

一人の天使の親として、私は息子の存在、あるいはその死の詳細を忘れたくはありません。息子はとても特別な小さな男の子でした。亡くなったことで私の人生に多くのすばらしいものを与えてくれました。息子が死産で生まれた夜のことを振り返ってみると、私の天使が最高に安らかな眠りに誘《いざな》ってくれたことがわかります。

息子のコナーは金曜日の午後遅くに死産で生まれ、私は別の階の部屋に移されました。新しく母親になった幸せそうな患者たちから離れ、スタッフも患者も最小限の寂しいところでした。夫も含めて、病院に来てくれた全員に家に帰るようにお願いしました。一人になって、体を休め、一体何が起きたのかを考えたかったのです。点滴もチューブも何も体についていなかったので、夜中に看護師が邪魔することもありませんでした。私の部屋は静かで、すぐに眠たくなりました。温かい両腕が私を包み込み、ベッドからわずかに抱き上げられているような感じがしました。また、「ねむりたもう、いとやすく」という言葉が聞こえてきました。そして、「きよしこの夜、星はひかり」と聞こえました。まさにそんな気持ちがしていました。私の心は穏やかで、天国に向かう私のかわいい子どもは光に包まれていました。

赤ちゃんを失うというのは計り知れない悲しさを経験します。それは破れ去った夢、砕け散った現実です。親は希望の喪失と、子どもを失ったという現実と向き合わなければなりません。それは簡単な作業ではありません。亡くなった赤ちゃんや子どもは、雲をひとつ隔てたところにいる小さな天使です。何らかの理由で、彼らはまだこの世界で自分の場所にやってくる準備ができていなかったのかもしれません。あるいは、この人生をあきらめ、代わりに私たちを見守る守護天使としてスピリチュアルな存在に生まれ変わることを選んだのかもしれません。あるいは、私はこう思うようにしているのですが、彼らはスピリットとして、愛、慰め、喜びの中にもう少し長くとどまる必要があったのかもしれません。子どもも、あるいは大切な人を亡くすというのはそういうことなのかもしれません。天が彼らの名前を呼びました。この人生でやるべきことをやり遂げたので、彼らはスピリットとしての人生を歩み始めるのです。

生きたくてたまらない

ここ数年、私に送られてくる多くの話は、臨死体験（ＮＤＥ）または臨死体験に関するものです。臨死体験とは、人が数分間死んだ後生き返り、天国を訪れた記憶が残っているというものです。

臨死体験は、おそらく死後の世界を証明する最も強力な証拠ではないでしょうか。ほとんどの場合、人が生死をさ迷ったり、一時的に心臓が止まったりしたときに起こります。臨死体験を経験した人の多くは、死への恐れを失い、天国の存在について人生が一変してしまうような畏怖の念や驚嘆、そして絶対的な信頼を抱くようになります。臨死体験は驚くほど一般的であり、それを経験したほとんどの人が、新たに発見した不思議な感覚を覚えるようになります。実際、次に紹介するエリザベスのように、臨死体験は心地がよく、死への恐怖がまったくなくなるという人もいるのです。

私が必要とするすべて

私は腺熱にかかり、顔全体に発疹ができ、肝臓が腫れました。何を飲んでも食べてもアレルギー反応が起きました。体中が熱を帯び、何日も食べたり飲んだりすることができませんでした。最終的に、脱水症状で入院することになりました。

ベッドに横になっていると、体が燃えているように感じました。この世界に別れを告げ、向こう側に足を踏み入れるところだったと思います。リボンが切れたように、私のスピリットが体から離れていったのを覚えています。肉体的な痛みの中で、とても穏やかな存在が灼熱の病に侵された私の体を包み込んでいるのを感じていました。

その存在は私を抱きしめ、まるで世界と世界の狭間、次元と次元の間にいるような心地がしました。そして、私はトンネルに近づいていると感じました。純粋な光のトンネルです。そのトンネルの中にゆっくりとやさしく連れていかれそうになり、それがとても穏やかだったのでついていきたいと思いました。静けさの中で、やさしくささやくような天使の声が聞こえました。私の体の病気は重く、安らかになりたいのだと言っていました。

　私は死にかけていたと思います。しかし、何も恐れることはないとすべての人に伝えたいです。私は向こう側がどんなところかほんの少し体験しました。そこは平和な場所です。この地球では誰も見つけることができない愛と平和の感覚が存在します。私は翌日目を覚ましました。体の熱は治まり、トンネルと目に見えない存在は消えていました。臨死体験を通じて多くのことを学び、スピリットが地球にいる私たちに何を望んでいるのか知りました。それは誰もが手に入れようともがいている仕事、お金、または社会的地位ではありません。本当に大切なのは、あなた自身のこと、あなたのよいところ、あなたが与えることのできるすばらしいもの、そしてあなたが運ぶ愛なのです。天国は、あなたが他の人に接したように、あなたに接します。あなたがしてほしいことを、他の人にもしてあげてください。これが、私が学んだすべてであり、私が必要とするすべての助言とすべてのインスピレーションです。

これまでに世界中の何百万人という人々が、臨死体験を経験し、死後の世界を垣間見たと主張しています。生命の危機に瀕し、そこから戻ってきたという人々の話を聞くと、死後の世界は本当にあるという説得力のあるデータとなります。未知の境を旅した人々は、光や魔法や愛で揺らめく向こう側の世界の驚くべき光景を報告しているのです。

最近特にこれまで以上に臨死体験について耳にするようになった理由の一つは、蘇生術の向上です。臨床的に死亡したと宣告された後に、瀬戸際から連れ戻されたという人々の数は増えています。大抵の場合、人が「死んでいる」のは数分間だけですが、最大十時間も「死んでいた」という事例が報告されています。十年ほど前であれば、これらの人々は亡くなったままで、戻ってきて自分の体験を話すことはなかったでしょう。

臨死体験にまつわる話が増加しているため、科学者たちはもはや無視したり有り得ないとはねつけたりすることはできません。彼らは臨死体験や、それを経験した人々が主張するように、人間の意識は死後も存続するのかという可能性について研究せざるを得ませんでした。臨死体験に関する研究を主導しているのは、すでに述べましたが、サウサンプトン大学のサム・パーニア博士と彼のチームで、二〇一四年にイギリス、アメリカ、オーストリアの十五の病院で心停止を起こした二千人が経験した臨死体験に関する研究を発表しました。この研究は世界で初めて、意識は肉体の死後、少なくとも三分間は生き残ることができるという暫定的な科学的証拠を提示し、非常に説得力があったため、さらなる研究が進行中です。

予想通り、懐疑論者たちは当然、一連の反対意見をぶつけています。瀕死の脳で起こる化学変化はもちろん、他の説明では、臨死体験は睡眠障害、医薬品、そして薬物によっても引き起こされるというものです。虚偽記憶症候群、幻覚、願望充足、一時的狂気なども提唱されていますが、これらの説明はどれも説得力がありません。たとえば、幻覚が起きている間、人は現実感を失っていますが、臨死体験の話では、周囲で何が起こっているかについての正確な描写が含まれています。また、多くの臨死体験は、平坦脳波のとき、つまり脳死状態にある場合に発生しますが、幻覚を引き起こすほどの脳活動がある場合は、脳波図に記録されます。また、死にかけている脳やせん妄は、前向きな経験やスピリチュアルな転機として記憶されないため、説得力のある説明にはなりません。同様に、精神疾患は通常うつ病や日常生活に対処できない状態につながりますが、臨死体験は逆の効果をもたらし、人生に対する新たな思いや情熱が生まれる可能性があります。また、懐疑論者たちは、さまざまな年齢やさまざまな文化の人々が、光のトンネルや亡くなった大切な人との遭遇など、非常に似通った経験をしていることについても、納得できる説明を行っていません。「願望充足」理論も、こうした類似点を説明することはできません。間違いなく、トンネルや走馬灯ではなく、人はそれぞれまったく違う思い出を持っているものではありませんか？　たとえば、ビーチの夕暮れなんてどうでしょう？

さらに、懐疑論者の反対意見はどれも、人が「死亡」または医療行為から生じた昏睡状態にあるとき、病室の外で愛する人や家族が会話している様子を見たり聞いたりするのはなぜか、あるいは数時間に及ぶ手術で医師たちがどんな医療行為を行ったのか話すことができるのはなぜか、納得のいく説明ができません。

臨死体験が科学界で議論の的になっていることはすばらしいことです。なぜなら臨死体験が真剣に受け止められるようになってきたからです。

人間には物質的な現実以上のものがあると思わせてくれるもう一つの死後の世界との遭遇は、幽体離脱体験（ＯＢＥ）です。これは、人々が自分の体を離れて浮いている、または飛んでいるときに自分の体が下に見えるという感覚を持つ経験です。臨死体験も同じような特徴ですが、幽体離脱は瞑想しているときや無意識のうちに起こることもあります。ナイト・ヴィジョンと同様に、その体験はとても鮮明に感じられます。

私はこれまでに何度か幽体離脱を体験しました。最初の体験は三十五歳のときで（私の場合、他の多くのスピリチュアルな体験と同様に、人生のかなり遅い時期に起こりました）、娘を出産したばかりでした。夜、眠っている自分を見ていたのですが、パジャマを後ろ前に着ていると気づきました。実際に、前後ろ逆に着ていました！

かなりの人が、話しているとき、演技中、走っているとき、歩いているとき、空想中、瞑想中、あるいはうつらうつらしているときに、幽体離脱を経験したという体験談を送ってきてくれています。私は幽体離脱と至高体験は交差することがあると思っています。思いも寄らない喜びの感情によって物質的に体を抜けて浮き上がるような感覚です。私はどちらも天国からの贈り物だと思っています。

ララは、愛は死ぬことはないと確信する経験をしました。

はっきりとわかった

二〇〇四年に父が肝がんと診断されました。がんは手の施しようのない段階で、医師は父に残された時間は二、三か月だと宣告しました。

私は三人姉弟《きょうだい》の長女で、六歳のときに母を亡くしました。そこから私たち三人を育ててくれたすばらしい父で、私は心から父を愛していました。そんな短い間に父を失うと聞いて、胸が張り裂けそうでした。

父は私の家から歩いて二十分ほどの距離に住んでいました。これまで何度も同じ道を歩きましたが、ご想像のとおり、それはますますつらい経験になっていきました。私は毎日少なくとも一回、時に二回彼を訪ねました。ときどき、悲しみと苦痛に押しつぶされそうになり、父の家の前に立って、できる限り涙をこらえ、落ち着きを取り戻してから家に入る必要がありました。まさに試練のときでした。

ある朝、重い気持ちのまま、私はいつも通る道を進みました。私はスピリチュアルな人間ではありませんが、その日に限ってなぜかふと空を見上げました。ほんの一瞬、悲しみに打ちひしがれた夢想から我に返りました。顔に暖かい太陽を感じ、目を閉じると、意外にも微笑んでいました。父の愛は太陽の光の一部であり、何があっても、特に太陽が輝いているときは、父はいつも私と一緒だと強く感じていました。それはまさに、悲しみの大海の一滴の明るい喜びでした。

突然、はっきりとわかりました。まるで天国がほんの一瞬私に心を開いて、天国に行っても、父はそこで守られ、そして、私のそばにずっといると伝えてくれているようでした。私はこの出来事を共有したいと思いました。なぜなら、普通の人でも本当に天国に触れることができるということを証明していると思ったからです。少なくとも私はそう感じています。

誰が何と言おうと、コンピューターが画像を作り出すわけではないように、人間の脳はララが経験したようなことを作り出すところではありません。幽体離脱が脳で起こるという決定的な証拠はありません。私の考えでは、幽体離脱は、臨死体験やナイト・ヴィジョン、すべての死後の世界との遭遇（次に紹介する話を含みます）と同様に、私たちの一部が体と心から離れて存在することがあり、それが私たちは人間の経験を持つスピリチュアルな存在だということを証明するのではないでしょうか。このような体験をしたすべての人が、それは信じられないほど力強く、豊かなスピリチュアルな目覚めを与えてくれると言っています。ライトワーカーのタニア・ポップルトン（付記五を参照）が経験した美しい死後の世界との遭遇は、本書で伝えたいことを要約してくれている気がします。

人生は続く

ある晩、十歳になる息子が私に、天国とはどのようなものか、そして、自分は死ぬのかと尋ねたとき、私はどう答えたらよいかわかりませんでした。やはり、親というものは子どもを失うことなど考えたくありません。しかし、彼の質問は唐突だったので、レオンには私が予想していなかった別の計画が用意されていることを、私はそのとき気づくべきでした。

赤ちゃんの頃から、まるで一緒に過ごす時間はそう長くないとわかっていたように、私はレオンを過保護に育ててきました。レオンと共に過ごす時間は貴重だと感じていたのです。

ある日、入学はまだ一年先でしたが、レオンは姉の学校のブレザーを着てみたいと言いました。私はレオンがブレザーを着ている姿が想像できませんでした。母親の勘、あるいは第六感というのでしょうか、何か違和感があったのです。

休暇を過ごしたニューフォレストから帰ってきた後、レオンは急に具合が悪くなり、最後は昏睡状態に陥りました。私たちは付き添い用の部屋を用意してもらいました。ある夜、放心状態でベッドに横になっていると、何かが目に留まりました。薄気味悪い白い煙のようなものが、天井のライトの辺りに現れました。すると、壁近くにある影のようなオーブに目を向けるように導かれました。突然、頭の中で声が聞こえました。「彼は私たちと一緒です。彼は大丈夫です」。声は私から聞こえたものではありません。私の声でもなく、知っている人の声でもありませんでしたが、息子は大丈夫で何とか乗り切るだろうと思いました。結果的に、レオンは副鼻腔炎による脳炎という非常にまれな脳疾患で亡くなりました。私は悲嘆に暮れました。それは息子と再会するときが来るまで、ずっと変わらないでしょう。レオンは愉快で、心優しく快活な性格で、みんなから愛されていたので、私たちの人生はすべて元通りにはなりません。

私は今、スピリットたちは私に最も美しく慰めとなるメッセージを送ってくれたのだと理解しています。そのことに一生感謝するでしょう。私の息子をスピリットの世界に迎え入れ、大丈夫だと言ってくれたのです。悲しみの中で、そのメッセージは私をとても安心させてくれました。息子はそばにいるように感じます。階段を降りる足音が聞こえ、ベッドの端に誰かが座っているようなのです。そして、頬にキスされて目が覚めます。

私は子どもの頃からずっと非常にスピリチュアルな人間でしたが、スピリットの世界は息子のいる場所なので、いまではさらにその力が強くなっています。私はその力をできる限り生かしていくことを自分の使命とし、他の人々にも慰めをもたらす存在になろうと思っています。この世界には肉眼で見えるよりもはるかに多くのものが存在しています。私たちはエネルギーで構成されており、エネルギーを破壊することはできません。スピリットの世界と呼ばれるこの美しい場所で、人生は続いていきます。

スピリットの仕事

本章と私のパートを終えるにあたり、幽体離脱と密接に関連する死後の世界の不思議な体験談で締めくくりたいと思います。こうした体験は、スピリチュアル・ワーカーの夢と呼びたいと思います。その体験では、眠ったり瞑想したりするとき、体験者のスピリットがその体を離れてスピリチュアルな仕事を引き受けるというものです。その任務は多岐にわたりますが、ほとんどの場合は人々を助ける役割を担っています。たとえば、危機的な状況にある人を慰めたり、スピリットが向こう側の世界に渡る手引きをしたりします。そこで、リンから送られた体験談を紹介します。

信じられない

私は古くからの友人を訪ねていました。もう何年も連絡を取っていなかったので、彼女に会うのを楽しみにしていました。一か月ほどまえに友人の父親が亡くなり、落ち込み疲弊している母親の面倒を見ているということで、私たちは彼女の家で会うことにしました。二人の家に着いたとき、知っているという圧倒的な気持ちが込み上げてきました。私は前にその家に行ったことがあるのです。その話を友人にしたところ、驚いていました。なぜなら、友人の両親がそこに引っ越してきたのは五年前のことで、私たちはこれまでずっと会っていなかったからです。

家に入ると、見覚えがあるという思いはさらに強まりました。家に来たことあるということを証明するために、私はリビングルームにはエッフェル塔の絵が飾ってあり、ソファは緑色ではないかと彼女に尋ねました。そのとき、記憶が蘇りました。友人の父親は居間で亡くなったのです。私はそこにいました。友人は、確かに父親は緑色のソファの上で亡くなったと答えました。父親は、家に誰もいないときに突然の予期せぬ心臓発作で亡くなりました。母親はそこに誰もいなかったという事実に心を痛めていました。テレサ、父親の隣に座ってその手を握っていたことを二人に話すと、友人も母親も心から慰められたようです。彼は最初怖がっていたけれど、私が光の方へ導くと、安心して向かったと伝えました。

これまで自分は直感的だと感じていましたが、こんな驚くような経験をしたことはありませんでした。これがきっかけで、現在は能力開発サークルに入会し、自分の才能が生かせるか試しています。いまは朝起きて疲れを感じても、いらいらしたりしません。まったくその逆です。どこかで、なんらかの形で、死を迎えたスピリットが安心して向こう側へ行けるように、自分のスピリットがその手助けをしていると思うと、とても充実感を感じます。

メールの最初（件名）に〝信じられない〟って言いましたよね！　私もまだ完全に信じられずにいます。

リンは、なぜ自分がそこにいて、まったく知らない人が亡くなる瞬間に立ち会い慰めることになったのかわかりません。しかし、私はすべての人やすべてのものは実際にはつながっているから起こることなのではないかと考えます。スピリットでは、私たちはみな家族なのです。また、スピリチュアルな事柄に引き寄せられたり、死後の世界に遭遇したりする人は、夢の中でも誰かを助ける任務をスピリチュアルに行っているのではないでしょうか。したがって、朝起きたとき、理由もないのに疲れている場合は、あなたは眠っている間にスピリチュアルな任務を行ってきたのかもしれません。眠っているとき、私たちは誰もが天使になる可能性を秘めているなんてすてきなことではありませんか？

さらにすばらしいのは、目覚めてからもその可能性が残っているということです。次に紹介するサリーが説明してくれます。

朝起きたとき

テレサ、朝起きたときによくあるんです。新しい一日の始まりに目覚め、男性か女性かわかりませんが、優しい声が私を呼ぶのが聞こえます。いつも緊迫感や目的意識みたいなものを感じるのです。毎日というわけではありませんが、そんな日は大抵とても忙しい一日を過ごします。私は助産師で、どの日が他の日よりも忙しいかを予測することは不可能ですが、朝起きたときにその声が私を呼ぶ日は、いつも目がぱっちりとさえエネルギーが溢れてくるような感じがします。

本書の後半では、スピリチュアルな仕事に生涯を捧げ、死別した人々に慰めと希望をもたらすプロの霊媒師の声に耳を傾けましょう。

楽しみにしている

死は最後の眠り、いや、やっと目覚めるということだ
サー・ウォルター・スコット

序章でも述べたように、私はこれまで霊媒師を訪れたことはなく、今後もそうするつもりはありません。というのも、私たちはそれぞれ向こう側の世界と直接つながるための方法を見つけることができると信じているからです。私は自分のやり方に満足しています。第一章から第四章まで、ここまで紹介した体験談を読めば、天国に直接触れるという体験が大きな安らぎをもたらすということが証明されたと思います。読者の皆さんも、天国に心とマインドを開けば、きっと同じような経験を目撃することでしょう。

私の元には霊媒師との経験をつづった手紙が何千通も届いていますが、これまでその話を私の作品に含めたことがありません。なぜなら、私はずっと天国との直接的かつ個人的なコミュニケーションに重点を置いてきたからです。しかしながら、私は著書の中でスピリチュアルな事柄に関しては、柔軟な態度で接してほしいと言ってきましたし、霊媒術が多くの人を安心させ、また、何世紀にもわたって行われてきた技術だということを否定す

るつもりはまったくありません。私はクレアのデモンストレーションに行ったことがありますが、とても感動的で、大いなる刺激を受けました。皆さんも、クレアの話を読めば、私と同じように感じることでしょう。新しい視点に心を開くたびに、あなたは精神的に成長します。そして、天国はあなたが「行く」場所ではなく、「成長する」場所だということがはっきりとわかるようになります。

いつものように、私はあなたの意見を歓迎します。どうか、私に連絡してください。詳細は作者についてのプロフィールページを参照してください。

あとがきで、また戻ってきますが、ここでひとまず終わりにします。ここからはクレアの手腕にお任せします。彼女のすばらしい話をどうかお楽しみください。その前に、私のお気に入りの祈りの言葉を送ります。

天使は私たちの周りに、天使は私たちの横に、天使は私たちの中に
天使は、よいときも苦しいときも、あなたを見守っている
彼らの翼はあなたを優しく包み込み、
あなたは愛され、祝福されているとささやいている

作者不明

PART Ⅱ

[超解説]
霊媒師を介した
間接交信《コミュニケーション》

第五章　スピリットとの交信を可能にする霊媒術の驚くべきメソッド
――物理的な次元と非物理的な次元を繋ぐ領域の知られざる舞台裏

あなたに知識があるなら、他の人たちとその知識を分かち合いなさい
マーガレット・フラー

私が初めて向こう側の世界からのメッセージを伝えたのは、四歳になる頃でした。リッチモンド墓地の静かな場所で、夢中になって水や石や花瓶で遊んでいたときのことです。遊ぶのがただ楽しくて、母と祖母が祖父のお墓の世話をしている間そうやって待っていました。祖父は亡くなったばかりで、そのときのことはまだ記憶の中にありました。

母と祖母が帰る準備をしていると、私は大好きな祖父の存在に気づきました。祖父の愛情に満ちた人柄が私をやさしく包み込むようで、私の心に語りかけました。祖母にメッセージを伝えてほしいと言うのです。「おばあちゃんに、おじいちゃんが〝アイヴ、愛して

いる〟と言ったと伝えてほしい」。そう言うと、もう一度、そして、何度も同じ言葉が繰り返されたので、私は切迫感に包まれました。

幼かった私には、死や自分の寿命という概念はありませんでした。何が起きているのかについて、私が判断できるような文化的条件付けというものさえまだ経験していなかったのです。それが祖父だということはわかりましたが、祖父に対する愛情から何かをするとか、どうして死んだはずの祖父がいるのかという疑問も抱かなかったのです。私は心の中でメッセージを伝えたくないと答えました。私は楽しく遊んでいたのです！　すると、メッセージに込められた感情と切迫感が私に迫ってきました。「お願いだよ、クレア、おばあちゃんに伝えておくれ。おじいちゃんが〝アイヴ、愛している〟と言っていると」と今度は少しいらいらしながら言いました。祖父の根気に負け、言われたとおりにすることにしました。私は芝生から立ち上がって、祖母に向かって叫びました。「おばあちゃん、おじいちゃんが〝アイヴ、愛している〟って言ったよ」。私はそのときの祖母の表情を決して忘れることはできません。ものすごく驚いた顔をしていました。

あとでわかったことですが、祖母自身も霊的な経験をしていたので、祖父からのメッセージを真剣に受け止めていました。その後、数十年にわたって祖母はそのときのことをよく話していたものでした。祖母はメッセージが本物だとわかりました。そして、いくつかの理由から、それは間違いなく祖父からのものだと信じたのです。祖母の名前はアイビー・コンスタンスでした。どうしてもツタウルシが思い浮かんでしまうので、祖母は自分のファーストネームが嫌いで、誰もアイビーと呼ぶ人がいませんでした。私は「おばあちゃん」と呼んでいたので、もちろんそのことを知りませんでした。他の人は「コニー」とか「お母さん」と呼んでいました。祖父は「アイヴ」と呼んでいたのですが、幼い私はそんなこと知りませんでした。

私が生まれてから三年間、気の毒なことに祖父はずっと病気でした。生前の祖父の記憶は一つしかなく、それは末期症状で自宅のベッドに横たわっている姿でした。そのため、「私は祖父と深い関係性を築けなかったので」、私が伝えた短い言葉の裏には多くの意味が込められており、単に幼い子どもが想像したことではないと、祖母にはわかっていたのです。そして何よりも、そんなことを言う幼児がどれだけいるでしょうか？

私自身に関して言えば、そんな幼いときのことですが、その経験は幼心に印象に残り、永遠に私の記憶に刻み込まれたのです。言うまでもなく、このメッセージが母と祖母に与えた影響はさらに大きく、二人はその日から、祖父は元気で、お墓の向こうから自分たちに手を差し伸べていると確信するようになりました。それからも、祖父は何年にもわたり私にコンタクトを取ってきたので、最初のメッセージが本物だったと確認することができました。祖母にとっては、このときのことが強烈に印象に残っていたようで、二〇一四年、九十四歳で人生最愛の人と再会するまで、ずっとこの話をしていました。

もちろん、もうすぐ四歳になろうとしていた私は、このシンプルな愛のメッセージが、大人になってからの大きな原動力になるとは知りようもありませんでした。頭の片隅には主流派の意見がしつこくつきまとい、祖父の声を聞いたという経験の信憑性を疑い、自信を失いそうになったことが何度もありました。しかし、その都度、私のマインドは墓地にいたあの日に戻り、どう考えても多くの人が認めるもの以上の何かが人生にはあるのではないかという結論に至らざるを得ませんでした。

落ち着いて考えてみると、この世界の非常に多くの人々が、スピリットとのコミュニケーションを現実として受け入れるのに苦労しているというのも不思議ではありません。真実であるには話が出来過ぎなのです。そして、自分自身を守るために疑うことを学ぶこのひねくれた世界では、パンドラの箱を開けて希望を見出すよりも、幸せな無知でいる方が楽だと考える人もいる理由がわかります。しかし、読者の皆さんにはパンドラの箱を開いてほしいのです。

私について

私の名前はクレア・ブロードです。四十代になり、安定した楽しい家族との生活を送っています。母であり妻であることにとても満足しています。もちろん、人は誰でも人生において困難に直面することもありますが（笑顔でこんなことを書いていますが、私の親しい人なら、私がときどき不平を言いがちだということを知っているでしょう）、それでもなお、私は愛され、その愛をお返しすることができる自分は本当に恵まれていると思います。

私はいろいろな意味で常識的な人間です。私はプロであり、ハードワークも厭《いと》いません。私は頭が良く、創造的で、雄弁で、意志が強く、正直で、もしかしたらときに正直すぎることもあります。愚行を容認することはありませんが、私は幸せで、他者に対して思いやりがあり、人生に情熱を注いでいます。魔法の世界に心を開く一方で、現実の世界にしっかりと足とつけていたいと思っています。母であることほどすばらしいものはありません。子どもたちは、喜びです。本物で楽しい毎日を与えてあげたいと思わずにはいられません。そして、二人の子どもたちは、私の三十代において最高のスピリチュアルな先生でした。

母親になる前は、レオ・バーネット社とウォルト・ディズニー・カンパニーで管理職についていました。そのおかげで、企業ビジネスの世界がどのように機能するかについても学びましたし、広告とエンターテインメント業界で長く幸せな年月を楽しむことができました。これまでにすばらしい友人と出会いました。実は、そのうちの一人と結婚したのです。

つまり、いろいろな意味で、私は完全に「常識的で尊敬できる」人で、社会でうまくやっていけます。ただ一つ小さな難点があります。それは、私が死者は本当に死んだわけではなく、私たちとコミュニケーションを取ることができ、実際に取っていると信じていることです。私は死者と話をするのです！

自分は霊媒師《ミディアム》だと人に話すと、通常はかなり驚かれます。私は固定化された特徴に当てはまらないため、人々の頭の中にある透視能力者のイメージと結びつかないようです。しかし、過去二十年間、ひそかに自分の人生をスピリットの世界に奉仕することを選び、意識の本質に対する意識を高め、霊媒師としての自分の能力を開発し理解することに時間をささげ、人材を育成し、個別セッション（シッティングとも呼ぶ）や公開デモンストレーションを通じて助言を求める人々を励ましてきました。私は登録承認された霊媒師になるために、スピリチュアリスト・ミディアムス協会の認定評価プログラムに参加しました。なぜなら、一般の方々に私の公正性をある程度信頼してもらうことが重要だと感じたからです。決して、名声や富を求めたわけではありません。むしろ、アルバート・アインシュタインの「成功のためでなく、価値ある人間になるために努力せよ」という言葉に従って生きることを選びます。そして、私が一つ学んだことがあるとすれば、間違いなくそれは、本物の霊媒師の奉仕は現世と来世の両方の世界に需要があり、価値があるということです。

本書がどうやってあなたの手元にやってきたのか

この本は見えない手の助けを借りて、あなたに届いたと思います。もっと言えば、あなたは本書を読む運命だったのです。なぜそんなことがわかるのか？　それは、私が二十一歳のときに初めて地元のスピリチュアリスト協会に足を踏み入れたときから現在に至るまで、スピリットの世界が私を導いてきたからです。スピリットガイドやスピリットの先生が彼らのために書いてほしい、と絶えず私を導いてきました。何年にもわたって、次々と霊媒師たちが私に同じメッセージを伝えてきました。「あなたはスピリットのために書くことになっていると聞きました。本を出版し、その後、霊媒術について話す機会があるでしょう。それを通して、あなたは多くの人たちを教えるようになります」と。

このメッセージを繰り返しあまりに頻繁に聞いたので、（恥ずかしいことですが）私はそれを無視するようになりました。メッセージを何度も聞いただけで、それを実際に実現する方法など想像することができませんでした。また、私は気づかれないように活動することを意図的に選択していました。自分を前面に押し出すタイプではないので、口コミで私を知ってくれた人だけに密かにセッションを行っていました。したがって、あまり世間の注目を集めるのは本意ではなかったのです。私の真実を伝えるために、立ち上がるときが来たと気づいたのはつい最近のことです。ですから、皆さんはこれまで私の名前を聞いたことがないかもしれません。

私の気持ちが変わる出来事は、二〇一五年五月、そして再び二〇一六年三月に起こりました。スピリットの世界から受け取るメッセージの緊急性と力強さが増していることに気づき、結果的に特別な能力を持つシャーマンのヒーラーから二つの非常に正確なメッセージを受け取りました。私には何人かのスピリットガイドがいるのですが、そのヒーラーは、彼らたちの特徴について完璧に説明しました。そして、ガイドたちが私にすぐにでも自分たちのメッセージを伝えてほしいと訴えかけている、とヒーラーは言いました。まずはインターネットを通じて書き始めれば、多くの人たちに伝わるはずだと言うのです。また、それが、私が存在する理由なので、私は科学についてもっと学び、自分の主張を思い切って行動に移し、スピリットに対する責任を尊重するときが来たと助言されました。今こそ打って出るときで、スピリットガイドたちは私を導き、道を示してくれると言ったのです。そんな力強い熱のこもったメッセージを無視することはできませんでした。

じっくりと考えている時間はありませんでしたが、その直後、思いがけずテレサ・チャンから連絡がきました。霊媒師仲間でアーサー・フィンドレイ・カレッジの個人指導教員のマーティン・トワイクロスが私をテレサに薦めてくれて、彼女の人気のＦａｃｅｂｏｏｋに寄稿者として参加してくれないかという丁寧なお誘いをいただきました。これはまさにスピリットガイドたちが私に用意してくれた機会だと考えました。世間に名前が知られるようになることは不安でしたが、一つ大きく深呼吸をしてテレサのすばらしい仕事のお手伝いをすることにしました。

ヒーラーからはこうなると言われていましたが、テレサがこの分野の先駆的な科学者や心理学者の多くと個人的に引き合わせてくれたとき、物事がこのようにうまく展開するなんて信じられませんでした。そして、それからまもなく、本書を共同で出版するというすばらしい機会をいただいたのです。わずかな期間に、私のスピリットガイドたちが予言したメッセージが実現し、完成したのです。物事を巧みに操る彼らの巧みな能力に畏敬の念を抱きました。この世にはより大きな計画があり、私たち全員がその中で小さな役割を果たしていることを、これまで以上に理解しました。……今はあなたもその中に含まれているのです。

私のパートはどんなものになるでしょうか？

ページを読み進めていく読者の皆さんはどんなことを期待していますか？　私のスピリットガイドたちは、皆さんにスピリットとのコミュニケーションの現実と、どのように、そして、なぜ、彼らは霊媒師を通じてコミュニケーションを図るのかについて知ってもらいたいと思っています。なぜなら、このような知識はこの世界にとってこれまで以上に役に立つものとなるとスピリットガイドたちは感じているからです。心の内面から感じる満足感やそれがもたらしてくれる恩恵よりも、短期的な物質的利益を求めるあまり、私たちがますますお互いから離れてしまっている、とスピリットガイドたちは説いています。つまり、テクノロジーは内面的なお互いのより大きなつながりを感じるために発展してきたはずなのに、ますます多くの人が切り離されてしまっているのです。その結果、私たちは自分自身の永遠の側面とのつながりを失うという危機に陥っており、それは地球にとって悪影響なのです。それゆえに、私のスピリットガイドたちは、人生は死後も続くということをあなたに伝え、恐怖を解放し、希望を持ち、平和を見つけるために、その知識を分かち合いたいと願っているのです。

第六章からは、スピリットとなった愛する人からのメッセージがどれほど自然で癒しになるかを知っていただくために、私が実際にリーディングを行ったときの話を紹介します。そして、霊媒術に関する最も一般的な質問のいくつかに答え、スピリットのより崇高な領域、ガイド、天使についても説明したいと考えています。さらに、死後のコミュニケーションに関する私自身の個人的な体験談を共有し、関係する科学的研究についても紹介します。私のパートを読み終わる頃には、霊媒術を通じた死後の世界のコミュニケーションについて一通りのツアーが完了するでしょう。古代から存在し尚且つ現代的でもあるこの霊媒術についてもっと探究したいというあなたの意欲を刺激するツアーになればと願っています。なぜなら、霊媒術は多岐にわたり刺激的で、学ぶことはたくさんあり、そこから多くのものを得ることができるからです。

霊媒師は超人的な存在というわけではありません。私たちは皆さんと何ら変わりません。私たちはただ、マインドを広げ、現実の別の次元というものを知覚することが自然にできるというだけです。そうすることで、霊媒師は死後の世界についてより深い洞察を提供するだけでなく、悲しみから少しでも楽に切り抜ける手助けをすることで、ヒーリングを必要としている人々に非常に価値のあるサービスを提供することができるのです。偉大な霊媒術は、人々が特定の霊媒師の能力に依存するようになるというものではありません。むしろ、霊媒師の作業を通して、あなた自身が考える人生を実現するためにスピリチュアルな力をつけるということなので、霊媒師は重要ではなく、最終的には必要なくなるのです。そして、そうすることで、より大きな現実に目覚め、あなた自身のスピリットとのつながりにアクセスできるようになります。私たちはみな死にゆく存在で、共通の目的地がありますす。しかし、霊媒術を探究することによって、私たちはその目的地、私たちの宇宙、意識の性質、そして最終的には私たち自身についてより多くを理解することができるのです。

スピリットのジェスチャーゲーム

第四章でテレサは、亡くなった大切な人たちのスピリットと遭遇したという多くの体験談を紹介してくれましたが、霊媒師がスピリットとコミュニケーションを取るとき、実際どんなふうに感じるのでしょうか？　私自身は、呼吸する空気と同じくらいリアルな体験です。それは内面的な経験ですが、ちょうど鼻から空気が吸い込まれるのを感じ、胸部が膨らんで上がり、そして下がるのを見るのと同じように、私はそれを感じ、見て、聞いて、知ります。目に見えない領域から来る存在が近づくと、私はそれを自分の存在全体で経験します。私のマインドは広がり、その存在と融合し、私は二つの世界の中間にある次元に入り込み、私の通常の意識レベルを超えて、概念、感情、知性、知恵を受け取ります。

ちょっと読むのを中断して、自分の玄関のドアを思い浮かべてください。あなたの心の目でそれを見ることができますか？　完璧なヴィジョンでなくても、それを見ることができれば、さらに集中すればするほど細かい部分も思い浮かぶようになります。これは、霊媒師が透視力を使ってイメージを受け取る方法です（透視能力あるいは千里眼と呼ばれ、はっきりと見るという意味）。霊媒師があなたと異なるのは、物理的に見たことのない人、物、または場所が現れるという部分です。

同じように、目が覚めたときに頭の中で歌が流れていたことはありますか？　実際に耳で聞いているわけでもないのに、とてもはっきりとずっと聞こえてくるため、無視することができないというときがあるのではないかと思います。すでにテレサが、スピリットがコンタクトを取ろうとして、自分の名前を呼ぶ声や楽器の演奏を聞いたという経験をした人の話を紹介しています。同じような形で、霊媒師は透聴力（はっきり聞こえるという意味）を経験します。これはスピリットの存在が霊媒師のマインドと調和し、テレパシーでその意識に思考、言葉、さらには歌をも伝達します。霊媒師は物理的な耳を使うことなく、内面の聴力で聞きます。興味深いことに、霊媒師の中には非常に明確に聞こえるので、実際に自分の耳で聞いているように感じることがあります。

最後に、皆さんにも誰か二人が口論した直後に、その部屋に入った経験があると思います。意見の対立があった環境に残る強烈な雰囲気は誰もが知っているはずです。当事者の二人はあなたに温かく話しかけるかもしれませんが、彼らが残した負のエネルギーがあなたの勘を敏感にし、彼らの笑顔の背後にある本当の感情を感じるのです。これは超感覚（はっきり感じるという意味）と呼ばれます。霊媒師も、スピリットとつながり、スピリットの感情面の状態に気づくときに、同じような感覚を経験します。

霊媒師は、自分たちが置かれた環境にとても敏感になるように訓練されているため、右記のすべてを経験します。スピリットの知性に同調すると、概念、記憶、感情が私の意識にあふれ、実際の身体的感覚に変換されます。ときどきその感覚が強くなりすぎて、感情（私のではありません）に押しつぶされそうになったり、痛みや苦痛（霊媒を行っていなければ感じないものです）などの感覚を感じたりすることがあります。中には、それが少し怖いと感じる人もいるかもしれませんが、実際にはそんなことはありません。これは私の体がマインドの旅に反応しているだけであり、結局のところ、私はまったく元気です。変に聞こえるかもしれませんが、その方がよいと感じるのです。感覚がそれほど強いと、スピリットとのコミュニケーションだと信じることができますし、それが「単なる私の想像」ではないと確認できるからです。多くの場合、私は意識の力に驚嘆します。恐怖を感じるどころか、インスピレーションを感じ、胸が高鳴ります。

私が経験している深さと現実を本当の意味で理解するには、皆さんも自分自身でそれを体験する必要がありますが、もちろんそれには問題があります。私にはそれを実現する方法はないということです。人と人とのコミュニケーション自体は常に主観的なものであり、霊媒師を介したスピリットとのコミュニケーションも例外ではありません。これがおそらく、科学がスピリットの世界を研究するのがとても困難な理由の一つだと思います。私が言えることは、スピリットとのコミュニケーションはこれまでで最もポジティブな経験の一つになる可能性があるということだけです。

私は親しみを込めて、このプロセスはジェスチャーゲームをやるのに似ているとお伝えします。私のマインドがスピリットの知性とリンクすると、まるでスピリットが私とのコミュニケーションを演じているかのように、私はイメージ、言葉、感情、知識を観察し、経験するので、私はそれがどんなジェスチャーなのか理解しようとするのです。スピリットとなった多くの人は、とてもユーモアのセンスがあり、つながることを楽しむ傾向がありますが、もちろん、現実にはこれはゲームではありません。私がこのようにたとえたのは、実際には言葉では言い表せないプロセスについて、皆さんがより深い洞察を得られることを願ってのことです。私の仕事は、何が起こっているのかを解釈し、私からメッセージを受け取る人が、誰が尋ねているのか理解できるように、正しい言葉で明確にすることです。実はこれは簡単な作業ではありません。

あなたがどのくらいジェスチャーゲームが得意なのかはわかりませんが、私自身はどんな場合も到底得意とは言い切れません。限られた言語で深い概念を表現する方法を見つけるのは骨が折れる作業です。今のうちにこの場をお借りして、ジェスチャーゲームで誰かが間違って解答してしまうように、私自身もたまにスピリットが伝えようとしていることを誤って解釈し、間違って伝えてしまうこともあるということをお伝えしておきます。こうした理由から、私は依頼者（シッターとも呼ぶ）に対して常に霊媒術のプロセスとその落とし穴について率直で正直なので、リーディングを受けるときにはバランスの取れたマインドを保つようにお願いしています。その際に、メッセージを伝え終わった後に、私のリーディングがただの偶然ではないと信じるかどうか判断していただいています。

霊媒術は、あらゆる形態のコミュニケーションと同様に、エネルギーを使って行います。私の体はパイプとして機能し、情報は波動で受け取ります。スピリットとのコミュニケーションが成功するためには、条件が完全に正しくなければなりません。条件が整わなければコミュニケーションは成立しません。それはちょうどスカイプで重要な話をしていて、インターネットの接続がおかしくなってしまうのと同じです。これまでどんなコミュニケーションも得られなかったこともあります。また、明らかな理由もなく、突然コミュニケーションが途絶え、何もできず、それ以上依頼者に何も伝えることができなかったこともあります。皮肉にも、私が思うに、このような経験があるからこそ、私の霊媒術が信頼されるということがあると思います。より多くの霊媒師が自分の限界について率直に正直になることを願っています。

コミュニケーションがうまくいき、しっかりとつながるときは、私はよく畏怖の念を抱きます。名前すら知らない完全に見知らぬ人が私とのコミュニ―ションの中に入ってくるのです。そして、その人（依頼者にとっては亡くなった大切な人）の人生や、その人が愛していた人たちについて知ることができるのですから、本当に私の仕事は驚きに満ちています。

スピリットの世界は「メッセージを伝える」ことに成功することも多いので、その場合は、私の依頼者は何の疑いも持ちません。メッセージが私に伝わると、同時にメッセージの受取人である依頼者も個人的につながったという感覚があるとよく話してくれることがあります。これは最もすばらしいつながりに違いありません。ある女性は、座っている間ずっと夫が自分の手を握っているように感じたので、セッションがとても心地よかったと言ってくれたのを覚えています。また、ある男性は、私のしゃべり方やしぐさがあまりにも彼の妻に似ていたので、私を通して自分の妻を見ているように感じたと話してくれました。私のこの無意識の行動によって、彼は完全に納得しとても幸せそうでした。

死者からのメッセージがもたらすヒーリングの可能性を無視したり、過小評価するべきではありません。霊媒術には、人々が悲しみを乗り越える手助けをする力があるのです。霊媒師は残された家族を助け、喪失感を癒し、スピリチュアルな成長を促すきっかけとなることができます。ウインドブリッジ研究所のジュリー・バイシェル博士とフォーエバー・ファミリー基金の研究者たちは、残された家族についての研究を実施し、霊媒師からメッセージを受け取ることが彼らの感情面の健康に有益であるかどうかを検証しました。その結果は非常に肯定的であることがわかりました。

一方私はといえば、これまでの人生で肉体が死を迎えても、意識は続いていることを示す証拠を見てきました。そして、メッセージのヒーリングの力を何千回も目撃してきました。その点について、少し時間を取って明確にする必要があります。この世界には二種類の証拠があります。科学的な測定と実験を通じてデータとして収集された証拠と、出来事の目撃者となって、あるいはそれを直に経験して得られた証拠（法廷で証言するというようなもの）です。本書の中で証拠と書かれている場合、私は後者の意味で使っています。唯一の例外は、実際に行われた科学的研究について言及するときだけです。

合理的な疑いを超えて

それでは、この地球で誰も死後の世界の存在について決定的な答えがあると言い切れないのに、どうして私は肉体の死を乗り越える意識があるという証拠があると自信を持って言えるのでしょうか？　私が教えている生徒の中に弁護士の方がいるのですが、私がメッセージを伝えているとき、民法の試験で求められる「民事事件で必要とされる立証の程度」を満たしていると教えてくれました。さらに、私自身も依頼者も理解できない情報を伝える場合は、依頼者はセッション終了後、その情報を他の情報源と照合する必要があるので、刑事裁判所で有罪判決に求められるより信憑性の高い証拠というのは、合理的な疑いを超えて、証明されるということになるそうです。

そんな証拠が証明された最近の好例は、個人のセッションで依頼者の故人となった母親とつながったときに起こりました。依頼者がそれは自分の母親だと認識できるように、私は母親についての詳細を説明しました。その後、スピリットの世界にいる母親は、私にハンドバッグを見せました。それは彼女のものに違いないと強く思いました。そのすてきな母親は、彼女が亡くなってからハンドバッグが処分されていないこと、そして依頼者がバッグを見つけることができれば、中に指輪が入っていることがわかるので、その指輪を娘に贈りたいと思っている、ということがわかりました。私の依頼者はハンドバッグについてまったく知らず、セッションの間はその情報が正しいのかどうか確認できなかったので、そのメッセージについてはそこで終わりました。しかし、依頼者はその情報について調べました。セッションの後、父親に連絡し、家の中にハンドバッグがあるか探してほしいと頼みました。驚いたことに、父親はバッグを発見し、中には指輪があったのです！　依頼者は私に連絡をくれ、本当に驚いたこと、そして、いまでは誇らしく母親の指輪をつけていることを教えてくれました。

皮肉家はよく、霊媒者は依頼者を事前に調査すると主張しますが、これは、家族でさえその事実を知らなかったため、私がその情報を知ることはできませんでした。また、依頼者の心を読んだり、トリックのある手品をやってみせることも無理でした。セッションを行ったとき、ハンドバッグの情報自体が依頼者の頭の中になかったのです。そして、ハンドバッグの場所とその中に入っていた指輪について唯一知っていたのは依頼者の亡くなった母親だけでした。私も依頼者も、合理的な疑いを超えた場所からコミュニケーションが図られたと信じました。

真実に目覚める

人生は死後も続くという認識が与える影響力の大きさは、ときに非常に重く、文字通り私の中でパラダイムシフトを必要としました。学校で教えられたこと、メディアを通して信じるようになったこと、あるいは教会で聞いた説教などの多くについて、考え直したり、ときに完全に見直したりする必要がありました。社会的に受容されている基準に反して、自分の世界観を疑ったり、自分自身の真実を受け入れるための頭の柔らかさを持つことは必ずしも容易ではありません。しかし、メッセージの完璧な美しさ、私が受け取った真実の話、そして、そこに秘められた一人の人間を変えてしまうような力は、私の心と魂を開き、考え方を広げ、計り知れないほど私の人生を豊かなものにしてくれました。それなしには生きていけません。こうした知識には心とマインドを癒し、必要なときには力と勇気を与え、より充実した幸せな生活を送るように人々を励まし勇気づける可能性があることに気づきました。その知識こそ、まさに私に与えられたものなのです。

誰もがそのようなスピリチュアルな変化を体験できたら、なんて思いやりのある平和な世界になるでしょう。だからこそ、テレサが一緒に本を書いてほしいと依頼してくれたことが本当にうれしいのです。お互いの知識を一緒に分かち合い、できるだけ多くの人に希望のある美しいメッセージを届けることができます。

あなたの中の霊媒師

もしあなたも霊媒師になれると私が言ったら、あなたは信じますか？　霊媒師というのは何も会員制クラブに入っているわけではありません。人は誰でもスピリットとの交わりを経験する潜在的な力を持っているのに、その事実が忘れられてしまいました。主要な宗教はこの事実を示していましたが、基となる教えの多くは翻訳によって失われ、死後の世界を信じている多くの人々は極度に恐れられるようになりました。中には、すべてのスピリットとのコミュニケーションは悪魔的であるとか、スピリットはすべて悪霊であると信じている人たちもいます。しかし、そんなことはありません。

人類の大多数は、自分たちの内外に存在するエネルギーの領域や、これらの領域と高い頻度で相互作用できるという事実に意識的に注意を向けていません。私たちの第六感は、正当な理由があって、私たちの構成そのものの中に存在します（遺伝コードの中にあると私は確信しています）。もし第六感は使われることはないという前提なら、そもそもまったく存在しなかったでしょう。第六感は私たちの生存を助けるものなので、私たちはそれを使うように進化しました。そして、他の人と比べて、第六感を使うことにより長《た》けた人たちがいるというのは間違いありませんが、必要ならば、私たちは自分のそのような側面と意図的につながることができると覚えておくことで、この世界はさまざまな恩恵を受けるはずだと信じています。

もちろん、どんなに説得力のある証拠があったとしても、死後の世界の存在を否定する人は常にいるでしょう。私もそれについては納得しています。死後の世界からのコミュニケーションを一度も経験しない人がいることも十分に理解しています。もし、私も一度も経験したことがなかったら、おそらく信じていなかったでしょう。信じない方が幸せな人もおり、それ自体が十分な理由となります。しかしながら、おそらく人々を最も制限しているのは、人間とは純粋に機能的な体を持ち、すべての人生経験はとどのつまり化学反応と交換に過ぎないという見解です。これは現在、多くの研究者たちが支持している見解であり、ある面では医学的には真実なのかもしれませんが、実際には人生をそのように経験する人などいません。私たち人間は愛情のある人間関係を築き、意味のある人生を送っています。現在、科学的に意識を理解するという難しい問題について、私よりはるかに頭のよい人たちが頭を悩ませているのです。彼らは化学反応をやりとりする脳内の電気インパルスがどのように意識を生み出すかについて証明できません。これに加えて、量子物理学は多くの可能性を広げ、その結果、先進的な科学者は意識の場所は脳に限定されない可能性があると考えるようになりました。言い換えれば、脳は意識を表現するための知的な受信者として機能するかもしれませんが、その意識を創り出すメインの作成者ではないかもしれないということです。

したがって、亡くなった大切な人があなたと同じ部屋にいることに気づいたことがないとあなたは主張するかもしれませんが、人生の一場面でどう対処するべきか内なる感覚に導かれた経験などまったくないということはまずないはずです。この感覚は非常に一般的なので、名前がついています。直感です。あなたには自分の内外にある多次元の宇宙に気づき、意識的にその中に入り込む潜在的な力があるのです。そして、その場所こそ、スピリットとなったあなたの愛する人が存在する場所です。したがって、すでに述べたように、私たちはみな、感じたことを解釈し、それに基づいて行動する意識的な能力を備えた、潜在的なエネルギーあるいはメッセージを受け取る霊媒師あるいはパイプなのだと、私は信じています。

そこに誰かいますか？

それでは、霊媒術とは何でしょうか？　霊媒師を介したさまざまな形のスピリットとのコミュニケーションとは、別々に識別可能な二つの知性（一方は肉体を持ち、もう片方は肉体を持たない）がエネルギーと意識の両方で混ざり合って互いを認識する能力です。これが見事に調和して実現すると、物理的な次元と非物理的な次元をつなぐ橋が形成されます。

著名な物理学者、発明家、未来学者、そして電気技師だったニコラ・テスラは、「宇宙の秘密を理解したいのなら、エネルギー、周波数、振動の観点から考えてください」と言いました。それ故に、前提となるのはスピリットの存在と霊媒師の両者が、これら三つのすべての観点から互いに融合することに焦点を当てなければならないのです。スピリットの存在は、私たちの地上の状態に近づくにつれて周波数が低くなり、同時に霊媒師は自身の精神状態と周波数を上げてスピリットの周波数に合わせ、ラジオをチューニングするように、両者が調和できるようにしなければなりません。

私は通常、瞑想のテクニックを使ってこれを実現します。もう何年もそのようにしていますが、瞑想をすればするほど、必要な準備時間が短くなることに気づきました。これは、私の脳がさまざまな意識状態をより簡単に切り替えることを学習したためです。経験の少ない霊媒師は、この調和によってつながりが確立するのにかなり長い時間を必要とする場合があります。もちろん、つながりが確立すればの話です。これは、心を完全に静め、それから拡張することが目的ですが、それはそれほど容易ではないからです。

多くの人が最初は成長したいと思うのですが、頭の中で続くおしゃべりが止まらずあきらめてしまいます。マインドは独り言を話すのが大好きで、聞き分けのない子どものようにあちこちで邪魔をします！　したがって、霊媒術は常に精神的な修行となります。霊媒師がより高い周波数のスピリットに同調し調和できるレベルまで脳を訓練し、マインドを教え導くには何年もかかるのです。

もちろん、スピリットの世界にいる人たちも同じです。愛する人が亡くなったからといって、すぐにコミュニケーションが取れるようになるわけではなく、取りたいと思わない人もいます。多くのスピリットの存在も、霊媒師を介したコミュニケーションを同じように困難に感じています。概して、私たちの愛する人たちは、物理的にこの世にいたときと何ら変わりはありません。強いて言えば、ほんの少しだけ以前より意識し、わかっている程度です。したがって、彼らが生前意思の疎通を図ることがあまり得意でなかったとしたら、肉体を持たない状況になったときも得意ではない可能性があります。

あるとき、一人の女性が個人セッションに来てくれました。彼女は、なぜ自分の肉親があれほど周囲を困らせるような人生を送り、彼女が解決しなければならない非常に厄介な法的な問題を残したまま亡くなったのか知りたがっていました。しかし、初めのうち、彼女がセッションにやってきた理由を知らなかったので、一人掛け椅子に座っている不機嫌そうな老人がじっとこちらを見つめている姿しか浮かびませんでした。それがどうしてなのかわからず、私も混乱していました。彼は固く口を閉ざしたままで、「無い袖は振れぬ」という様子なのです。私は依頼者である彼女に謝罪し、何が起きているのか説明しました。

「それが彼です！」と彼女は笑いながら言いました。「誰のイメージが浮かんでいるのかわかります。彼は、いつもその椅子に座っていました！」

「そうなのですね」と私は答えました。「誰だかわかりませんが、彼はあなたが知りたいと思っていることに答えるつもりはない、と私に伝えているように感じます」

　そのときになって初めて、これまでのことを話してくれました。老人は生前その椅子に座っていたということでした。そして、彼がコミュニケーションを取りたがらないことに失望していると言いましたが、それが彼の生き方でもあったので驚きませんでした。あまりよい結果を出してあげられず、彼女は去って行きました。期待外れのまま彼女を見送り出したことが残念でしたが、見方によれば、だからこそ私がスピリットと交信をしたということが証明されたということになります。

　その一方、つながりがスムーズで霊媒師の能力が強いときは、霊媒師とスピリットとの差はほとんどないようです。両者が一つのマインドとなり、情報は途切れなく伝わります。このようなときは、そのつながりを目の前にする人が、愛する人は元気で、ほんの少し離れているだけだと知る機会を提供できるのです。

　最愛の家族が突然亡くなり、人生にぽっかりと穴が開いてしまった遺族のためにセッションを行ったことがあります。彼らの家に到着するやいなや、スピリットとなった女性が私に自分の存在を知らせました。彼女は家族にどうしても家族の元に行き、自分は元気でいまでも家族と一緒にいることを伝えたかったようです。それはまるで彼女がまさに私の感覚を乗っ取ったようでした。私は彼女になったような気がしました。彼女は自分の名字や名前や亡くなった理由を教えてくれた後、部屋にいる家族全員を紹介してくれました。彼女はとても個性的な性格の持ち主で、口が悪く、家族の秘密をばらして、みんなを笑わせました。さらに、彼女の娘が最近お尻に彫ったタトゥーについて教えてと言って、娘と私の両方を狼狽させました！　彼女は私に感傷的な歌を歌うように求め、彼女が亡くなってから孫が逮捕されたことを知っていると私に言ったとき、部屋にいた誰もが驚きました。彼女は愛情を込めて、孫を正しく叱責したのです！　この女性がいなくなって誰もが寂しい思いをしていても不思議ではありませんでした。彼女の活気に満ちたエネルギーは紛れもなく、彼女が訪れたことを確信しました。彼女の存在を疑っていた人たちも、セッションの終わりには信じるようになっていました。家族全員がしっかりとお別れすることができたと感じたからか、私は一晩であれほど多くの感謝の言葉を受け取ったことはありませんでした。

二等分の物語

私がここまで説明してきたことは、メンタル・ミディアムシップとして知られているものです。霊媒師が正気ではないからではなく、ずっと意識的に知覚して、コミュニケーションを取る相手とマインドを一体化することから、メンタルと呼ばれます。これは、霊媒術の最も一般的な形態であり、霊媒師とのセッションを予約した場合に経験する可能性が最も高いものです。しかし、霊媒術にはさまざまな形があり、その中にはかなりまれなものもあります。そこで、本章を終える前に、あらゆる形態の霊媒術について少し説明したいと思います。

霊媒術にはメンタル・ミディアムシップとフィジカル・ミディアムシップの二つの異なるカテゴリーがあります。これらは大きく異なりますが、知っておくべき重要なことは、どちらも段階的に機能し、それぞれの形が次の段階へと少しずつ変化するということです。

メンタル・ミディアムシップ

先ほど述べたように、霊媒術の最も一般的な形はメンタル・ミディアムシップです。

公開デモンストレーションと一対一の個別セッション：メンタル・ミディアムシップにもさまざまな形がありますが、この形式が群を抜いて最も人気があります。セッション中、またはデモンストレーション中、情報を伝達しているあいだ、霊媒師は完全に意識を保ち、知覚しています。その目的は、死後も意識が存続している証拠を提示する体験を提供することです。それは、メッセージの受信者（依頼者）の亡くなった大切な人について語る霊媒師によって達成され、スピリットとつながる以前には知り得なかった情報を伝えます（スピリットによって提供されます）。そして、どうしてスピリットがつながりたかったのかその理由を説明します。他ならぬこの形式の霊媒術は、現代において非常に人気があることが証明されており、テレビ番組でも定期的に観ることができます。そして、私が最もよく扱う形式でもあります。

サイキックアート：これはメンタル・ミディアムシップの中に分類されますが、サイキックアートとは、霊媒師が知覚するスピリットの知性と融合し、そこから受け取る助言や心的イメージを解釈して紙に表現するものです。簡単な棒人間もかけないという人が、コミュニケーションを取ろうとするスピリットに刺激を受け、芸術作品を描くことを私は知っています。多くの場合、サイキックアートを行う霊媒師と別の霊媒師が一緒に作業するため、一方が絵を描いている合間に、もう一方がさらに証拠となる情報を引き出し、作品をもっと高めることができます。これは、二人の霊媒師が連携してスピリットからコミュニケーションを引き出して表現するため、非常に強力な共同作業になる可能性があります。二人の霊媒師が同時に同じスピリットと同調するため、そのつながりからあきらかとなる結果は驚きに満ちています。どんなことがわかるのかそのつながりが展開していく様子を見るのは非常に興味深いです。

自動書記（オートマチック・ライティング）：同様に、自動書記もこのカテゴリーに分類されます。霊媒師はペンを持ち、白紙の紙の上に軽く手を置いて、自分のマインドをリラックスさせ、スピリットからのコミュニケーションを受け取ることができるように準備します。すると、霊媒師の手が導かれるように書き込みが始まります。トーキング・ボードと呼ばれる「ウィジャ盤」は、あまり評判はよくなかったのですが（主に一九七〇年代に公開された人気のホラー映画が要因）、自動書記を活発にするためにスピリチュアリストたちによってデザインされ、目に見えない領域からの愛のこもった証拠となるメッセージを届けるために、一八〇〇年代から使用されてきたとお伝えしたら、読者の皆さんは驚くかもしれません。実際に起きた「一九三〇年」の飛行船事故は「ウィジャ盤」に関するよい例で、霊媒術に関心のある方はジョン・G・フラーの『死なない飛行士（仮題）』（The Airmen Who Would Not Die　二〇一四年）を読むことを強くお勧めします。同様に、一九〇〇年代の初めにトーキング・ボードを通じてアメリカにいたパール・カランに伝えられたペイシェンス・ワースの文学作品も、チャネリングに「ウィジャ盤」が使われた可能性がある興味深い一例です。

私は経験の浅い人、特に若い人が「ウィジャ盤」で「遊ぶ」ことを絶対にお勧めしません。なぜなら、彼らはそうしているうちに、しばしばスピリットの世界の古い扉を開けてしまうからです。私も含めて、「ウィジャ盤」をかなりうまく安全に操作して、インスピレーションの源になるような美しいメッセージを受け取ることができる人はたくさんいます。そこで、バランスを取り、すべての霊媒術に付きまとういくつかのばかげた噂や恐怖——それには「ウィジャ盤」の使用も含まれます——を払拭するために、どうか「ウィジャ盤」とは文字を指し示すためのプランシェットがついた、単なる木片または合板に過ぎないということを心に留めておいてください。それ以上の何ものでもありません。単なる道具なのです。紙の切れ端やコップでさえ、自動書記に使用できます。そして、紙きれもコップも害を及ぼすものではありません。スピリットの世界とのつながりは、どのツールを使用するかに関係なく、あなたを通して起こります。したがって、重要なのはツールではなく、あなたの状態とあなたの意図なのです。

心理療法士であり専門カウンセラーのカレン・A・ダールマンは、世界的に有名な「ウィジャ盤」の専門家としての評判を得ており、最近では、トーキング・ボードの使用にまつわる神話や恐怖を払拭するために多くの活動を行っています。経験はないけれど自動書記を試してみたいと考えている人は、始める前に彼女の著書『ウイジャのスピリット（仮題）』（The Spirits of Ouija　二〇一三年）を読むことをお勧めします。

チャネリング：近年、ちょっとした再ブームになっているので、ほとんどの人がチャネリングについて聞いたことがあると思います。スピリットがペンに影響しないという意味では、自動書記とは異なります。その代わり、知恵は霊媒師のマインドに「ダウンロード」され、それを霊媒師が書き留めるか口述します。ちょうど聞き取りをするときに行う作業です。テレサは、本書の冒頭で、叔母が亡くなった後に私に伝えた詩を紹介してくれました。これは、チャネリングを通して大切なことが伝わるというよい例です。

チャネリングには二つの異なるタイプがあります。スピリット自身によって（私の詩のように）伝わるものと、霊媒師が高次元のマインドを使ってチャネリングされるものです。よく多くのアーティスト、ミュージシャン、作家がチャネリング能力を発揮しています。よくアイデアが完全な形で降りてきて、その「流れの中に」いるうちに急いでそれを記録したというのを耳にします。これは、高次元のマインドから導かれる創造性の一例です。チャネリングに関して、スピリットからインスピレーションを得たという話の中で、私のお気に入りは、ポール・マッカートニーのものです。彼は亡くなった母親を夢の中で見たと伝えられています。人生で大きなストレスにさらされていたとき、ポールは母親が「レット・イット・ビー（そのままでいいのよ）」と言う夢を見ました。母親はとても元気そうで、ポールにとても心地よい印象を与えたので、そのままピアノに向かい、ビートルズの作品の中でも最も偉大な一つといわれる曲を書きました。

トランス・ミディアムシップ：これはその名前が示すように、霊媒師が深くリラックスした状態に入ったところで、信頼できるスピリットに自分たちのマインドに向けてより深く、より直接的な影響力を行使してもらう能力です。霊媒師は軽いトランス状態に入ることがあります。それによって、霊媒師は何が伝えられるのかまったくわからなくても、自分たちが何を話しているのか自覚しています。あるいは、彼らはスピリットの存在が融合し完全に自分たちのマインドが隠れることを受け入れて、深いトランス状態に入ることもあります。これが起こると、霊媒師は完全に意識的な知覚を失います。すべての意図と目的のために、スピリットの存在が霊媒師を通してコミュニケーションを図ることができるように、深い眠りの状態に入るのです。どちらの場合も、霊媒師はまるでスピリットそのものが話しているかのように一人称で話します。興味深いことに、トランス・ミディアムシップ中の脳の研究によると、私たちの予想に反して、深いリラックス状態であるにもかかわらず、霊媒師の脳波が非常に活発であることを示しています。

第二章で、テレサは夢を通してコミュニケーションを図る亡くなった大切な人のスピリットの話について書きました。そして、スピリットの存在はこの方法で私たちと交信するのが最も簡単な方法だと私が信じていると書いています。夢とトランス・ミディアムシップにおいて、エゴと忙しくて理屈っぽいマインドから完全に離れて、深いリラックス状態に入ると、私たちの意識のマインドは邪魔しなくなるので、スピリットの世界がそのメッセージを伝えることができる純粋なチャンネルになることも可能です。

深いトランス状態は非常にまれですが、霊媒師がこの状態でスピリットとつながる力がある場合、まさに亡くなった人の存在を示す驚くべき証拠が現れることがあります。著名なトランス・ミディアムのアイリーン・ギャレットは、トランス状態によって驚くほど正確な情報をもたらすことができました。彼女よりもさらに経験のある研究者たちも混乱するほどの結果を出しました。彼女は、心霊研究協会のハリー・プライスをはじめ、当時の多くの心理学者や科学者によって大規模に研究されました。自分の能力を科学的に理解したいという彼女自身の願望により、彼女は超心理学財団を設立し、科学者と協力して、自分に何が起こっているのかをより深く理解することを期待してこの分野を研究しました。

フィジカル・ミディアムシップ

霊媒術の最も類まれなカテゴリーはフィジカル・ミディアムシップとして知られていますが、実際にそれを体験できるなら、それはとても幸運なことです。その名前が示すように、それは霊媒師がいる状況下で、そこにいるすべての関係者による説明のつかない物理的現象の経験です。メンタル・ミディアムシップと同様に、以下に説明するさまざまな形で現れることがあります。

物理的現象：深いトランス状態に到達することができる霊媒師は、フィジカル・ミディアムとなり、トランス状態で物理的現象を明示することができるかもしれません。フィジカル・ミディアムシップは、通常、長年の献身を必要とし、完全にフィジカルな霊媒師として成長するまで、定期的にグループでセッションを受けてくれる友好的な人々の協力が必要となります。成功する保証はなく、おそらく何年も続く修行となります。これが、現代の忙しい日々を生きる私たちが、以前ほどフィジカル・ミディアムシップについてあまり耳にすることがなくなった理由の一つだと思います。過去には修行を行った霊媒師がいたはずですが、単純に、人々はそのような時間のかかる献身に割く時間がありません。別の理由としては、もちろん、実際に不正行為を行う恐れの他に、嘲笑や詐欺の告発を受けるリスクがあるからです。このような理由から、フィジカル・ミディアムシップを開発しているグループは、ひそかに活動し、世間の注目を浴びないようにしています。私たちが認識しているよりも多くのグループが存在しているかもしれませんが、話を聞くことはありません。現代でよく知られている二つのグループは、スコール・エクスペリメンツとスチュワート・アレクサンダーです。

フィジカル・ミディアムシップの降霊会のあいだ、セッションに参加した人々はあらゆる物理事象を目撃したと報告しています。温度の変化や電気製品のオン・オフの切り替えから、昔ながらのテーブルの転倒、空中からの珍しいコインの落下、さらにはスピリットの存在の完全な顕現まで、起こり得ることに際限はありません。

変身（トランスフィギュレーション）：変身では、霊媒師がトランス状態に入っているあいだ、スピリットの世界によって半透明の仮面が顔に重ねられているかのようになります。そして、スピリットの存在は自分の顔をマスクに刻印し、コンタクトを目撃している人がその顔を認識できるようにします。

独立したダイレクト・ボイス（直接談話）：ここでは、スピリットの世界は霊媒師のエネルギーから心霊体（霊媒などの体内から出るといわれる流動性物質）として知られる物質を生成し、驚くべきことに、霊媒師自身の声帯から独立したボイスボックスを作成します。信じられないかもしれませんが、スピリットの存在は作成されたボイスボックスをコントロールすると言われ、セッションに参加した人は、部屋の中で話しているスピリット（つまり亡くなった大切な人）の長いあいだ失われていた声を実際に物理的に聞くことができると報告されています。また、ときに霊媒師からかなり離れた場所から聞こえることもあります。会話全体はこのように起こると説明されていますが、私自身はこの形の霊媒術を個人的に経験したことはありません。しかし、声というのは完全にその人の個性を反映するもので、セッションを受けている人にもすぐにわかるので、亡くなった人が今も存在するという証拠を提示するにはこれ以上によい方法は考えられません。

レスリー・フリントは、独立したダイレクト・ボイス現象を生み出す、現代で最も有名な霊媒師でした。彼のユニークな点は、作業中に完全に意識を保つ能力でした。肉体を持たない人の声が交霊会に出席した人々に聞こえました。レスリー・フリントは意識を保っていたので、スピリットの声が聞こえると同時に、彼自身の声がセッションの参加者と対話しているのがときどき聞こえるという状況になりました。これにより、腹話術はありえないという議論になったのです。フリントはさまざまな観点から研究され、多くのテストを受けました。交霊会のあいだずっと、手を縛られ、猿ぐつわをかまされ、測定量のピンクの水を口の中に入れたまま行われたテストもありました。このテストでは、彼は最初に測定されたのと同じ量のピンク色の水を交霊会の終わりに口から吐き出さなければなりませんでしたが、彼はそのテストに合格しました。

ダイレクト・ボイスの霊媒術は非常に受け入れがたいという人もいるかもしれませんが、私はレスリー・フリントとの交霊会に参加した人々と話をしたことがあり、彼らはみなフリントの霊媒術は本物だったと証言しています。この類まれな霊媒師についてもっと知りたい方は、レスリー・フリント・エジュケーショナル・トラストで交霊会の録音テープを聞いて、自分で判断することができます（付記四参照）。

スピリットの顕現：霊媒師のヘレン・ダンカンは、ダイレクト・ボイス現象だけでなく、スピリットの全身の顕現も生み出すことで有名でした。彼女の霊媒術を目撃した人々は、亡くなった大切な人たちが完全な姿で自分たちの前に現れるのを見て驚きました。第二次世界大戦中、多くの母親が若い兵士となった息子たちの宿命について知りたがっていたとき、その多くがヘレン・ダンカンに助けを求めました。あるセッションで、帽子にHMS（英国海軍）バーラムと名前が書かれた水兵のスピリットが現れました。明らかに、家族はこの水兵の死の確認するために英国政府に連絡しましたが、政府は船が沈んだことさえ否定しました。その後、ヘレン・ダンカンはスパイとして逮捕されました。後に、船が実際に沈んだことが確認されたとき、彼女は魔女法によって九か月間投獄され、ウィンストン・チャーチル自らがダンカンの利益を守るために介入しなければならなくなりました。

潜在的な危険を伴いますが、フィジカル・ミディアムシップはその実力を発揮するとき、それを目の当たりにする人々にスピリットの世界が実在するという完全無欠の自信を与える力を持っていることに疑いの余地はありません。

しかし残念なことに、その性質上、不正行為への扉も開いてしまうため、常に厳格な管理を行う必要があります。降霊会の部室に入る前に、セッション参加者と霊媒師の両方が徹底的にチェックされるのが普通です。全員が部屋に入ると、ドアには鍵がかけられ、霊媒師は椅子に縛りつけられます（目隠しをされたり、猿ぐつわをかまされたりすることもあります）。歴史的に、交霊会は完全な暗闇の中で行われることがよくあります。これに関しての問題は、暗闇の中で座っていると人間の神経と想像力が高まり、いたずら好きな者や詐欺師がごまかしたり細工をしたりすることがあるかもしれないということです。多くの霊媒師は、心霊体は光に敏感であるため、暗闇の中で行う必要があると主張していますが、フィジカル・ミディアムシップを取り巻く不正行為の非難が非常に多いため、霊媒師の中には、常に何が起こっているのかわかるように、ほんのり明るい場所で作業することでこれらのリスクを排除しようとしています。赤外線カメラの発明により、さらに不正行為をコントロールすることが可能になるでしょう。

一つ確かなことは、暗闇の中で行う場合、予防策が絶対に必要だということです。悲しいことに、最近でも詐欺行為が報告されているため、フィジカル・ミディアムを探している人には冷静さを失わないことを心がけてください。たとえば、次のような質問をすることができます。


✦交霊会の後、尋ねればビデオ映像はすぐに入手できますか？

✦交霊会が始まる前に、参加者全員が見ている中で、使用されるすべての椅子と備品についてチェックが行われますか？

✦交霊会に参加するすべての人は、入場時にチェックされ、携帯電話を預けますか？

✦他の人が入ることができないように、ドアは内側から施錠されていますか？

✦霊媒師は「透明性が高く」、自分と同じように証拠を発見することに熱意を持っていますか？

✦参加者の中に知っている人はいますか？　また、彼らを信頼できますか？

✦参加費はいくらですか？　それはリーズナブルな金額ですか？


そして、最も重要なことですが、フィジカル・ミディアムシップを経験するにあたり、あなた自身がじっくり調べられることに耐えることができるのか自問してみてください。ただ受け入れるだけでなく、探求してください！

もちろん、反論の余地のない個人的な証拠を受け取ったり、亡くなった愛する人が話しているのを聞いたり、スピリットの顕現を目の当たりにしたりすれば、本物を見たということがわかります。ポジティブなことに焦点を当てると、私は個人的に、物理的現象を目撃し習得するために、同じグループの人々と三十年以上、毎週のように開発研究に取り組んできた謙虚で物静かな普通の人々を知っています。彼らが私に語ってくれた体験談は驚くべきものです。私には想像することしかできない事象を彼らは観察してきました。そして、私にとって最も印象的なのは、彼らのスピリットの世界は現実に存在するという絶対的な確信と、それが彼らに強さと慰めを与えているという事実です。

最後になりますが、本物の霊媒師は、フィジカル・ミディアムシップの降霊会に参加しても、それほど多くの情報を得ることはできないということを忘れないでください。この作業は霊媒師からかなりの体力を奪い、通常は自分たちに何が起こっているのかさえ認識していないのです。メンタル・ミディアムシップとは異なり、フィジカル・ミディアムシップは、霊媒師の身体的健康に危害を及ぼす可能性があります。特に、交霊会に参加する仲間からしっかりとしたケアを受けないと危険です。ほとんどの霊媒師は、スピリットの世界に奉仕するという情熱のために降霊会に参加しますが、多くの場合、自分自身が損害を被ります。その事実こそ、何か大切なことを伝えているはずです。

呼びかけに応える

それでは、霊媒術のすべての危険や落とし穴、反感や詐欺行為だという告発があるにもかかわらず、なぜ本物の霊媒師はいまだにこの仕事を続けることを選択するのでしょうか？　理由は簡単です。私たちには、人々の心とマインドを癒す可能性がある、分かち合うべき愛に満ちた本物のメッセージがあるからです。これが私たちの真実であり、私たちは私たちのサービスを求めるスピリットの世界の存在と、現世を生きる人々の両者を助けるということに全力を尽くしています。私たちは呼びかけに応えているのです。

依頼者やスピリットが霊媒師のサービスを求める理由はたくさんありますが、最も一般的な理由は、圧倒的に愛です。第六章では、いかに愛の力が偉大であるか、そしてその永遠の性質の強さについて紹介します。

真実の愛は決して死なない
愛を信じる人々の中で生き続ける

作者不明

第六章　会話／リーディングが愛のヒーリングパワーをもたらす

――スピリットは、時空間、言語、恐怖を超越して生の祝福と楽しさへと導く

愛は永遠だ
捉え方は変わっても、その本質は変わらない

ヴィンセント・ヴァン・ゴッホ

　私はリーディングの内容をいつも覚えているわけではありません。マインドを思考から解放し、変性意識状態に入ると、自分が受け取っているものを意識的に保持する力を失うことがよくあります。この経験を夢の状態にたとえてみましょう。目を覚ましてしばらくすると、夢の内容について忘れてしまうのと同じように、霊媒術も同じことが当てはまります。記憶はただ抜け落ちてしまうようです。依頼者のためにリーディングを記録する理由の一つはこのためです。もちろん、つながりが非常に強く、私の感情面に大きなインパ

クトを与えると、そのセッションについて覚えている場合もあります。

ここからは、私が長年にわたって行ってきた何千ものリーディングからいくつかの例を紹介します。テレサが第四章で共有した体験談のように、ここに紹介するメッセージは、霊媒術におけるヒーリングの可能性を示し、スピリットの世界の存在を強調し、愛の驚異的な力とその永遠の性質を明らかにするものです。依頼者の秘密は守られていますが、スピリットとの本物のつながりについてわかるので、これらの話があなたの心に響くことを願っています。

愛の純真さ

トビーはまさに部屋の中に飛び込んできて、私をびっくり仰天させました。この少年に間違いありませんでした。満面の笑みを浮かべた晴れやかな顔で、無邪気な純粋さに包まれた彼から、優しさと愛があふれ出ていました。彼はその言葉が持つあらゆる意味において、まさに少年そのものであり、私はそれを感じることができました。黒髪にやさしい青い目をした美しい子どもで、トビーは生まれつきダウン症でしたが、「生きていた」ときと変わらない愛らしい笑顔をちらりと見たとき、私にはすぐにそれがわかりました。彼の存在が私に喜びをもたらし、ワクワク感であふれそうになり、私の心はすぐに明るくなりました。

対照的に、彼の父親は、息子とコンタクトと取るために私のところにやってきたのですが、すでに息子が部屋に入ってきたことにも気づかずに、私の隣で静かに座っていました。父親と私は食卓に座っていましたが、私が周囲の状況に集中し、マインドを広げることができるように、父親は辛抱強く待ってくれていました。トビーはうれしくて興奮していましたが、正しい相手とつながったのかしっかりと確認するために、私は非常に慎重に始めました。

「ここに若々しい男性の性格を持った存在がいることがわかります」と私は始めました。「ティーエージャーにはならなかったように感じるので、そこにいるのは十二歳以下の男の子でしょうか」。トビーの父親は私を見ましたが、何も言いませんでした。そこで、私はゆっくり呼吸して続けました。「彼は美しい顔をしていて、ダウン症で生まれてきましたね。あなたに対する愛にあふれていて、私は圧倒されそうです。彼はあなたのことを知っていて、ここに来たことに興奮しています。とても強い愛の絆を感じるので、彼はあなたの息子さんですね。もしそうなら、お亡くなりになったこと、お悔やみ申し上げます」。

トビーの父親は自分のひざを見つめたままうなずいたので、彼を傷つけてはいけないと思い、慎重に話を進めました。「美しい魂の持ち主です。とても楽しそうで自信に満ちています」と私は続けました。「彼には深みがあり、年齢に似合わないほどのスピリチュアリティと知恵を持っています。エネルギーと愛に満ちあふれてやってきました。私は彼に会うことができて光栄です。彼がとても陽気な少年だったことは十分に想像できます。強調しておきますが、彼はまったく変わっていません。それが彼の魅力です。彼に会っただけで、私も元気が出てきます。彼はずんぐりした体格で、にぎやかで、分別があって面白い性格です。黒い髪に美しい青い目なのが見えます。ちょうど、私に額を見せてくれました。何をしているのかはわかりません。ああ、そこにある傷を見せてくれています」。

父親は匿名を希望したため、この時点では名前で呼ぶことができませんでしたが、父親は涙を流しながら、テーブルに置いていた箱からティッシュを取り出しました。私は彼の手をそっと握って、私が気にかけていることを知らせました。子どものスピリットがやってくると、私の心はとても痛みます。それは彼らが苦しんでいるからではなく――おそらく子どもたちは苦しんではいません――、私自身母親として、子どもを失って苦しんでいる親の耐え難い心痛をいくら想像しようとしても、経験したことがないのでできないからです。そんな苦しみをこれ以上増やしたくないのです。

唯一の救いは、少なくとも個人的には、多くの人が私に会いにくる最も多い理由は子どもではないということです。だからこそ、トビーのことはよく覚えているのだと思います。

私は続けました。「たったいま、スティーヴンと聞こえました。いいえ、ちょっと待ってください。あなたの息子さんそれは正確には違う、と言っているようです。私は何か間違えているようですが、これ以上はっきりとはわかりません。ごめんなさい。

いまは、サッカーボールを見せてくれています。サッカーの試合を見たり、ゲームをしたり、それが好きだったという思い出を見せてくれています。私はサッカーチームに詳しくありませんが、水色と白のスカーフも見えます。〝パパ〟という印象がありますす。そのスカーフはあなたのお気に入りのチームのものだと解釈しました。彼はあなたが彼のスカーフを持っていると言いたいようです」。

「それは間違いなく私の息子のようです」とトビーの父親は言いました。緊張がほどけたようで安堵の表情が浮かびました。

「そうですか」と私は続けました。「彼はあなたの元を離れるつもりはなかったという気持ちを私に送っていますが、あなたにはどうして彼がそんな気持ちを送るのか理解できますか？　彼はサッカーボールを見せています。そして、外で自分が走っている様子を送ってきました。彼は、その日外出しましたが、その夜、家に帰らなかったのですね。私にそのときの気持ちを送ってきています。彼は私に、この世を去るのが早すぎたことを申し訳なく思っていることを伝えてほしい、と送ってきました」。

「その通りなのですが、息子に謝る必要はないことを伝えてください。それはあの子のせいではありませんでした」と父親は言いました。

「私が伝えなくても、彼はあなたの言葉が聞こえていますよ」と私は答えました。「彼はここにいて、あなたの言葉に対して感謝している息子さんの気持ちが波のように押し寄せています……。そして、いま、彼は私の胸に鋭い痛みを感じさせています。

心臓に引き寄せられ、倒れてしまいそうです。彼には心臓に何か問題があるのでしょうか？」。

「そうなのです。息子はサッカーをしているときに心不全を起こしました」とトビーの父親は答えました。

「そうでしたか。大変でしたね」と私は思いやりの気持ちを持って続けました。「しかし、それはあっという間の出来事で苦しまなかったと伝えてほしいようです。救助が到着したとき、彼はすでにスピリットになっていました。もう誰にも何かできることはなかったそうです。今度は、ティムという名前を聞いています。ティムもスピリットの世界の人のように感じます。彼は、亡くなったとき、おじいちゃんが会いに来たと言っています。彼のおじいちゃんは、彼が来ることを知っていたので、その準備のためにあなたに会いに行ったそうです。私には何のことを言っているのかわかりません」と少し考えるために、中断しました。

「大丈夫です。私には何のことだかわかります」とトビーの父親は言いました。

「ああ、そうですか。たったいま、スピリットの世界には二つのTがいると聞きました」

私は一瞬戸惑いました。

「Tから始まる名前を持つ二人のスピリットが存在する、という意味ですね。ティムだけではない。ああ、彼は自分のことを指さしています」。

「ええ、その通りです」とトビーの父親は認めました。

「いま、また動き出しました。なんてわんぱくなんでしょう、この子は」と私は笑いながら言いました。「息子さんはガーデニングの様子を見せてくれて、泥の中に手を入れているような感覚が伝わってきます。楽しくて仕方ないようですね。彼はスピリットの世界でガーデニングを行っていると私に伝えています。同年代の他の子どもたちと一緒にガーデニングをしたり、新しい友だちを作ったりしています。なんてすてきなんでしょう。いま、彼のためにバラの木を植えてくれたこと、あなたに感謝しています。彼は、あなたが彼のことをよく考えていることも知っているし、自分のスピリットの体も元気で完璧だということも、伝えてほしいそうです。彼はまったく元気で何でもできるし、地球上での彼の人生は短かったけれど、やりたいことは全部やったことを知っていてほしいそうです。彼はとても率直です。彼は、あなたとここに長くいるつもりはないと言いました。それは彼にとって必要ではなく、彼はスピリットの世界でとても幸せで、すっかり自分の住処《すみか》になったそうです」。

「それを聞いてとても安心しました」と父親は答えましたが、トビーは矢継ぎ早に私のマインドとコミュニケーションを取っていたので、私はそのまま続けなければなりませんでした。

「最近、息子さんの占いテディにあなたが何をしたのか見ていたようで、彼はそれを気に入っている、と伝えています。また、お礼も言っています。あなたは新しいテディも、息子さんにあげたのですね。何を言っているかわかりますか？」。私の依頼者はわかるというように頷き、大声で笑いました。「この六月に命日を迎える、ということが私にもわかりました。ちょうど六月の半ばくらいでしょうか？　息子さんはいま、いつもあなたと一緒にいると伝えています。これまでとは反対に、いまでは彼があなたのことを見守っているそうです。彼は、あなたが本当にうまくやっているように見えますが、あまり泣かずにもう少し笑ってほしいと思っています。たったいま、〝年寄りボブ〟と聞こえました。ボブもあなたの代わりに、息子さんの面倒を見てくれているそうです。ああ、犬が見えます。息子さんは、それを聞いたらあなたは笑い出す、と言っているように感じます。彼はこう言っています。〝そんな深刻な顔しないで、パパ！　外に出て、いい女性《ひと》を見つけて、人生をもう一度楽しみなよ。しっかりしてね！〟でも、本当に。息子さんはすべてがあまりに深刻になり過ぎてしまった、人生は生きるためにあるのだ、と感じています。先に進んでほしい、と賛成していますよ」。

「息子さんはあなたを元気づけようとしているように感じます。なんてことでしょう。ここで踊ったり歌ったりしています。私にも参加してほしいと言っています。ハハハ！　あらまあ！　頭の中で〝クレイジー・フロッグ〟が鳴り響いています。彼にはやめてもらうように頼まないといけません。頭がおかしくなりそうです」。私は笑い出し、つられてトビーの父親も笑いました。「息子さんはあなたを笑わせようとしています。こんなときに無神経だと思わないでほしいのですが、あなたの息子さんは元気過ぎます！　なかなか面白いお子さんですね。いま、ジャックという名前が伝わりました。ジャックは家族ではなく友達のように感じます。私はジャックに何かをあげたい気分になってきました。カードゲームのカードを混ぜ合わせる感覚があります」。「いや、それについてはわかりません」と父親は言いました。

「わかりました。ええと、彼はいまあなたに投げキッスをしています。これは通常、彼がもう行かなければならないというサインです。彼があなたをどれだけ愛しているか、そして二人の絆は決して無くなることはないことを知っていてください。彼はいつもあなたと一緒にいます。なんと美しい魂でしょう！」。

私の依頼者は本当に幸せそうに見えました。そして、これまでのことを話したくてたまらないという様子でした。自分の名前はスティーヴンではなくステファンだと教えてくれました。トビーという名前の彼の息子は、六月十六日に亡くなったとき十二歳でした。スピリットの世界にいる二人のTはトビーとティムです。ティムは彼の父親（トビーの祖父）で、トビーが赤ちゃんのときに亡くなりました。トビーが亡くなる数日前、ステファンは父親の鮮明な夢を見ました。夢の中でティムは目の前に立っていましたが、とても元気で健康そうでした。そして、ステファンに向かって自分は元気で、息子のことを愛している、また、いつでも家族のことを見守っているから心配しなくてよいと言ったのです。トビーが亡くなった後、その夢はステファンに大きな慰めを与えました。

ステファンはまた、トビーは活発な子どもで、エネルギーにあふれ、そんな彼を愛していたと言いました。みんなトビーが大好きでした。彼は、トビーが若くして亡くなったことを悲しく思っていたので、トビーがいま何をしているのか知りたいと思っていました。トビーは、友達と会ったり、ガーデニングをしたり、いつも楽しんでいることを伝えていましたが、トビーは生前もそんな感じだったそうです。トビーの父親は、彼の死後、彼のためにバラの木を植えましたが、トビーが実際にそれを見ることができるなんて信じられませんでした。彼はマンチェスター・シティの熱烈なサポーターでもありました。トビーも父親と同じチームをサポートするようになって、よく一緒に試合を見に行っていたので、ステファンは息子のスカーフを保管していたのです。

ステファンまた、トビーが事故で額に傷を負ったことを認めました。そして、私に会う前日に、彼はトビーの古いテディベアのぬいぐるみをきれい洗って、購入した新しいサッカーのTシャツを着せたそうです。彼はまた、トビーの墓に新しい陶器のテディベアを置いたと話してくれました。トビーはジャックという名前の男の子を知っていましたが、カードについては何もわからない、ということでした。しかし、「年寄りボブ」についてては驚いていました。ボブは彼が子どものころに飼っていた犬で、とても可愛がっていました。しかし、トビーにボブのことを話したことがあるかは思い出せませんでした。トビーは「クレイジー・フロッグ」の歌が大好きで、一時期ずっとかけていたようで、ステファンも辟易したそうです。こうした話を聞くことができて、トビーが元気で、いまでも彼と一緒にいてくれると知って、ステファンは大きな安心感を得ました。

私はステファンの話に耳を傾け、二人が分かち合った愛の力と、時間を超えて二人を結びつけたその力に感嘆しました。帰り際、私はステファンにハグしてさようならを言いました。気持ちが軽くなったようで、より幸せそうに見えました。しかし、話はここで終わりませんでした。それから数日後、トビーの父親が再び私に連絡してきました。彼によると、ジャックと連絡を取ることができて、確かにジャックがトビーの古いサッカーカードを持っていて、トビーの思い出として、そのカードを大切に保管していたことがわかりました、この小さな情報によって、ステファンとトビーのつながりが本物であったことが間違いなく証明されました。

私自身、トビーには感謝しなければならないことがたくさんありました。彼は、亡くなった人が生きていることを証明する最高の証拠は、私たちが知らない情報の中にあることもあり、だからこそ、その情報を見つける必要があるということを教えてくれました。これだけでなく、最悪の事態が起こって親が子どもを亡くしたときでさえ、彼らの愛が彼らを永遠につなぐという希望をトビーは示してくれました。私は二人が決して本当の意味で離れることはなく、いつか再会する日がくることを知っています。

混雑する病院で働く理学療法士のアニータは、夫が亡くなった後、私に会いに来ました。もちろん、私は彼女の夫が亡くなったことは知りませんでした。セッションに来る前に、依頼者には何も尋ねません。通常、私が知っている唯一の情報は、氏名とメールアドレスだけです。そのため、セッションが始まってアニータと夫が共有していた愛が私に伝わってきたとき、美しい感情に包まれました。

ソウルメイトとつながる

「男性がいますね」と私は始めました。「あら、あなたに対する愛で一杯です。私にもその愛が広がって、文字通り私の心に染み込んでくるようです。この愛を言葉で表現することはできませんね」と私は言いました。愛の力がさらに強くなったら、私の心は破裂してしまうのではないかと感じていました。「このすてきな男性はあなたを守りたいと思っているようです。愛があなたを包み込んでいます。あなたの旦那さんですね。あまり長生きしなかったように感じます」。

私は続けました。「彼はあなたに対して愛情表現がとても豊かです。彼は赤いバラを私に見せてくれています。あなたの膝の上に置きたいようです。そして、あなたに感謝しています。それはあなたが彼にあげたものですか？　彼はシャンパングラスも見せてくれて、ここで記念日を祝っているような気がします。記念日が過ぎたばかりではないですか？　彼はとても近くにいます。あなたがたお二人はとても強い絆で結ばれていたのですね。この男性はあなたが理想の人だったと信じているようです。これほどの愛の深さは、人生でなかなか見つけられるものではありません。これは間違いなくソウルメイトとのつながりです。彼はなんと紳士的な方なのでしょう。あなたを一人の大切なレディーとして扱ったに違いありません！」。

「ええ、そうなんです」とアニータは言いました。「私の夫は亡くなりましたが、あなたが言うように、彼は本当に紳士で、私の最愛の人でした。今週は、私たちの記念日があるのですが、そのことを考えるととても苦しいです。彼がいなくてとても寂しいです。確かに、私たちの結婚記念日に向けて、彼のために赤いバラを用意しました」。

「そうだったのですね」同情しながら、私は続けました。「これほど愛した人を失って、生きていくのはとてもつらいに違いありません。しかし、あなたがそんな愛を知っているなんてすばらしいことです。そして、いまも彼があなたと一緒に結婚記念日を祝っていること、そして、バラを受け取ったことを伝えてくれるなんてすてきですね……。いま、彼は、あなたが受け取るべきだったのに受け取っていない指輪があると教えてくれています。サファイアの指輪のようですね」。

「その通りです！」アニータは言いました。「前に一緒に見たことがあるサファイアの指輪について話したことがあって、夫は私のためにそれを買うと話していたのです。でも、病状が悪化して、買いに行けませんでした」。

「それは残念でしたね」そう返事をしてから、私は続けました。「いま彼は、私に写真を見せているように感じるのですが、これはベッドの横に飾ってある写真で、休暇中に二人で撮ったものですね。彼はあなたがその写真に向かっていつも話しかけていることを知っています。そんなことするのはばかげているとは思わないでほしいと言っています。彼にはあなたの気持ちがわかるそうです。実は、これは彼にとってかなりの驚きでした。彼はこれまでこんなことが起こるなんて信じていなかったようですね。彼は論理的で知的な思考の持ち主で、スピリチュアルなことを信じる必要はないと思っていたようです」。

「私は毎晩その写真に向かって話し、彼に愛を送っています。あなたが言っている通りです」とアニータは答えました。

「彼はいま、私に白衣を見せています。彼は医者なのかな。ああ、グラクソ・スミスクラインのロゴがちらりと見えました。どういう意味かわかりますか?」。

「はい、わかります」とアニータは言いました。「信じられません。夫は製薬業界で働いていました。彼は研究員で、白衣を着ていたのです。彼はいつも〝人間、死ぬときは死ぬものだよ〟と言っていました。今日ここに来るべきかどうか、私は最後まで迷っていました」。

「だとしたら、彼は考え方を変えましたね」と私はやさしく冗談めかして言いました。

「いまからお話しすることはもちろん、証明することができません。にもかかわらず、あなたの旦那さんは、私にこんな様子を見せています。彼が亡くなったとき、彼は肉体から抜け出して最も美しい庭に行きました。いま、その庭の様子をスピリットの次元から見せてくれています。何とも美しい庭です。彼はそこにいてとても幸せです。彼はそこで自分の母親とも再会したそうです。自分がいる環境に畏怖の念を抱いています。いま、〝学びのためのホール〟という言葉が聞こえました。さまざまな分野の情報が集められたいろいろな部屋がある巨大な図書館みたいな場所で、最も感嘆すべき知識にアクセスできる場所に行ったことがある、と彼は言っていると思います。彼はそこで時間を過ごすのが大好きだそうです」。

「すてきね。それを聞いてうれしいわ、あなた」とアニータは言いました。「彼の母も亡くなっているんです。彼が一人ではないとわかってよかったです！」。

「わかりました。たったいま、メアリーという名前を聞きました」と言葉を挟みました。

「それは彼の母親の名前です！」とアニータは声を上げました。私が本当にどんなことができるのか改めて理解が追いついたようで、彼女は衝撃を受けたように見えました。

「それから、彼はブフウン夫妻に会ったのかしら？」私は言いました。

「まあ、何てことでしょう。二人は隣に住んでいた老夫婦でした」とアニータは言いました。「二人とも、とてもお年を召していました。すてきなご夫婦でした」。

「彼は話を変えようとしています。私は胃に痛みを感じています。空中に大きなCが書かれているのが見えます。彼は亡くなる前、ガンを患っていましたね。私は寝室にいます。とてもすてきなお家ですね。亡くなる直前まで、あなたが彼のケアを行っていたとわかりました。おそらく、彼は自分の家で最期を迎えることができた、ということですね。彼は、死ぬまで快適な環境を作ってくれてありがとう、と言っています。最後はほとんど話すことができなかったのですね。しかし、彼は何も心配することはなく安心していた、と伝えてほしいと言っています。実は、鎮静剤を投与されていたのではないですか？　彼はあなたに罪悪感を感じないでほしいと思っています。彼は、あなたが部屋にいないときに亡くなった、と教えてくれました。そうしなければならなかったようです。そうでなければ、あなたを残して旅立つことはできませんでした。彼はあなたをとても愛していました」。

アニータはやさしく答えました。「すべてその通りなんです。かわいそうに夫は胃がんでした。自分の家で安らかな最期を迎えることができるように、私はできる限りのことをしました。彼はモルヒネを投与されたため、話すことができませんでした。彼が亡くなった朝のことですが、私は彼の身の回りのことをしてから、お茶を取りに行ったのです。戻ったら彼は亡くなっていて、私は彼のためにそこにいなかったことをひどく後悔しました」。

「負い目を感じる必要はありません。その必要はないのです」と私は安心させるように答えました。「一瞬の出来事でしたよ。あなたがどれだけ彼を愛しているのか、彼は知っています。そして、いまはとても元気です。お二人は永遠の愛を分かち合っています。その絆を断つことはできません。あなたがたは炎を灯し続けるツインソウルなのです。しばしのお別れです。永遠ではありません」。

私の言葉が、目には見えないアニータの傷を癒しているように感じました。「さて、いまあなたの旦那さんは、いつでもあなたと一緒だと伝えようとしています。彼は笑っていますよ！　彼はご機嫌ですね。彼は、あなたが昨日スーパーに行くところを見ましたが、食品は何も買わなかったと私に知らせてきました。代わりにハイヒールを履いて出てきたと言っています。私には青い靴が見えます」。

「なんてこと！　その通りです！」とアニータは笑いながら言いました。

「旦那さんはあなたとよく一緒にいます。彼は、あなたの寝室には白い椅子と大きな赤いクッションのようなものがある様子を見せてくれています。あなたが一人で寂しいときは、あなたのケアをしに訪ねていくそうです。そんな椅子はありますか？」私は、情報を正しく認識したかどうか知りたくて尋ねました。「ええ！」アニータは感極まった様子で答えました。彼女は涙を流していましたが、癒しの涙だとわかりました。彼女には感情を吐き出してほしかったので、少し待つことにしました。

「さて、彼はあなたがたの二人のお子さんについて教えてくれています。女の子一人と男の子一人。男の子の方が弟ですね。彼は笑いながら、二人はもう大人だと言っています。彼は息子さんを祝福しています。そして、とても誇りに思っています。彼はまた笑っていますよ。そろそろだと。私には結婚指輪が見えます。あなたの息子さんはプロポーズしたに違いありません！」と私は言いました。

「ええ！」アニータは言いました。「何だか本当に怖くなってきました。信じられないわ。どうしてそんなことがわかるの？」と彼女は笑いながら尋ねました。

「あなたの旦那さんは息子さんの結婚式に行く予定です。絶対に見逃すはずなどありえません」と私は優しく言いました。「いいですか。いま初めてちらりと彼が見えました。背が高くて、茶色い髪。私には六十代後半に見えます。メガネをかけていましたね。あなたに向かって投げキッスをしているのが見えます。これはセッションがもうすぐ終わるという私がいつも受け取るサインです」と言いました。夫との時間がもうすぐ終わると聞いて、アニータはがっかりしているようだったので、私は彼女の手を握りしめました。「では、彼にさようならを言いますね。そして、今日はすばらしい仕事をしてくれた彼に感謝します。スピリットとなった人がコンタクトを取るのは本当に大変なのです。今日もいままでと同じようにあなたを愛しているなんて、なんてすてきな男性なんでしょう」と私は締めくくりました。

「ありがとう。本当にありがとうございました。いまの気持ちは言葉では言い表せません」とアニータはやさしく言いました。「ここに来るまで、信じていいのかわかりませんでした。詐欺も多いという話をよく聞きますし、私はずっと論理的思考の世界で生きてきました。夫が亡くなるまで私自身、スピリチュアルなことを信じる必要もなかったのです。しかし、彼がいなくてとても寂しかったので、試してみようと思いました。秘密にしていたので、私がここに来ることを誰にも話しませんでした。どんなことになるのか想像もできませんでしたが、私の予想をはるかに超えていました……。それに、いま、私はあなたに聞きたいことがたくさんあります」とアニータは熱く言いました。

その後、私たちは一時間ほど一緒に過ごしました。アニータは矢継ぎ早に質問をしてきました。私たち二人は霊媒術の科学的側面についても語り合いました。私はこれまでの個人的な経験についても話したのですが、その結果、アニータの知識に対する好奇心を大いに刺激したようです。しかし、それ以上に、小さな種が蒔かれた日でした。アニータの夫は、彼女が新たな発見の道を歩みだし、大きな可能性に心を開くことを後押ししたのです。アニータは自分の人生が終わったわけではなく、夫と同じように、これからも元気に生きていかなければならないと気づきました。彼らの関係はいままでとは少し形が変わりましたが、永遠に失われたわけではないのです。アニータは、この世界に存在する理由を全うしたあと、いつの日か再び彼に会うでしょう。

スピリットの世界にいる私たちの愛する人たちは、自分たちが生きているというメッセージを伝えるために絶妙な方法を考えつくことがあります。そんな機会はまれで特別なのですが、そのような幸運に巡り会うとき、私たちは宇宙のすべての働きを理解することができなくても、ときに説明のつかない方法で人の一生は続いていくものだということに感謝の気持ちがあふれます。私が経験したそんな機会を皆さんと共有します。

ごめんね

過去二十年間、私は開発サークルに参加する機会に恵まれてきました。その際に、いくつかのすばらしい経験をさせていただきました（第八章で、開発サークルとは何か、そして、そのようなサークルはどこにあるかについて詳しく説明しますが、ここでは、開発サークルとは、スピリットの世界とのつながりを開発するために集まった人々のグループの呼称ということで十分だと思います）。

この経験は何年も前にさかのぼります。当時、私はまだ霊媒師としては成長の初期段階にありました。私はハンプトン・ヒル・スピリチュアリスト協会の奥にあった居心地の良い部屋に座って瞑想していました。当時はイメージを視覚化（透視）する訓練を行っているところでしたが、そのときは隣に青年がいるような感覚がありました。その感覚が強すぎて瞑想に集中できなかったので、青年が私と一緒にいることを感じながら、ただ静かに座っていました。まだ経験が浅かったので、それ以上のことはしませんでした。彼の名前や何が目的なのか尋ねるということも思いつきませんでした。物理的にそこにいるわけではないとわかる男性が、私の横に立っていると感じることができたという事実に、私は単純に好奇心をそそられたのです（開発を始めたばかりですと、最も単純な感覚でも、すべて新鮮で興味深いものなのです）。

開発サークルでは、通常、瞑想を行った後に実験的な演習に参加するように求められます。そうすることで、受講生はスピリットの世界とつながる練習を行うことができます。その夜の課題は、ペアを組んでパートナーのためにスピリットの世界とつながることでした。話すことは禁じられていましたが、代わりに黙って座り、知覚したことをすべて紙に書き留めることになっていました。そうすれば、外部からの干渉はなく、相手のボディーランゲージを読み取ることなく手がかりを知覚し、その正確さを確かめることができるのです。私たちの成長を促すことにつながります。すべてを書き終えたら、自分が書き留めたことがパートナーに当てはまり、理解できるという結果がでることを願いながら、パートナーに報告します。

私の番になると、目を閉じてスピリットとのつながりを確立することができるか試みました。すると、再びあの青年がそばにいると感じました。このときは、講師から演習中にどのようなことが起きて何をするべきか説明を受けていたので、私はもう少しうまくコミュニケーションを始めることができました。まずは心の中で彼に挨拶し、自分自身について話してくれるように頼みました。私の能力は限られていましたが、感じたことをリスト形式で書いていきました。青年は二十四歳ほどで、背は高い感じがしました。茶色い髪、眼鏡、ジェイムズ、バイカー用のジャケット、彼はすまないと思っている、お母さんと話がしたい、これ以上この世界にいることができなくなった、すべてがいやになった、まともに考えられなくなっていた、うつ病や精神障害に苦しんでいた、自分の人生を終わらせるべきだと感じていた、安心で元気、いまは前よりずっと幸せだ、お母さんのことが心配、事態を収拾するために、お母さんと連絡を取りたい、いつでもお母さんと一緒にいるよ。

書き留めた内容が悲し過ぎて、私はショックを受けました。しかし、開発サークルは安全に学ぶことができる環境で、一緒に学んでいる人たちは思いやりがあるので、悲しい情報を受け取るにしても、このような状況でよかったと思いました。私は勇気を出して、パートナーに自分のリストを読み上げました。彼女には何のことかさっぱりわかりませんでした。私が挙げた項目に当てはまる人は誰もいなかったので、それは自分に向けられたリストではないのではないかと言いました。うまくいかなったことに落胆し、私は自信を失いました。きっと勝手に想像したものに違いないと結論を出しました、その紙切れはハンドバッグに押し込んで家に帰りました。一体、あれは何だったのか、本当に感じたのか疑問に思いました。

翌日、スピリチュアリスト協会で何度か会ったことのある女性とハイストリートでばったり会いました。彼女は開発サークルの方は順調か尋ねたので、私はあまりうまくいっていないと答えました。私は彼女に、まったく意味がわからない情報を知覚してしまい、自分の成長に不満を抱いていると言いました。その話になったので、私は青年の存在を感じ、ジェイムズという名前で、バイカー用のジャケットを着ている姿を見たけれど、私のパートナーは、その特徴に合う人を知らなかったと話しました。

するとその女性は私に尋ねました。「クレア、まだその紙は持っている？」「ええ、持っているわ。ゴミ箱に入れるのを忘れてしまったから」と言って、ハンドバッグから取り出して、彼女に渡しました。

彼女はその紙を見ると、続けました。「これ、もらっていい？　私の友人に息子を亡くした人がいて、その彼の命日がもうすぐなのよ。彼は自ら命を絶ったの。名前はジェイムズよ。友人は家にバイカー用のジャケットを着ている息子の写真を飾っているの。彼がこの計画を立てたに違いないわ。だって私は、いつもは火曜日に買い物をするのだけれど、何かどうしても今日出かけたくなってしまってね。私の友人はとてもショックを受けていて、協会に行ったとき、ジェイムズから何かメッセージがなかったかって、聞いてくるのよ。だけど、いまのところ、私には何も届いていないの。これはサインだと確信しているわ。これを彼女に渡していいということなら、とても有難いのだけど。このメモは友人にとって、大きな慰めになると思うの」。

紙を渡す以外に選択肢はあったでしょうか？　彼女のジェイムズであろうとなかろうと、それが一人の母親に慰めをもたらすなら、そのメモはそれだけの価値があったので、私は快諾しました。数週間後、私は協会でその女性に再び会いました。彼女はすぐにやって来て、私が書き留めたすべての詳細について彼女の友人が理解でき、彼女はそれが自分の息子だと本当に感じている、と言っていたそうです。その紙のおかげで、彼女の友人は心の安らぎを感じ、非常に困難な時期を支えてくれたので、私に感謝していました。

このような単純なメッセージが正当な受取人の元に到達するまで、複雑なルートを辿ったことに喜ぶと同時に、とても驚きました。スピリットの世界は私に三つの貴重な教訓を与えてくれたと感じました。

一つ目は信頼です。自分自身、より優れた知性、そして、スピリットの世界に対する信頼です。私は、メッセージを伝えることができる霊媒師に過ぎないということを学びました。その過程で私は重要な人物ではないということを謙虚な気持ちで認識しました。自分のエゴがメッセージの邪魔にならないように、今後も全力で努力していこうと思ったのです。

二つ目は、スピリットの知性を過小評価してはいけないということです。ジェイムズは、私たちの複雑な人間関係がどこかで交差することを知っていたに違いありません。そして、ジェイムズがそんな方法でメッセージを伝えようとしたとしても、それが彼のやり方でした。テレサが第一章で述べたように、スピリットからのメッセージは必ずしも明確かつ直接的な方法ですぐに届くとは限りません。メッセージはとても気づきにくいものであったり、届くまでに何年もかかったりする場合がありますが、すべてが最適な条件で整ったとき、私たちの愛する魂は、どんなことがあっても、私たちに手を差し伸べることができ、実際に手を差し伸べるのです。私たちはすべての可能性に心を開き、どんなサインも無視してはいけません。

三つ目、そして、最も重要な教訓は、自殺した人はスピリットの世界に行き、そこでヒーリングを受けるということです。これはとても重要な学びでした。それ以来、私はその事実についてより深く理解するようになりました。自死のようなつらい状況を経験した人は、スピリットの世界でサポートとガイダンスを受けていることを知るようになりました。死後の世界であっても、自殺することで感情と向き合わなくてもいいということにはならない、ということを学びました。自らの命を絶った人は、今度はスピリチュアルな人生において、自らの問題に向き合う必要があるのです。しかし、その違いは、魂は健やかで平和な場所にいるので、彼らは苦しみではなくヒーリングを経験するということです。私はまた、スピリットとなった愛する人たちは、この世界から物理的に離れてしまうと、いくつかの点で苦労することがあることも学びました。愛する人のそばに物理的にいないということは、自分が自殺した後、助けられなかったために悲しみ、怒り、強い罪悪感に苦しむ家族の痛みを簡単に和らげることはできないということです。自らの命を絶つ人は、何かがうまくいかなかったためにそうするのだということを受け入れようとすれば、その意味では、自殺も人生を終わらせる他の病気と同じであり、スピリットの世界ではそれが理由で判断されたり、非難されたりしないということがわかります。それどころか、彼らはサポートを受け、癒されるのです。地上での精神状態を悪化させた可能性のある肉体的な障害がなくなれば、彼らはなぜ自分が苦しんだのかその理由をより明確に理解できるようになり、それが心の平和を見出し自由になるきっかけとなります。いつか、それが可能であれば、ジェイムズのように、愛する人に自分が元気だということを知らせようとする人も出てくるかもしれません。

ロベルトが自己紹介したとき、きっとこのつながりで彼は私たちを笑わせ元気にしてくれるはずだと直感的にわかっていたと思います。公開デモンストレーションを行うのは非常に困難な場合があります。何が起こるのかと待ち構えている人たちの前に立つと、私はいつも緊張します。霊媒師は、つながることに成功するか、あるいはいつ成功するかなんて保証できないのです。私自身、どうして公開デモンストレーションなんてしているのかよく自問しています。集まった観衆の期待を裏切り、がっかりさせる霊媒師になりたい人なんているいると思いますか？

向こう側でいまだに踊っているよ

期待に胸を膨らましながら私を見つめる一面の人の顔を目の前にして立ち、私はその夜最初のスピリットとのつながりを待っていました。気持ちを落ち着かせるために、これから何が起こるのか、どのように作業するのかについて説明しましたが、エネルギーが移行するのを感じるまでにそれほど時間はかかりませんでした。私は大きく深呼吸をして、静けさの中に入り、相手を信頼して待っていると、スピリットのチームは向こう側から、コミュニケーションを「オンライン」にするためにやるべきことを行っていました。

するとロベルトが私の意識の中に飛び込んできました。透視能力を使って、彼は自分の両手で私の顔を包み込み、私の額に大げさでドラマチックなキスをしている自分の映像を見せてくれました。私はびっくりして、大声で笑い出しました。コミュニケーションを取りに来たスピリットの中で、これほど大胆な人はいませんでした！それから、ロベルトは私に感情の波を送ってきたので、彼も笑っていることがすぐにわかりました。

「まあ、なんてことでしょう」と私は笑いながら言いました。「すごい人がやってきました。黒髪に浅黒い肌のとても上品な男性で、六十代後半、おそらく六十七歳くらいではないでしょうか。彼はたったいま飛び込んできました。そして、両手で私の顔を包み込むと、額に派手にキスをしました」。私がもう一度笑うと、今度は観衆の皆さんも一緒に笑いました。「私はイタリア語を話せません」と話を続けました。「しかし、頭の中でイタリア語のアクセントが聞こえるので、彼はイタリア人に違いありません。彼はエネルギーの塊で、遊び心満載の人ですね。さらに、とてもずうずうしくて、かなり冗談好きな人だということがわかります」。

ロベルトのユーモアの波に再び包まれ、皆の前で満面の笑みを浮かべて立っている自分に気がつきました。「あら、今度は私の目の前で踊っています。彼は一緒に踊ってほしい、と私に気持ちを送ってきています」。再び、ロベルトからユーモアが伝わってきました。私は観衆に向かって、「みんなの前で私は踊るつもりはない、と彼に伝えました。皆さんには彼の姿が見えないので、私一人が踊ったら、操り人形みたいに見えてしまいます！」と言って笑いました。観衆も私と一緒に笑っていました。

「さて、いまトニという名前を聞きましたが、何か女性的な感じがあるので、男性の名前ではないような気がします。なので、私はこの中で女性の参加者とつながるべきなのではないかと思います。彼は、名前はもっと長い、とでも言いたげです。後ろの席の左側に注意を向けるように言っています。もしかしてその辺りに、トニは座っているかしら？」

後列に座っていた美しい女性が手を上げて言いました。「私の名前はアントニアです。みんなはトニと呼んでいます」。

「そうなんですね。名乗り出てくれてありがとう、トニ」。話をしながら、メッセージを受け取るべき人に正しく届くように、スピリットの世界はなんてうまく私を導いてくれるのかと感心していました。「さて、あなたが話したら、彼はあなたの声とつながろうとしているので、この男性はあなたの家族の一人だとわかります。この人はあなたにとって父親のような存在でしょうか。私の心が広がったように感じます。あなたへの愛で一杯です。

　このすてきな男性はあなたのお父さんに違いありません」と私は言いました。

「いいえ、私の父は生きています」という言葉が返ってきました。

「あら、間違えましたね。ごめんなさい」と私は言いました。「もう一度戻って聞いてみましょう……。とても父親のような感覚。父親とのつながりを感じるのですが……。」と私は説明しました。多くの場合、公開デモンストレーションに来る方々は、私が一点一画《いってんいっかく》もおろそかにしないことを望んでいます。当然のことと言えばそうなのですが、彼らはそれがどれほど大変な作業が理解していません。残念ながら、私はスピリットの世界と直通電話で話をしているわけではありません。超常的な感覚という意味で、霊媒術は常に何でもはっきりとわかるわけではないのです。したがって、現代は家族の形態が多様化し、多くの人が拡大家族やステップファミリーの中で生きているので、親のような存在とつながるとき、それがいったい誰なのか正しく言い当てるのは難しくなっています。これはよくあることですが、私と交信を求めるスピリットとなった家族の中には、実の両親と同じくらい強い愛を伝えてくることとあるので、それが実の親なのか、義理の親なのか、それとも養父母なのか区別できないことがあります。ロベルトがもう少しわかるように伝えてくれないか私は少し待ってみました。

「さて、彼は何をしているのかしら？　彼は片側に足を一歩ステップしている様子を伝えています」。

「彼は継父《ステップダッド》なんです」という返事が返ってきて、会場にいるすべての人が、ロベルトのユーモアのセンスに再び笑いました。

「最初から彼だとわかっていました」とアントニアは言いました。「あなたが話を始めたとき、鳥肌が立ちました。なぜなら、彼はいつもそのように額にキスをして人々に挨拶していたからです」。

「説明してくれてありがとう」と私は感謝の気持ちを込めて言いました。「彼はまた私の目の前で踊っていますが、どうしてかわかりますね？」と私は言いました

「はい。父はイタリアでダンスの先生をしていました」。

「そうですね」と私は答えました。「彼はメッセージを伝えるのがとても上手です。スピリットになったいまは非常に元気ですよ。向こう側ではまだ踊っているんですって」。

「それを聞いて安心しました」とトニは言いました。

「さて、今度は何をしているのかしら？　なんてことでしょう。スパンコールの衣装で出てきましたよ！　ハハハ！」私は笑い出しました。つられて、アントニアも他の皆さんも大声で笑いました。「ここから察するに、彼は社交ダンスの先生だったのですね」。

「その通りです。彼は社交ダンスを教えていました」とアントニアは言いました。

「彼は私に黒いスパンコールの闘牛士のジャケットのようなものを見せてきました。

このジャケットですが、今は誰かの手に渡っていますね。彼にとってとても大事なものだったのですね。しかし、それを持っているのはあなたではない、と彼は伝えようとしています。プライドとあふれる思いが伝わってきます。誰かがそのジャケットを大切に保管していることは、彼にとって重要な意味を持つようです」。ロベルトの強い思いがさらに伝わってきました。

「そうなんです！　誰がジャケットを持っているか知っています。継父がそれを知っているなんてすごいことです」とアントニアは言いました。

「彼はあなたの言葉に頷いています。そして、ジャケットの所有者が変わったことを伝えています。家族の一人に受け継がれてとても喜んでいます」。

「その通りです。家族が受け継ぎました」とアントニアは認めました。

「トニ、あなたに対する愛情がひしひしと伝わってきます。彼はあなたのことを自分の本当の娘のように思っていました。血がつながっているかどうかは関係ありませんでした。あなたを深く愛しています。彼があなたにダンスを教えたときのことを見せてくれています」。

「うれしいです。私も父を愛していました。そう、よくダンスを教えてくれました」とアントニアは言いました。

「彼はまた笑っていますよ。『冗談を言っています。愛情を込めて、あなたはダンスが下手だと言っています。気分を害したらごめんなさい」と心配になって言いました。

「全然、大丈夫です」アントニアは大声で笑いました。「だって、まったく真実ですから！」

「あら、彼はまったく違う話をしようとしています。私は頭に痛みを感じるようになりました。頭部の右側に痛みを感じます。また、右腕がうずくような感じがあります。彼は脳卒中だと知らせているに違いありません」と私は言いました。

「はい、そうです。影響を受けたのは右半身でした」。

「私の視界が少しぼやけています。脳卒中のせいで、彼は視力を失いましたか？　合っていますか？」と、自分の焦点が一瞬ぼやけただけなのか確信が持てなかったので、私は尋ねました。

「視力も失いました」とトニは言いました。

「なんでそんなことを言うのかというと、彼はいまここで、メガネを捨てる仕草をして、失くしたと伝えようとしているからです。また完全に見えるようになったので、メガネは必要なくなりました。まあ、それは面白い。あなたのお母さんが彼のメガネを持っているに違いありません。〝私の妻〟という言葉が聞こえました。彼はあなたのお母さんが眼鏡を盗んだ、と伝えようとしています。しかし、それをユーモアたっぷりに教えているので、彼は面白がっているのだと思います」。

「ええ！」アントニアは大声で笑い出しました。「まさにその通りなんです。継父が入院中に母のメガネが壊れてしまったのです。どうせ、父は使うこともないからと、母が借りることにしたのです。父は返してもらっていないと思います」。

「あなたのすてきな継父は、脳卒中で倒れて眠っているとき、あなたのお母さんが本を読んでくれたと言っています。気づいていないように見えましたが、実は気づいていたのです。彼女がそばにいてくれたことを感謝しています。あなたのお母さんは彼のためにどうすれば一番よいのかわかっていたので、彼も安心していたそうです。私はいま喉に奇妙な感覚があるので、彼は話すことができなくなっていたこともわかります。彼は、あなたのお母さんが彼のために十分なことをしてあげられたのかと悩んでいることも知っています。彼はいま私に十字架を見せて、彼女が彼のために祈っていることも教えてくれました。ロザリオも見えます。あなたのお母さんは敬虔なクリスチャンに違いありません」。

「ええ、その通りです」とアントニアは言いました。「母は継父のためによく祈っていました。父がその祈りを聞いていたなんて、本当にうれしいです」。

「ロバート？　バート？　誰でしょう？」。いくつかの名前がランダムに浮かんだので、私は尋ねました。「ロバートではなく、ロベルトです」とアントニアは答えました。「それが継父の名前です」と彼女は言いました。

「まあ、いい線行っていましたね」と勝ちを譲り、私はまた笑いました。「ロベルトは、あなたとあなたの家族の間に距離があると言っています。物理的な距離のことです。あなたの家族はまだイタリアにいて、イギリスに来たのはあなただけですか？

あなたは国外にいて家に帰ることができなかったので、彼が亡くなったときにそこにいられなかった、と伝えています」。

「そうなんです」とアントニアは答えました。

「そのことは気にしないでください、彼は大丈夫です。あなたの継父はちゃんとわかっているので、罪悪感を持たないでください。彼は大丈夫です、実際は、大丈夫以上というか、ぴんぴんしています」と私は続けました。「さて、彼が家族の秘密をばらそうとしていないことを願いますが、いま、膨らんだお腹を見せてきました。これは合っていますか?」

「ええ！　そうなんです」とアントニアは目を丸くして言いました。「臨月で飛行機に乗ることができなかったのです。父のそばに行けなくてとても申し訳なく思っていました」とアントニアは認めました。

私は続けました。「そのことについては、もう気にしないでください。仕方ないことでした。ロベルトはまた、私に愛の気持ちを送ってきました。彼はあなたの赤ちゃんのことも知っている、と伝えています。『かわいい男の子なんだよ』と聞こえました。彼みたいにハンサムだとほのめかしています!」。私は笑い出しました。

「父が私の息子のことも知っているなんて、本当にうれしいです」とアントニアは言いました。「きっとすばらしいおじいちゃんになってくれたと思います」。

「いま、ロベルトが目の前で本を開いていますが、これは教えているということですね。トニ、彼はあなたを指さしています。彼は、あなたも教えている、という感覚を送っています。がんばって、いつでも一緒にいるよ、と言っているようです。学校で教えているあなたのところに訪ねていくのが楽しいそうです。彼も教えることが大好きだったので、あなたにもよいアイデアが浮かぶように刺激を与えているそうです」と私は言いました。

「信じられません。そうなんです。私は小学校の先生をしています」とアントニアは言いました。

「あなたの継父がどれだけあなたと仲良かったのかわかります。そして、いまでも、あなたがするすべてに興味を持っていることがわかりましたね。あなたが彼を必要とするとき、彼はいつでもそこにいます。彼にあなたの考えを送ってください。彼は本当に自分の気持ちを伝えることが上手です。とても明るい性格で、とても楽しい人です。彼とあなたをつなぐことができて光栄でした。特別な経験でした。彼はいま、あなたとあなたのお母さんに投げキッスを送っています。それは通常、彼が戻っていくというサインです。でも最後にもう一つだけ、彼は私に赤いマジックペンを見せてくれました。理由はわかりませんが、彼は去りながら、そのペンであなたに絵を描いています！」私は驚いて言いました。そして、彼のいたずら心に思わず笑ってしまいました。

「それが何を意味するかはわかっています」とアントニアは言いました。「昨日、赤いマジックペンの上に座ってしまって、インクが服に染み込んでしまったのです。自分に腹が立ちました」とアントニアは笑いながら言いました。これを聞いた観衆はまたもや笑いました。

「トニ、協力していただきありがとう。あなたの継父は本当に愉快な人ですね」と私は言いました。

「すばらしいメッセージをありがとう、クレア。私の継父はとても楽しい人だったので、いなくなって寂しいですが、あなたは継父について一点一画もおそろかにせず話してくれました」。

私は頭の中でロベルトに別れを告げ、次にコミュニケーションを取ろうとしているスピリットに集中しました。その夜はどれもつながりが強く、ずっとはっきりとしたメッセージを受け取り続けました。ロベルトの遊び心と軽快さが私たち全員を元気づけ、参加者と共に作業するための最大のエネルギーを引き出してくれたようでした。デモンストレーションが終わると、多くの人がロベルトのメッセージがどれほど面白くて、どれだけ楽しかったかについてコメントしてくれました。

その夜、私は二つの大切なことを学びました。第一に、愛には国境がなく、スピリットの世界にいる人は距離や言語に邪魔されないということです。スピリットが使う言語は普遍的なので、霊媒術に言葉の壁は存在しません。それは、概念と感情を使用した、一つの存在から別の存在に向けたコミュニケーションなのです。

第二に、人は死者と話すと考えるだけで、重いとか、恐ろしいと誤解することがよくあります。それは事実とまるでかけ離れています。私の経験では、スピリットの世界にいる人々は多くの点で私たちよりも生き生きとしています。彼らはしばしば元気になるようなユーモアと喜びを運んでくれるのです。霊媒術は、死への執着ではなく、生の祝福であり、私たちの愛する人たちは、人生は貴重で、楽しむためにあるということを思い出させるために、私たちの元に戻ってくるのです。

愛で私の痛みを癒してください

ティナが私の家にやってきた日のことは決して忘れません。彼女はこれまで一度もリーディングを受けたことがなく、とても警戒した様子で部屋に入ってきました。彼女はまったく妥協するつもりはないという態度で、ボディーランゲージからも自分の快適ゾーンから離れてしまったという緊張感を持っていました。それでも、彼女はテーブルの前に座って、これから何が起こるのかこの目で見てみようと決心しているようでした。

テーブルの反対側に座っていた私は、スピリットガイドに心の中で、どうかこのリーディングが上手くいくように助けてほしいとお願いしていました。ティナから発せられるエネルギーにけ、セッション自体を完全にブロックしてしまう可能性がありました。彼女が本当に私のところに来たかったかさえわからず、正直に言うと、もしかしたらリーディングはまったく成功しないのではないかと緊張していました。すべてのコミュニケーションと同様に、すべての参加者（スピリットを含む）がリラックスしてお互いに対してオープンなとき、霊媒術は順調に進みます。多くの場合、この点で条件がそろわないと、メッセージはうまく届かないこともあるのです。

そこで私は目を閉じ、ゆっくりと深呼吸をして静けさに入り、ティナが愛する人たちのスピリットに呼びかけました。呼びかけたあとすぐに、ティナがなぜそんなに警戒していたのか理解しました。ティナの母親が近くにいるのを感じたのです。本能的にそれが誰だかわかりました。彼女は単刀直入で浮ついたことを一切許さないという態度で私の感覚を覆いました。強い女性で、考えがはっきりしている人でした。彼女のエネルギーは私に注意を向けるように命令してきました。通常、母親とつながるときは、強い愛情と深い思いやりに満ちたやりとりが多いのですが、ティナの母親からはまったく柔らかさを感じませんでした。控えめに言っても、彼女はタフで、感情を表に出さない、支配的な人でした。

「私の隣には女性がいます」と私は始めました。「私は彼女が誰なのかすぐにわかりました。彼女に冗談は通じません。すぐに本題に入りました。彼女はあなたのお母さんだと言っています」。

ティナは続けてください、というように頷きました。別に、何か付け足すことはないようでした。

「あなたのお母さんはとても支配欲が強いようです」。私はできるだけ親切に言いました。「彼女はつらい人生を送ってきたに違いありません。彼女は自然に愛情を表現することができないようなので、子どもの頃からあまり愛されてこなかったのではないでしょうか。彼女はいま、そのときの思いを教えてくれています。彼女は幼い頃から一人で何でもしなければならなかったのですね。母親の愛情を感じたことがないように思われます」。

これに対してティナは、「母は里子でした」と答えました。

「なるほど、わかりました」と私は言いました。「ええと、彼女はかなり体格がよい女性ですね。ブロンドで、独特の赤い口紅をしています」。

「まあ」。ティナはあまり反応しません。

このリーディングは大変だと感じていました。調子もよくありませんでしたが、私は続けました。「あなたはお母さんに何も口を挟むことはできませんでしたね？彼女はいまでも非常に頑固です。見たままの通り、何でも口にしてきた、と言っています。彼女はとても率直で、他人の感情を思いやることはありませんでした」と私は正直に言いました。

ティナは黙ったままでした。彼女がこのセッションに満足しているのか、やめたいと思っているのか心配になってきたので、彼女の何気ないその態度によって作業が困難になっていました。私は少し待ってから、ティナの母親にもう少し近寄って、リーディングに役立つ情報を教えてくれるように心の中で頼みました。

「私はいま、感情の波が押し寄せるのを感じています。あなたのお母さんはそのことについて後悔しています。自分の言葉であなたを傷つけたことを認めており、償いたいと思っています。彼女はオリーブの枝を差し出しています。彼女はあなたと和解したいと思っているようですが、あなたが受け入れてくれるか自信がありません。あなたが子どもの頃は、あなたを守ろうとしていたつもりです。しかし、自分が唯一知っている方法しかわかりませんでした。だからこそ、彼女は厳しい世界で生き残れるように、あなたをタフに育てたのです。あなたのお母さんは、いまは物事の見方も変わり、自分はなぜあんな困難な人生を送ったのか、そして、なぜあんなふうに苦しまなければならなかったのか理解できるようになった、と言っています。言い訳をしているわけではありません。しかし、彼女の問題は受け継がれてきたものでした。最初から苦しい生き方を強いられましたが、いまは、スピリットの世界で自己啓発に取り組み、適切な指導も受けているそうです。彼女はあなたとの向き合い方も間違っていたことに気づき、それを償いたいと思っています」と私は説明しました。「よい方向に進むための大きな一歩ですね」。

「それはいいんですけど……」とティナは言いました。「でも、私は母に対してたくさんの怒りを抱えています。母は本当に気難しい人で、母と暮らしていたときはこれでもかというくらい苦しみました。最終的に、母の元から離れなければなりませんんでした」。

「わかりました、それならいいんです」と私は同情して答えました。「ここで私が言うことを受け入れる必要はありません。あなたのお母さんが亡くなったからといって、そのオリーブの枝を受け取る必要もありません。お二人の関係がとても複雑なことはわかります。受け入れる準備が必要です。そして、あなたはそのために必要なだけ時間をかける権利があるのです。あるいは、許すことはできないし、そんな時間も必要ないと言ってもいいのです。ただ、これだけは覚えておいてください。リーディングは愛によって行われています。そして、この現世で私たちが生きているあいだ、私たちが認識している以上に、人生にはもっと深い意味があるのです。見た目は怖そうですが、あなたのお母さんはお母さんなりにあなたを愛しています。そうでなければ、彼女はあなたとコミュニケーションを取ろうとはしなかったでしょう」。

ようやく、ティナの表情が少し和らぎました。「どうしてそうだとわかるのですか？」とティナは尋ねました。「本当に私の母なら、彼女がどのように亡くなったか教えてもらえますか？」。

私はわずかのあいだ沈黙して、ティナの母親に思いを送り、どのように亡くなったかを教えてくれるように頼みました。反応が薄かったので、あまり気が進まないようでした。私にはどんな状況も、病気も見ることができませんでした。すると突然、バーのカウンターにビール瓶が並んでいるのが見え、悲しい感情に包まれました。「ごめんなさい。あなたのお母さんがどのように亡くなったのか正確なことは言えません」と私は答えました。「しかし、ここにはアルコールが見えます。そして、私は悲しい感情を抱いています」。

「その通りです」とティナは答えました。「それが原因で、母は命を失いました。アルコール依存症でした」。

「それは残念です。大変でしたね、ティナ」と私は心を込めて言いました。「さまざまな理由から、このリーディングはあなたにとってとてもつらいものだと思います。やめたくなったらいつでも言ってくださいね」。

「いいえ……。続けたいです」と彼女は言いました。その声にはいままでにはなかったやさしさが込められていました。「そのために来たんです。私は答えが欲しいのです」。

「わかりました。それでは、あなたのお母さんがここからどんな思いを伝えたいのか見ていきましょう」と私は声をかけました。「あなたのお母さんは、あなたのためにそばにいてあげられなくて申し訳なく思っている、と私に伝えています。痛みで感情が麻痺《まひ》していました。決してあなたのせいではないのに、あなたが自分のせいだと思うように仕向けてしまった、と言っています。あなたは彼女よりずっといいお母さんです。彼女はあなたに三人のお子さんがいると教えてくれています。男の子二人と女の子一人ですか？」

「はい、そうです」とティナは言いました。

「彼女は、もっと手伝ってあげたかったと言っています。でも、子どもの面倒を見ることもうまくできなかったことを申し訳なく思っています」。そこで私は一瞬止まりました。ティナの母親は新しい思いを送ってきたのですが、どう解釈してよいのか戸惑ったからです。「なぜあなたのお母さんは、あなたの長男と末っ子を引き離しているのでしょう？　彼女は上の子二人を一緒にして、下の子を一人にしました」。

ティナは驚いて、興味をそそられたように私を見ました。

私は名前を聞きました。「ジョセフとは誰ですか？」と私は尋ねました。

「それは一番下の息子です」とティナは答えました。

「あなたのお母さんは、あなたに罪悪感を苛《さいな》まれることはないと言っています。彼女は自分自身は幸せだと感じています。あなたは彼の心の中を覗くことはできないけれど、彼は幸せだと、伝えようとしています。彼は、あなたが彼のことを愛し、大切にしているとわかっています。それをうまく言葉に表すことができないだけなのです。なんてよい子でしょう。理由はわかりませんが、何かが原因で、彼は自分の感情をうまく伝えることができませんね？　彼は自閉症ですか？」と私は尋ねました。「ええ、重度の自閉症です」とティナは答えました。「私自身の負担を軽くするためと、他の二人の面倒を見る時間を取るために、あの子を定期的に施設に預けなければならないので、非常に後ろめたさがあります。それで、あなたは上の子二人と下の子が離れているところを見たのだと思います」。

「ティナ、何てことでしょう。あなたは大変な人生を送ってきたのですね」と私は言いました。「あなたのお母さんも、あなたは一人だと言っています。あなたの周りに円を描いているのです。私からすると、それは通常自立を意味するのですが、あなたの場合、シングルマザーということでしょうか？」。

「その通りです」。

「ジョセフは愛あふれるスピリットヘルパーたちによって助けられている、ということをお伝えしておきます。実は、彼にはスピリットチームがついていて、彼自身もその存在についてよく知っています。あなたが許可するなら、あなたのお母さんも彼を助けたいと思っていますが、まずはあなたの許可を取りたいと思っています。実際に何かしてあげられるわけではないので、現実的に役に立たないことはわかっていますが、スピリットの世界はジョセフを包み込み、精神的に支えています。彼は幸せだと、私は心から思います。彼は幸福以外の感情を知りません。あなたはできる限りのことをしている、すばらしいお母さんだということを知っていてください」。

ティナが私に完全に心を開いたのは、このときでした。「その言葉を聞いて、私は本当にうれしいです」と彼女は言いました。「どれだけほっとしたでしょう。私はずっとあまりに多くの痛みを心に抱えてきました」。

「あなたのお母さんは今日、その問題を解決するためにここに来たのだと思います。

また、このリーディングは彼女にとっても同じように癒しの効果があるでしょう。彼女は思いを打ちあける必要がありました。彼女は抱えてきた痛みを癒す必要があるのです。まだ、関係を修復する必要もありますが、いまは、どうしたらよいのかわかり始めています」。ティナは言葉をかみしめていました。私は次の情報が送られてくるのを待っていました。

「キャロルとは誰ですか？」と私は尋ねました。

「それは母の名前です」とティナは答えました。

「彼女はそう呼ばれていなかったような気がします。奇妙ですが、彼女はそうではないと言っています」。

「そうなんです。キャロルという名前は使っていませんでした」とティナは認めました。

「ザ・ベル・パブというのはわかりますか？　パブの看板が見えてきました。何か関係がありますか？」

「ベルというのはパブの名前ではありませんが、母は何年もパブで働いていました」とティナは言いました。

「ああ、なるほど」と私は答えました。「ときどき、実際の名前ではなく、それを象徴するような映像が見えることがあるのです。その方が理解しやすくて、早く処理できるからです」。

「あなたのお母さんが一生懸命なのがわかります」と私は言いました。「彼女は今、生きていた頃よりずっと長くあなたのそばにいます。皮肉なことですが、スピリットとなった彼女はあなたにとって前よりよいお母さんだと思います。いま、〝娘にわかってもらえました〟という言葉を聞きました。彼女は私から離れていきます」。

「ありがとうございました」とティナは言いました。「今日はどうなるのかまったくわかりませんでしたし、最後までセッションを受けることができるのかさえわかりませんでした。冷たい人間のように見えていたら申し訳ありません。でも、私にとってすべてが新しいことで、戸惑っていました。あなたのおかげで、多くのことを考えるきっかけになりました。感謝しています」とティナは締めくくりました。

（後日談）

その後は口数も少なく、ティナは去って行きました。しかし、彼女が最初に入ってきたときよりもはるかに霊媒術を受け入れる気持ちになったようでした。霊媒師というものは、メッセージが実際にどの程度のインパクトを与えたのか完全に知ることはできませんが、それでよしとしなければなりません。しかし、数週間後、私はティナからすてきなメールを受け取りました。リーディングが非常に役に立ち、大分心の傷を癒すことができたと書いてありました。いまは、人生を前向きに生きていきたいので、しっかりとケアをすることにしたそうです。心理カウンセラーに通いながら、いつか母親のことを許すことができることを願っているそうです。彼女のメールを読んで、私は感動しました。私としては、一つのリーディングセッションからこれ以上にすばらしい結果はないと思ったからです。ティナの母親は、肉体が死を迎えた後であっても、過去の過ちを償うためにいつでも行動できることを教えてくれました。完璧な人間なんていません。しかし、私たちが愛を選ぶとき、そこには希望があります。私たちが大きな成長を遂げるのは、ときに最も困難な状況からということもあります。人生の中で、愛情のこもった正しい導きがなければ、私たちは道に迷ってしまうかもしれません。しかし、最も苦しいときでさえ、私たちは導かれ、すべての人に成長する機会が与えられています。もちろん、死後の世界でもそれは同じです。

本書には数えきれないほど多くのリーディングを紹介することもできました。それぞれのリーディングには独自の貴重な洞察が詰まっています。私がこれまで人々に伝えてきたすべてのメッセージは、それぞれがユニークで特別なものなので、その中から皆さんに紹介する四つだけを選ぶのは非常に大変でした。証拠に基づいたリーディングを行うには時間がかかります。また、集まった観衆を前に、すべての人に合わせて、そして、喜んでもらうために、できるだけ多くの人にリーディングを行うということも不可能です。そうではなく、霊媒師は注意深く一つひとつの情報を伝えながら、証拠を積み上げていきます。そうすることで、情報をどのように解釈するかによって途中いくつかの間違いや勘違いが起こる可能性は高いにしても、スピリットからのメッセージの終わりまでには、統計的に霊媒師は偶然を凌ぐ確かな証拠を明示することができるのです。

したがって、本章に収めた四つの話がリーディングにおけるヒーリングの可能性や人々を元気づけることができるセッションの性質について、読者の皆さんに説明するために何らかの形で役立つことを願っています。メンタル・ミディアムシップはまったく気味の悪い経験ではなく、とても自然なプロセスなのです。私の家に初めて訪れる人は、最初は必ず緊張しますが、最終的にはリラックスして、とても安心して帰られます。メンタル・ミディアムシップを恐れる必要はまったくありません。そして、最良の状態で行われるとき、メンタル・ミディアムシップは最高の癒しの体験となります。

スピリットの次元は、私たちが想像するよりもはるかに驚きに満ちていて複雑です。第七章では、死後の世界から私たちを教え、導いてくれるのは家族や友人だけではないことをお話ししたいと思います。私たちをやさしく刺激し、導いてくれる愛情深い存在は他にもいるのです。

逆境のなかで咲く花は、すべての花の中で最も美しい

作者不明

第七章　崇高なる存在からの答えを確実に得るために

――スピリットガイドと繋がるために必要な実践的な手順とは

静かにすればするほど、あなたはもっと聞くことができる

ルーミー

本書は、真実を求め、共有することについて書かれています。この本をテレサと共同執筆することに同意したとき、私は自分の経験を何も隠さないことに決めました。なぜなら、私を厳しく批判する人がいるかもしれないと思っても、私の真実を共有することが他の人の助けになることがわかっていたからです。結局のところ、私にとって大切なことはそれだけですが、共有するという過程で、私の真正性が伝わることを願っています。スピリットとのコミュニケーションがいまだに広く否定される理由の一つは、嘲笑を恐れて自分の経験を公然と共有する勇気があまり持てないからだと思います。しかし、語るべき経験談

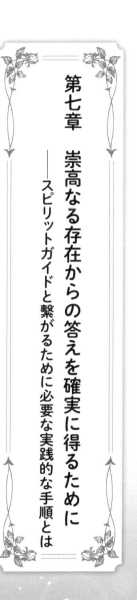

がある人はたくさんいます。こうした話がすべて公に共有されたら、世論の流れは変わっていくはずだと私は確信しています。

テレサが序章で提案したように、本書で紹介されている体験談はどれも非常によくある話なので、データとして使っていくべきです。それゆえに、私は自信を持って前に進み、私の真実をすべて共有しようと思っています。そこで、私のスピリットガイドについてお話しします。彼はホワイト・フェザー（白い羽根）という名前で、実は私が生まれたときから見守ってくれていたことが後になってわかりました。結果的に、彼は私が十代の頃から何度も自分の存在を知らせるために、私の注意を引こうとしていたのですが、彼に正式に紹介されたのは一九九四年のことでした。

その夜、私は一般的な居間で緊張しながら自分の番が来るのを待っていました。アドレナリンが体中を駆け巡っていて、トイレに駆け込みたいような気分になったので、座ったままもぞもぞと動いていました。十九歳の私は、霊媒師に会ってどんなことになるのか想像もつきませんでしたが、わくわくする気持ちと不安の両方を感じていました。リーディングを受けてみたいけれど、一人で行きたくないという友人に付き添って、私はリーディングの個人セッションについていくことに同意しました。そして、座って待っているとき、だんだん興味が湧いてきたのです。十代の頃、私の周りで奇妙で不可解なことがよく起こっていたので、もしかしたらその答えを受け取るときが来たのではないかと思ったのです。

「あなたの番よ」と、友人はリーディングを終えて居間に戻ってくると明るく言いました。

席から立ち上がって居間を出ると、緊張からどきどきしました。友人が出てきたばかりの小さなダイニングルームに入りました。自分でも気づかないうちに、私の人生に計り知れないほどよい影響を与えるすばらしい女性に、私は出会おうとしていました。私の住む地域で非常に尊敬されている霊媒師、シーラ・トマスが「どうぞ、中に入って、座ってください」と手招きしました。

地に足がついたこのすてきな女性は、私を温かく迎えてくれて、椅子に座るように促しました。それから彼女はタロットカードをシャッフルするように言いました。このくらいかなと思うタイミングでシャッフルを止めると、彼女はカードを広げて置きました（ただし、実はこれを行う必要はなかったのではないかと思います。なぜなら、セッションのあいだ、彼女はまったくタロットカードを参考にしていなかったからです）。「ここにあなたのおじいさんがいます」とシーラは言い始めました。「ずんぐりした体型。名前はスタンだとわかりました」。「その通りです」と私は答えましたが、びっくりしました。「彼は、彼があなたのお母さんの父親だと知らせています。そして、あなたのお母さんとおばあさんの両方に愛を送っています」。シーラは続けました。「とてもすてきな人ですね。本当に冗談好きな人でもあります。私のことを笑わせています。彼は今、両方の袖をまくり上げています。いつもそうしていましたね。彼は、胸の病気とがんに苦しんだと教えてくれています。私は頭痛も感じています」。

「そうなんです」と私は言いました。「脳腫瘍でした。また、呼吸器にも問題を抱えていていますか？」

ました」。

「さて、彼はコミュニケーションが上手で、よく笑い、あなた自身が霊能者だと私に言っています」。

「うーん、それについてはよくわかりません」と私は自信なさげに答えました。

「でも、あなたのおじいさんはそうだと思うと言っています。そして、あなたのことをよく知っていると。おじいさんは以前に直接あなたに話しかけたことがある、と私に言っています。彼はまた、あなたの周りに別のスピリットがいることを見せてくれています。おじいさんは『怖がることはない』と言っています」。

「はい、実はそうなんです」と私は認めました。「夜中に目が覚めると、影の向こうに誰かが立って私を見守っているのがよく見えます。以前はそれが怖かったのですが」。

「あの変な匂いは何ですか？」とシーラは尋ねました。「何の匂いか特定できませんが、非常に強い匂いがします。スピリットの世界はあなたの注意を引こうとしています。それは確かです。あなたがそれを知覚する最も簡単な方法は、嗅覚なのです」。

「はい」と私は少し恥ずかしそうに言いました。「おっしゃっている匂いはよくわかります。ずっと迷惑でした。私だけでなく、誰もがその匂いを嗅ぐことができます。私の家族や友人もみな匂いについて話しています。それはさっとやってきて、家の中を移動し、それから来たときと同じようにさっと消えてしまうのですが、それが何なのかわかりません。あらゆる場所を探してみましたが、どこからその匂いが来るのか突き止めることはできませんでした」。

「見つけることはできないでしょうね」とシーラは言いました。「あなたのスピリットガイドなのです。私は通常、リーディングでアドバイスをすることはありませんが、そのガイドはいまここにいて、この情報を伝えることが重要だと言っています。彼は自分がネイティブ・アメリカンで、あなたが感じる匂いは、彼がかつて吸っていたハーブと植物を混ぜたタバコだと言っています。彼はその匂いをわざと選びました。そうすれば、あなたは匂いについて説明できず、どうしてそんな匂いがするのか自ら突き止めようとするはずだと考えたからです。彼は自分のことをホワイト・フェザーと呼んでおり、彼はあなたが生まれてからずっと一緒にいる、と私に知らせていますが、いまこそ彼をもっとよく知るときが来たと思います。彼はあなたにトレーニングを始めてほしいと思っています。あなたのおじいさんが私にその手伝いをしてくれるかどうか尋ねてきたので、私は彼に言いました。もしあなたがトレーニングに興味がありそうなら、私の開発サークルに参加することを歓迎します。サークルはスピリチュアリスト協会で毎月開催されています」。

「ありがとうございます」。私は戸惑いながら答えました。「考えてみます」。

シーラはスピリットガイドの話題をそこで打ち切り、私の祖父と私自身の人生についての驚くほど正確な情報を挙げていきました。私は完全に目を丸くして、すべての話に聞き入っていました。セッションが終わると、私は熱心にお礼を言いました。

この短い時間で、私ははっきりとわかりました。これまで人生で経験してきたことは、私の想像や夢想ではありませんでした。これまで会ったこともなかったシーラが、祖父がいつも私と一緒にいること、そして、もう一人私を見守っている誰かが存在することを客観的に証明しました。しかも、その誰かに正式に紹介されました。

その瞬間、ホワイト・フェザーが何年ものあいだ、彼の存在を私に気づかせようとしていたことがわかりました。十代の頃、何度も誰かに見られているような気がした経験があり、とうとう彼はそれを声にすることができました。しかし、若い人にはよくあることですが、私は非常に身勝手で、ホワイト・フェザーが私のためにそこにいてくれるなんてとても格好いいと思っていました。将来私たちが一緒にやるべき仕事があるから、彼が現れるのだとは考えつきもしませんでした。そのため、私はのんびりと構えていて、それについて何もしませんでした。

ある晩、有名な霊媒師が町にやってきたとき、すべてが変わりました。彼の著書をたくさん読んでいたので、家族と一緒に彼に会いに行き、公開デモンストレーションの後、本にサインしてもらうために列に並びました。列の先頭に来ると、霊媒師は私を見て、自分と同じようなネイティブ・アメリカンのガイドが私のそばに立っていると言いました。私は誇らしげに、そのガイドのことは知っていると答えました。

「では、あなたはそのことについてどうするつもりですか?」と彼は尋ねました。彼のシンプルですが効力のある言葉に、私の動きが止まりました。びっくりして言葉が出てきませんでした、十代の頃の私は、ホワイト・フェザーがここまでしつこくそばにいるのには理由があるとは思いませんでした。私の個人的なガイドという他に、もっと大きな理由があったのでしょうか？　私も二十一歳になり、もう少し大人になっていたので、私は家に帰った後、もう一度シーラに連絡を取り、彼女の開発サークルに参加させてもらえないかと尋ねました。彼女はその言葉通り、快く私の面倒を見てくれることになりました。

そのからの十年間、私は霊媒術の開発に専念しました。私が駆け出しの霊媒師として準備ができたとシーラが言ってくれるときが来るまで、シーラと定期的にセッションを行い、できる限りのことを学び、彼女のこれまでの貴重な経験を吸収していきました。彼女の助けを借りて、私はとうとう独り立ちすることができました。その十年間で、私はホワイト・フェザーについて多くのことを学び、やがて彼は信頼できるスピリチュアル・アドバイザーになりました。彼は私を助け、彼の知恵を共有するために、そして、一つのチームとして一緒に作業するために、いつもそばにいてくれたということがわかりました。

年を重ね、私の霊媒術が向上するにつれ、少しずつ他のスピリットガイドたちも仲間に加わっていきました。特定の技術を教えるために、短期間だけやってきたガイドもいれば、長い間一緒に作業したガイドもいました。たとえば、最近ですと、トランス・ミディアムシップの開発中に、ホワイト・フェザーが私と私の開発グループにクリストファーを紹介してくれました。クリストファーは地球で肉体を持っていた十九世紀には化学者であり、現在は私たちの研究を手伝うことに興味を持っているとのことでした。クリストファーの役割は私たちの周りの大気の状態をコントロールすることだと言っていますが、私はそれを聞いて感心しました。なぜなら、向こう側の世界でも、スピリットとなった存在は仕事を持ち、チームとして働いているからです。定年退職を心待ちにしている人にはあまりうれしくないニュースかもしれません！

ここでもう一度強調しておきたい重要なことは、私は特別ではないということです。私たちにはみな、人生を通して私たちを導いてくれるスピリットヘルパーやスピリットの先生がいるということを理解するようになりました。ほとんどの場合、あなたのガイドが誰であるかを知る必要はないため、あなたは私のようにはっきりとガイドを紹介されたことがないのかもしれません。だからといって、自分のガイドに会いたいとか、スピリットの世界にいる誰かと関係を築きたいと希望してはいけない、ということではありません。ガイドはあなたのためにあなたの人生を生きたり、何をすべきかを教えたりはしません。しかし、彼らは私たちを触発するために必ずやってきます。自分たちの知恵を携えて、それをあなたに受け取ってもらい、前に進んでもらうためにやってくるのです。あなたは一人ではありません。愛に満ちたスピリチュアルな存在はあなたを助けてくれます。あなたが心を開き、助けを求めたいと思っているときは特にそうです。

ガイドに関しては、ちょうどよいタイミングで必要としている経験を持つ適任の先生があなたの元にやってくると思います。ネイティブ・アメリカンは、私の仕事に特に関連する知識を持っている非常にスピリチュアルな人々だったので、私にはネイティブ・アメリカンがメインのガイドとして紹介されました。一方、外科医であれば、かつて医者であったスピリットガイドが、自動車整備士なら、工学に興味があったスピリットに指導される可能性が高いです。

スピリットガイドは進化した魂です。私たちの地球にかつて肉体を持って生きていたので、彼らは物理的世界に生きることがどんなものか知っており、その理解と高度な知識を生かしながら、私たちを助けるためにここにいるのです。彼らは多くの人類のように自分のエゴを満たすために存在するわけではなく、この世界で認められる必要もありません。彼らの関心は、人生のスピリチュアルな側面と、自由意志で人々を助け、奉仕することです。彼らにとってはそれだけで十分な報酬なのです。なぜなら、彼らは私たちのために何かをすることで、それがそっくり自分自身のためになると理解しているからです。したがって、自分のスピリットガイドの存在について認識するとき、重要なことは私たちにとって意味のあるアイデンティティと役割を持って、彼らは姿を現すということを知っておくことです。そうすれば、その先もそれが自分のガイドだとわかり、安心して一緒にいてもらうことができます。しかし、実際には、スピリットガイドは物質的世界の世俗的なものを完全に超越しているため、スピリットの次元に戻った後は、地球にいたときの姿をすることはありません。

スピリットガイドとつながるために

長年にわたって、多くの人がガイドとつながるには何を学べばよいのか尋ねてきました。読者の皆さんも同じように聞きたいと思っているかもしれません。そこで、自分のスピリットガイドを知るための五つの実践的な手順を共有したいと思います。これには一つ注意事項があります。ガイドは、最終的には、準備ができたときに、最適と思われる方法で現れる、ということを覚えておいてください。

1. 瞑想を学ぶ

ヴィジュアライゼーション（視覚化）は、あなたのガイドが自分はあなたのガイドだと自己紹介できる機会となるので、特に役立ちます。私はすでに、マインドが集中している状態がいかに重要かを説明しました。それはどんなつながりを持つときにも重要です。ヴィジュアライゼーションのすばらしい点は、座っているあいだ、あなたのマインドにはやるべきことがあるということです。これにより、気が散ることがなく、考え過ぎないようになります。瞑想中に想像力でイメージを描くと、ガイドがあなたのマインドに入り込み、文字通りあなたがイメージするガイドと出会うことができます。

最初は、レベル1から始めるので、自分が勝手にすべてを作り上げているように感じるかもしれません！　そのまま続けてください。ヴィジュアライゼーションが上達してくると、瞑想中に想像もしなかったことを目撃したり、経験したりするようになってきます。これまで理解してきたこととは全く違う知識を集めるようになっていきます。こうした情報は極めて正確なので、自分が経験したことを調査してみると、自分の洞察がいかに正しいか気づくことがよくあります。そうした経験を積めば積むほど、このプロセスに自信が持てるようになり、あなたのヴィジュアライゼーションに登場する人たちはスピリットの世界から本当にあなたを助けるためにやってきたのだと信じるようになります。

私はこのような作業中に、何度か驚くべき洞察を得たことがあります。もう大分前に、これはただの自分の想像ではないと信じるようになりました。瞑想によってガイドと一緒に作業することは、多くの点で、ガイドが夢の中であなたを訪ねてくるのと同じです。しかし、瞑想での利点は、あなたはその体験を意識的に認識しているため、忘れる可能性が低いことでしょう。

瞑想のすばらしいところは、時間があるときにいつでも家で行うことができるという点です。瞑想に入る前に、電話が鳴ったり、子どもが走り回ったりするなど、気が散ってしまうような要因がないことを確認してください。

楽な姿勢をとって、目的を設定します。心の中で、あるいは声に出して、次のような言葉をかけてください。「スピリットガイドやヘルパーの皆さん、私にとって最善となるように、この瞑想が愛と保護の下で行われるようお助けください。このヴィジュアライゼーションを通じて、私のガイドについてもっとよく知ることができるようお許しください。よろしければ、私と一緒にいてください。そうすれば、あなたの知恵と教えを授かることができます。いま、あなたがそばにいてくださることに感謝します」。

次に、あなたは自分の目的としていた内容について思いを巡らせてもよいし、別のヴィジュアライゼーションを行ってもよいし、あるいは、洞察を受け取るまで平和とパワーを感じながら静かに座っているのでも構いません。ヴィジュアライゼーションによって、実際にその流れに入り込むと、瞑想は自然に展開し、想像力を積極的に使う必要がなくなります。あなたは観察するだけでよいのです。

瞑想が終わったら、感覚からイメージ、言葉まで、起こったことをすべて書き留めます。すぐにすべてを理解する必要はありませんが、記録をつけることで時間が経っても振り返ることができ、明らかとなってくるパターンに気づくことができます。

コンタクトを取っているのがガイドだとどうやって認識するのか、あなたは疑問に思うかもしれません。まず第一に、スピリットとなった家族とつながるのと、スピリットガイドとつながるのでは、その感覚はまったく違います。一般化するのは危険ですが、愛する家族は何かもっと経験を積んだような、思慮深く、以前より知識がある感じはするものの、その振る舞いは私たちが昔から知っている頃と変わりません。しかし、スピリットガイドは、地上では経験したことのない底知れない強力なエネルギーや自信に満ちていて、ときに圧倒されるほどの愛を伴って、まるであなたの物質的な体がそれに対応できないかのように感じます。したがって、スピリットガイドとつながったときに、涙を流したい衝動に駆られるのはとても一般的なリアクションです。それこそ、肉体が美しい感情をすべて解放する方法でもあるからです。

また、スピリットから授かる知識は本来とても哲学的で、謎めいていて、高尚な知恵なので、すべてを吸収して理解するのは非常に難しいこともあります。すぐに理解できなくても心配することはありません。わからないからといってすべてが失われるわけではないのです。往々にして、ある段階で、知識から得るさまざまな洞察があなたのマインドを広げ、スピリットを刺激する役割を果たし、そのうちに理解できるようなります。こうした理由から、まずは自分の内なる存在に取り組み、精神をより高いエネルギー周波数に調和していくと、より高度な知性の領域にアクセスすることが可能になります。

2. 夢に注意を払う

夢についてはすでに簡単に触れましたが、テレサがすでに第二章で説明したように、夢は亡くなった大切な人が私たちに手を差し伸べる最も一般的な方法の一つです。これはスピリットガイドにも当てはまります。テレサは、これらのタイプの夢は通常、脳が一日の活動を整理するために見る夢とは大きく異なると説明しました。明晰夢《めいせきむ》、またはナイト・ヴィジョンとテレサが美しく呼んでいる夢は、信じられないほどリアルな感じがします。そのため、目が覚めたあと、何日も、何週間も、何か月も、あるいは何年もその夢について覚えています。繰り返しになりますが、夢の詳細を書き留めて、将来必要になった場合にいつでも参照できるように、日記をつけることをお勧めします。

3．サインに注意を払う

第一章で、テレサは天国からのサインをコーリングカードと呼んでいましたが、私はその表現がとても気に入っています。すでにテレサも強調していましたが、サインに注意を払う必要があります（私は十代の頃にこの忠告を完全に無視してしまったので、これを書くのは少し偽善的な気もします。しかし、その分苦労して学んだので、私の過ちから学ぶことがあれば幸いです）。

ガイドはさまざまな方法で自分自身を示します。たとえば、ホワイト・フェザーが近くにいると、白い羽根を見つけるような環境でもないのに、よく私の服にも本物の白い羽根がついていたりします。若い頃は、このサインに気づかず、近くにいた鳥の羽根が落ちてきたのかと振り払ったことが数えきれないくらいあります（屋内にいても、いつも羽根を見つけていたのですが）。比喩的な表現をすれば、ホワイト・フェザーは、骨折り損のくたびれもうけだったのです。

ガイドがあなたに影響を与えて何かを教えようとしているもう一つの一般的なサインは、あることに突然興味をそそられたり、学びたいという衝動に駆られたりする場合です。それは一時的な興味というものではなく、内側から引き寄せられる感覚で、非常に不可解なことに、どれだけやっても学び足りないという思いを抱きます。そんなときは立ち止まって注意を払ってみると、あなたの魂はそのことに深い満足感を得て、精神的な成長を経験しているからだと気づきます。

いまから十年ほど前に、まさにそんなことが私にも起こりました。マインドフルネスという言葉が現在のような流行語になるずっと前に、私は突然仏教、特にマインドフルネスに引き寄せられました。私は信心深い人間ではありませんが、このテーマについてよく理解できずにいたのです。ある日、仲間の霊媒師が、私のすぐそばに僧侶が立っているのが見えると言いました。彼女は、僧侶はマインドフルネスのためにここまで来たと言っているけれど、私がそのテーマに強く惹かれているのか、と尋ねました。そのとき、ぴんときました。マインドフルネスについてもっと理解したいとこだわっていた理由がわかりました。それはスピリチュアルな旅を導いてくれるガイドたちから与えられた次のレッスンであり、私の修行にマインドフルネスの教えを取り入れるということだったのです。

また、私たちがリラックスしているときに、ガイドやヘルパーがインスピレーションを与えることもよくあることです。無意識に受け取るこうした知恵に注意を払うことが重要です。私たちはあるとき突然、普通では考えつかないような理解を超えた知恵を覚えていると気づくことがあります。これは通常まったく予期していないときに起こります。私にとっては、早朝、最初に起こる傾向があります。目が覚めて、その日のことを考えながら、頭がフル回転する前に、知恵を授かることがよくあります。そのため、現在はタブレットをベッドのそばに置き、頭に何か浮かんだらタブレットを取って、すぐに書き込んで記録するようにしています。

4. 霊媒師を探す

最初に、私の助言から聞いてください。私は、霊媒師のアドバイスを聞く前に、「まずは」自分自身のガイドたちに出会い、彼らをよく知ることから始めるべきだと強く信じています。率直に言います。誰でもあなたのガイドについて話すことはできますが、それが正しいという証拠はありますか？　経験に基づいた証拠がなくて、霊媒師が話す情報について正しいと判断することはできますか？

ほとんどの場合、霊媒師が私のガイドについて言及したときはいつも、私はすでにガイドの存在に気づいていました。したがって、霊媒師は私がすでに経験していたことを確認しただけで、彼らから初めて聞いたのではありません。しかしながら、スピリットガイドがセッション中に霊媒師、そして、ヒーラーやセラピストなど他のエネルギーワーカーとつながることは間違いありません。また、彼らの愛情深い知恵を受ける機会があって、それがあなたにとって役立つなら、決してその機会を無視してほしくはありません。

霊媒師の中には、スピリチュアル・アセスメントと呼ばれるものを提案する人もいます。これは、通常のリーディングとは異なり、あなたの人生のスピリチュアルな側面のみに重点を置くものです。ガイドは、アセスメント中に現れ、常に直感的で役に立つ洞察やサポートを述べることがあります。この場合もやはり、あなたはそのガイドと独自の関係性を築くようにしてください。そうすれば、霊媒師が言ったことを自分で実証できるようになります。

ガイドたちと知り合うためのステップを踏み、十分な時間をかけて彼らと関係性を築いていけば、そろそろ霊媒師やエネルギーワーカーを探してもいい時期だとわかるようになります。そして、霊媒師などにあなたの経験を確認してもらえるなら、それ以上すばらしいことはありません。意識の荘厳な可能性やこの宇宙におけるあなた自身の無限の本質を理解することは、大抵、永遠にあなたをより良い方向へと変えていきます。

5. サイキックアーティストを探す

自分のスピリットガイドを知るための五つの手順の最後は、サイキックアーティストにあなたのために絵を描いてもらうことです。ここでも、霊媒師を探す場合と同じ原則が適用されます。サイキックアーティストは、通常、スピリチュアリスト協会、スピリチュアルセンター、大学、またはマインドとボディとソウルのイベントで見つけることができます。メンタル・ミディアムほど一般的ではなく、探すのが困難な傾向にありますが、優れたサイキックアーティストを見つけることができれば、またとない貴重な経験となります。

ホワイト・フェザーと知り合ってから何年も過ぎた頃、悩んだ末に、サイキックアーティストに私のガイドの一人を書いてもらったらどうなるのか確かめることにしました。私はとても慎重にことを進めることにして、画家には何も言いませんでした。実はそのとき、私はマインドとボディとソウルのイベントに参加していました。サイキックアーティストに会うための順番待ちの時間はとても長かったので、名前だけ書き残すと、すぐに別の場所に向かいました。私とサイキックアーティストはまったく会話を交わしませんでした。その代わり、私は心の中でホワイト・フェザーに一緒に作業してほしいという思いを送りました。そして、その思いを解放しました。

絵を取りに戻る時間になったとき、自分が見ているものが信じられませんでした。サイキックアーティストによるホワイト・フェザーの印象を描いた絵でした。その顔をすぐに認識すると、その絵は魔法にかかったように、紙から飛び出してくるようでした。私は純粋に喜びを感じ、言葉を超えた愛が私を包み込み、これまで瞑想中に何百回も見た顔が私に微笑んでいました。

なぜうまくいかないのか？

私たちはみな、スピリットのより崇高な領域によって導かれ、それぞれにスピリットの指導者や先生がいる、と私は理解しています。しかし、すべてのことをやってみて、それでも自分のガイドが誰なのかわからなくても、元気を出してください。ガイドは自らの存在を明らかにすることに慎重だということはよく知られています。ホワイト・フェザーによれば、これは、私たちが彼らのサポートに頼り過ぎたり、自分の人生に対する責任を放棄したりしないようにするためだと言っています。そうなれば、私たちの進化にとっては壊滅的です。また、生きていく中で「私たちも」変化し、成長するにつれて、しばしばガイドが変わることがあるということも忘れないでください。

ほとんどの人にとって、ガイドは、直感や潜在意識などを通じて、傍観者の立場から応援することで満足しています。当然、ガイドたちは霊媒者に対しては、もっと積極的な役割を果たさなければなりませんが、それでも、自分のガイドを知らないと言う霊媒師も多いので、絶対にガイドが必要だということではありません。そして、ガイドの中には自分が現れることで、あなたの成長の妨げになると認識すると、いくらあなたがガイドを求めても、そのリクエストに応えないことがあると、私は理解するようになりました。多くのスピリチュアル活動と同様に、あるがままに身を委ね、ただ信頼することも大切だということです。

そうは言っても、あなたの目的が本物で、ガイドに対して愛や忍耐や敬意を持ち続ければ、あなたのガイドが誰で、なぜ彼らがあなたのところに来るのか、あなたがイメージできるようになるまで、長い時間をかけて少しずつ小さな洞察が与えられることもあります。「ローマは一日にして成らず」を思い出してください。スピリットガイドは、あなたと同じように、どうすればあなたとスムーズなコミュニケーションを取ることができるか学ばなければなりません。それには時間がかかるのです。

あなたの助けになればと思い、私は「あなたのスピリットガイドに会いましょう」という瞑想を考えました。その詳細については付記三を参照してください。

動物のスピリットガイドとトーテム

動物もスピリットの世界に存在します。私たちの大切な動物について触れないうちに、スピリットガイドに関するこのセクションを終えることはできません。動物は意識を持っている存在であり、テレサと同じように、動物にもスピリットと魂があると私は信じています。よくリーディング中に、とても愛されていたペットが飼い主のところに戻ってくるところを、透視能力によって見ることがありますが、テレサが第三章で紹介した動物に関する体験談を楽しく読ませていただきました。私自身も、大好きだった動物たちは来世でも生き続けると信じています。また、愛は普遍的な感情であり、その絆は決して絶えることがないので、私たちを愛してくれた動物たちは私たちとつながりを持ち続けていると確信しています。私はスピリットの世界における動物界の仕組みについてあまり詳しくありません。したがって、私自身の経験とそれについて考えたことを共有することしかできませんが、あとは読者の皆さんがそれについてどう思うか考えてみてください。

この世界の多くの動物は喜んで人々を助ける役目を引き受けます。そして、すでに第三章にも登場しましたが、動物が人間とすばらしい絆を築き、精神的にまたは物理的にその人を救ったという心温まる話をたびたび耳にします。では、意識が肉体の死を生き延び、動物が意識を持った知性的な存在だとしたら、動物がスピリットの世界に存在し、私たちを助け、導くことを選択するということもあるのではないでしょうか？

スピリットとなった動物を見たと報告する人々から、すでに多くの証言があるので、この疑問に対する答えを推測する必要はありません。私の家族には、代々受け継がれてきた逸話があります。私の祖母の祖母（私の高祖母）であるイザベラも霊媒師でした。ある日、彼女が用事で出かけていると、スピリットの黒い大きな犬が彼女の前を横切りました。犬はイザベラの目の前を歩き、追い越すことも、行きたい場所に進むこともできませんでした。何かあったに違いないと気づいたイザベラは、すぐに家に引き返しました。玄関に警察がいました。彼らは最悪のニュースを届けに来たのです。イザベラの息子が仕事中の事故で亡くなったのです。

これはとても悲しい話ではありますが、私は感心せずにはいられませんでした。スピリットの黒い犬はイザベラを支え、彼女に警告を与えるためにやって来ました。犬の姿を見たことで、何か大変なことが起こっていたとしても、イザベラは心の準備ができていたに違いありません。不思議なことに、多くの人が家族の死の知らせを受ける前に、スピリットとなった黒い犬を見たと報告しています。これは、彼らが最悪の事態に備えられるようにするためだと思います。

しかし幸いなことに、動物のスピリットガイドからのサポートのほとんどは、はるかにポジティブな性質のものです。彼らの賢さや助けが一番役に立つときに、私たちの生活に現れてくれることがよくあるのです。それぞれの動物には独特の本能と特徴があります。

それは、私たちが何者で、そこから何を得ることができるのか気づくために、そして、より大きな可能性を実現するために、私たちが導き使うことのできる独自のエネルギーに満ちた能力を備えているように思われます。

その一例として、オオカミを取り上げます。ある人が人生の困難な時期を生きているとします。そして、危険にさらされて、周囲の人間を信用できないと感じているときに、オオカミのスピリットが支え、大切なことを知らせるために現れることがあります。その理由は、オオカミはその抜け目ない知性と深く鋭い本能で知られているからです。そのような資質は、こうした状況に陥っている人にとって有益です。したがって、オオカミの性質における本質は、その人の感情的な状態のバランスを取り、人生を前に進むために役に立つのです。

オオカミは、たとえば夢や瞑想の中でスピリットとして現れるかもしれません。あるいは、オオカミがデザインされたプレゼントを受け取ったり、実際にオオカミを目撃したり、その人の生活の中で直接現れることもあります。どちらにしても、オオカミがさまざまな形で現れる可能性は高く、次第に、その人自身もオオカミに親しみを感じるようになるかもしれません。

部族の共同体は長いあいだ、スピリットの動物界を敬い、崇めてきました。古代には、多くの動物が神として奉られ、崇拝されていました。トーテムは先住民がよく使うものですが、私自身もスピリットの世界からトーテムを与えられました。

二十代前半、私はアメリカ先住民の文化や動物のトーテムについてまったく知りませんでした。その頃の私は、ビジネスの世界で認めてもらおうと、懸命に長時間働いていたので、非常に忙しく、仕事に夢中になっていました。スピリチュアルな事柄について調べる時間はありませんでした。ホワイト・フェザーがスピリチュアルな方法でネイティブ・アメリカンについて教えてくれることもあるかと思い、私自身は意識的に探求しないことに決めたと言ったら、読者の皆さんは驚くかもしれません。そうすることで、自分の経験をもう一度試すことができました。

ある日、輪になって座っていたとき、私のこの決定はまったく予想外な形で報われました。すでにテレサは、瞑想中に幽体離脱を体験した人について紹介しました。非常によく似たことが私にも起こりました。その日、いつものように、霊媒師のシーラ・トマスが瞑想を主導していました。彼女の言葉に従い、徐々にすべての思考から解放されると、体のすべての感覚を失いました。そして、それは私にとって非常に珍しいことでしたが、輪の中に座っているという意識を失いました。その代わりに、星が輝く夜空の下で、私は大きな焚火のそばに座っていることに気づきました。そのヴィジョンはまるで私を包み込むようでした。本当に、松の木が燃えるような匂いがして、顔に炎の熱を感じました。

それは、ナイト・ヴィジョンを見るような感覚で、私は明晰瞑想を経験していました。自分の肉体、円、さらには呼吸の感覚はすっかり失われていました。私は現実の別の次元に何から何まで完全に入り込んでいたのです。周囲は乾いた、埃っぽい赤土だけで、焚火の前に座っていると、なぜ私はここに一人でいるのか、そしてこれにはどんな意味があるのかと思いを巡らせました。突然激しく、焚火がパチパチと音を立てて弾けると、空中に立ち込めるもくもくした煙に気づきました。炎から上る煙の中から動物の形が次々と浮かんだとき、私はとても驚きました。それらは上昇しながら、空の黒い背景の中に吸い込まれていきました。

催眠術をかけられたように、しばらくその様子を眺めていましたが、後ろから声が聞こえたようでびっくりしました。すると、とても小さな女性が視界に入ってきました。いま考えると、明らかに彼女はシャーマンでした。しかし、そのときは、こんなに年老いた小さな女性なのに、なぜこれほどパワフルに見えるのだろうと思っていました。彼女は不愛想に言いました。「あなたの動物を選びなさい」。彼女の言葉が私のマインドに響くと、ホワイト・フェザーが現れました。もうすっかりなじんだ彼の存在とその力が伝わってくるのがわかりました。

「なぜ動物を選ばなければならないのですか?」と私は尋ねました。

「選ぶときがやってきて、それが必要だからさ」と返事がありました。

動物の形に注目すると、レイヨウ、リス、ワシ、トラ、クマが炎の中から立ち昇るのが見えました。「トラにします」と私は言いました。

「だめだ。それではない」と女性は唐突に言いました。

「どうしたらいいのかわかりません」と私は答え、ホワイト・フェザーに助けを求めました。「助けてくれない?」。

「集中して、感じてごらん」というのが彼の返事でした。

私は改めて、次々と形を変えながら立ち昇る煙の動物を見つめ、今度は動物それぞれの個性の本質を見極めながら観察してみました。すると、その中にいたカワウソがだんだんと大きくなり、その姿がより鮮明になってきました。その遊び好きな性格に気づくと、私の顔に近づき、鼻の中に入ってしまいました。本能的に、すぐに体の中に吸い込む必要があると思いました。

「こんなことになるなんて思わなかった」と私は心の中で思いました。「それにしても、一体何が起こったのか、私は夢を見ているのか」と考えていると、女性が「それだ!」と叫びました。

「カワウソ?」と私は尋ねました。「トラとかクマとか、強くて守ってくれるような動物ではだめですか?」と、失望の気持ちを隠せずに言いました。

しかし、そこでホワイト・フェザーが笑い出し、そして、言いました。「帰る時間だよ」。

その瞬間、シーラの声がして、輪の中に戻っている自分に気づきました。

その明晰瞑想から正気に戻るには長い時間がかかりました。まるで麻酔をかけられたようで、全身がその麻酔から覚めないといけないという感じだったのです。私のマインド、あるいは私のスピリットがもう一度私の肉体と調和し直さなければならないようで、実際に下に降りてきて、同時に体が重くなっていく奇妙な感覚がありました。事実上、幽体離脱を経験したようでしたが、私が行った場所は別の領域だった、という感じです。完全に正気を取り戻した私は、何が起きたのか、瞑想のグループに話しました。私の隣に座っていた男性は、スピリットアニマルのトーテムが与えられたのではないかと言い、動物のスピリットガイドとしてのカワウソの意味を調べてみるのはどうかと提案しました。

非物質的な世界については、まだ経験が浅かった私は、動物のトーテムについて聞いたことがありませんでした。実は、そのときすぐに調べられる資料を持っていました。もしカワウソが私にとって正しい動物だと証明されれば、明晰瞑想とガイドの言葉がより具体的な証拠となると思いました。それまで動物に関するメディスン（まじないなど）やトーテムについてはまったく予備知識がありませんでした。そもそも知識がなかったので、私の頭が勝手に作り上げることもできなかったのは明らかでした。

思った通り、トーテムを調べているとカワウソも含まれていました。カワウソが現れるときは、遊びや楽しむことを通して人生の喜びを見つけるべきだと励まされているということがわかりました。カワウソは、人生は楽しむためにあるので、あなたに元気になってほしいと願っているのです。これを読んで、ひらめきました、確かにその通りだと思いました。長いあいだ、家族は私が自分を追い込みすぎだと言っていました。二十代で成功したいと強く願っていたので、仕事と生活のバランスがすべて仕事という遊びのない方向に傾いていました。また、分析好きで物事を深く考える性質だったので、ときに真面目過ぎて物思いに耽《ふけ》っていることが多かったからです。人生のバランスを正す必要があるという事実に向き合うように、スピリットの先生たちがこの経験を私に与えてくれたことに気づきました。

自分に起こったことに深く感動し、私はノーフォークへ旅行に行く予約をしました、そこにあるカワウソ保護区を訪れ、カワウソの遊び心のある性質を自分の目で確かめました。それまでカワウソのことを考えたこともありませんでした。すぐにその愛らしい性格の虜《とりこ》になり、そんなかわいい動物のことをまったく知らなかったことが信じられませんでした。言うまでもなく、私はカワウソが大好きになってしまいました。人生に迷い、すべてに煮詰まって、難しく考えすぎてしまうときは、もっとカワウソにならなければ、と自分に言い聞かせるようにしています！

結論として、この先、ある動物があなたの夢、瞑想、または実際に生活の中に繰り返し現れたり、特定の動物に深い親近感を感じたりするときは、どうしてなのか、そしてあなたに何を伝えようとしているのかよく注意を払うことをお勧めします。それはスピリットの世界の動物が、あなたのスピリットを助け、導こうとしているのかもしれません。

本書を読んだ後、そうした経験をしたい、動物のトーテムについてもっと学びたいという場合は、残念ながらこの本では紹介することはできませんが、このテーマに関して非常に参考になる本がたくさん出版されています。そこにはすべての動物のリストやその意味について書かれていますので、是非参考にしてください。

天使に関して調和する

テレサは天使や死後の世界に関する人気書を書いています。しかし、私はというと、告白しなければなりませんが、成長過程において、すべての宗教的教理や宗教に対する親しみとは無縁の生活を送っていたので、長いあいだ天使というものをあまり信じていませんでした。これは、天使について意義を唱えていたからではありません。間違いなくそうではありませんでしたが、私には天使とは純粋に神話上の翼の生えた生き物であり、非物理的な存在が空を飛ぶためになぜ翼が必要なのか論理的に理解できなかったからです。そんな理由から、天使とは宗教的信仰の美しい象徴として捉え、私は信心深くなかったので、それ以上深く注意を向けることはありませんでした。本音を言えば、天使という存在はニューエイジ運動の中で過剰に商業化されているとも感じていました。そのため、私はあまり天使に共鳴できなかったのです。私自身のスピリチュアルに関する知識と理解は、私が個人として経験できる事柄に基づいていたので、何かを盲目的に信じるということはなく、天使の存在について私自身が納得するまで、ひとまずこの問題についてはそのままにしようと決めました。天使に惹かれているテレサの忠実な読者の多くは、私のこのスタンスについて心がざわついているかもしれませんし、おそらくそれは当然のことかもしれません。しかしながら、天使からの支援は確かにあると思う洞察を与えてくれた一連の出来事によって、私の理解も完全に変わったと打ち明けたら、皆さんの心も静まるのではないでしょうか。

最初の出会いは、約十年前の瞑想中に起こりました。参加者たちと輪になって座り瞑想を行っていると、私のヴィジョンに一人の男性が現れました。髪型や服装から、二千年前にいたような人物で、自分は聖ミカエルだと名乗りました。そして、瞑想の作業は私のエネルギーを注意深く調整する必要があるので、私にヒーリングを行うためにやってきたと言いました。彼は、ブロックされたエネルギーを解放し、私のスピリットを浄化する必要があると言いました。そうすれば、私はこの地上で行うべき重要な仕事を続けることができ、同時に、前に進むための保護を彼が与えることができると言いました。また、私は彼に助けを求めることができると気がついていないようだが、これからはいつでも自分を呼ぶことができると言いました。そして、私はすばらしいヒーリングを経験し、瞑想が終わる頃には、体に新しい活力が与えられ、エネルギーで満たされたような気がしました。

無知に聞こえるかもしれませんが、当時、私は宗教的な環境で育っていなかったので、聖人についても正しい知識を持ち合わせていませんでした。そのため、聖ミカエルが誰なのかわかりませんでした。そこで、彼が消えていく中で、ただ彼にお礼を述べました。瞑想が終わったとき、私は参加者たちに何が起きたのか話し、聖ミカエルが誰か知っているかと尋ねました。そのうちの一人が、イギリスの商人のスピリットだったかもしれないと言ったとき、私は思わず笑ってしまいました！　ネットで調べて初めて、本人が瞑想中に言っていたように、聖ミカエルが保護とヒーリングを司る大天使であることを知りました。私はこの発見に興奮し、急に背筋が伸びて、瞑想の力にもっと注意を払うようになりました。しかし、特に男性が天使として現れたこともあって、天使について論理を超えた判断を下す準備はまだできませんでした。

数年後、このときも予想外でしたが、天使との二回目の遭遇を経験しました。ちょうど、若くて美しい女性のリーディングを行っていましたが、そのとき、私は彼女が乳がんで命が危ないことは知りませんでした。いまでも彼女のことを考えると悲しくなってしまいます。この心優しい女性は、私に心配をかけたくなかったので、リーディング中ずっと自分が重病であるという事実を隠していたのです。正直なところ、彼女はとても元気そうに見えたので、セッションの終わりに、彼女が自分はもうじき死ぬのだと話しくれたとき、彼女の病気にはまったく気づいていませんでした。私はショックを受け、警告してくれなかったホワイト・フェザーのことを後で責めましたが、スピリットの世界は彼女の願いを尊重していたのではないかと思います（事前に知っていたら、リーディングが彼女にとって正しいのか、また、彼女のためになるのか心配になって、予約をキャンセルしていたかもしれません）。

とにかく、リーディングは行われました。スピリットとなった彼女の家族とつながることができて、彼らからの愛情深いメッセージを伝えたあと、思いがけず彼女の両脇に二人の天使がいることに気づきました。彼女に向けて純粋な愛を注ぎ、白い光に包まれて輝く二人の存在がありました。個人セッション中に、天使がコンタクトを取ってきたのはそれが初めてで、私はとても驚きました。霊媒師というものは、証拠となる情報をもたらすように訓練されています。私たちは通常、リーディングにガイドや天使を連れてくることはありません。なぜなら、彼らがもたらす情報は必ずしも実証できないからです。この二人の存在は翼を持っていませんでしたが、私がそれまでの経験で知っていたものとは違っており、そのつながりの純粋さと愛の深さを考えると、二人が天使の周波数で私とつながっていたことは間違いありませんでした。信じるしかなかったのです。

自分が経験していることを依頼者である彼女にどう説明すればよいか一瞬わかりませんでしたが、すぐに、こんなときに人間のエゴや何でも証拠を要求する人間の無知さを心配をしている場合ではないと思い直しました。もし二人の天使がここにいるとしたら、それには正当な理由があるはずです。私は心の中で、何か伝えたいことがあるのか尋ねました。すぐに、二つの小さな天使の像と、その像に向かって祈っている彼女の姿が浮かびました。そして、純粋な無条件の愛の波が押し寄せてきたのです。私は慎重に、何を祈っているのかはわからないけれど、彼女が天使に助けを求めて祈っていること、そして、彼女の家には天使の像が二つあることがわかる、と伝えました。さらに、彼女の祈りに応えて二人の天使のような存在が彼女のそばにいることも伝えました。次に、私の中に力が込み上げてくるのを感じたので、二人の天使は彼女に力を授けるためにやってきたので、恐れることはないと付け加えました。

リーディングを通して初めて、彼女はとても喜んでいるように見えました。「だから私は今日来たのです」と彼女は言いました。「天使たちが私を守ってくれているか知る必要がありました。もしそうなら、私は恐怖を手放すことができます」。彼女は私に心から感謝し、そこで、もう長くは生きられず、そのため助けを求めて天使に祈っていたことを認めたのでした。彼女は神を深く信じており、私のリーディングによって完全に心の安らぎを感じることができた、と言いました。彼女はもう怖くはありませんでした。私は胸が詰まる思いでした。このすてきな若い女性の内面の美しさと、運命を完全に受け入れるその強さが信じられませんでした。その日、私は真の神の愛とは何かを学びました。また、信仰など役に立たないと言う人は本当に間違っていることも学びました。

本書を執筆中に、三度目の出会いがありました。天使の介入という意味では、多くの人がまったく予期できない形で起こりました。トーキング・ボード（ウィジャ盤）がなくてもスピリットの世界とコミュニケーションを図ることはでき、時間と骨の折れるコミュニケーションの方法でもあったので、私はそれを絶対に使うことはないといつも宣言していました。それにもかかわらず、私はトーキング・ボードを所有することになりました。どうしてそんなことになったのか、そのいきさつだけでも興味深い話です。一部始終を書くには、別の本にする必要があります。とりあえず簡単に説明すると、二〇一六年、まったく驚いたことに、スピリットの先生たちが私にトーキング・ボードを使うように導いたのです。

私がトーキング・ボードに対して消極的だったのは、一つには私自身の亡くなった家族のスピリットが影響しています。子供の頃、霊媒師に会いに行く母について行ったことがありました（このときの話ももう一冊本が書けそうです）。霊媒師を通じて、スピリットからメッセージが届きました。友だちが学校でトーキング・ボードを使っていても、私はそれに敏感で悪い影響がでるかもしれないので、決して近づいてはいけないと警告されました。友だちがボードで遊んでいたことを霊媒師が知っていたので（私たちはお互いに秘密にすることを誓っていました）、私はとてもショックを受けました。私自身はトーキング・ボードで遊んだことはありませんでしたが、霊媒師の言葉を聞いてから、ボードを使うのが怖くなりました。

しかし、人はよく「絶対なんてことはない」と言いますが、それにはもっともな理由があります。本書を書き始めた頃、私のスピリットの先生たちは考えを一変したようで、私は知らないうちにトーキング・ボードの持ち主になっていたのです。すぐに、それは本を書く上で、優れた道具だと気づきました。他の形式の霊媒術では不可能な方法で質問を投げかけても、その答えを得ることができるからです。ボードを使うと、別の方法でホワイト・フェザーとやりとりできるようになりました。

トーキング・ボードを入手してから、オンラインで安全に使用する方法について検索しましたが、ばかげた怖い話しか見つかりませんでした。しかしながら、ボードがやさしく手引きしてくれているのがわかり、スピリットガイドや家族が悪いものから守ってくれると信頼していました。そこで、私は恐怖を克服し、自分自身の知識とホワイト・フェザーの導きを信じることにしました。トーキング・ボードをうまく使いこなせるようになるまでには忍耐が必要でしたが、やがて、スピリットのチームと私は、コツをつかむようになり、恐れることは何もないと気づきました。すでに長年にわたるスピリチュアルな成長を通して、スピリットの領域のより高い周波数に調和することが可能だったので、私はボードを利用してガイドから美しいメッセージを受け取ることができました。

他でもない二〇一六年十一月のある日、私は信頼している開発サークルのメンバーと一緒にトーキング・ボードの周りに座り、ホワイト・フェザーが現れるのを待っていました。何も起こりません！　彼は現れませんでした。今回は失敗だったと見なしてあきらめようとしていたちょうどそのとき、ボードは最も予想していかった文字を示し始めました。天使（ANGEL）、次にウリエル（AURIEL）と示しました。私たちの中でウリエルという言葉を聞いたことがある人はいませんでした、それを伝えると、ボードは次のように差し示しました。「光のメッセンジャー、あなたたちに教示するために来た」。

私は急いでタブレットを手に取りました。タブレットは、セッション中に簡単な検索をするために常に手元に置いてあったので、その名前を入力しました。検索の結果、大天使ウリエルが見つかったときは、うれしい驚きでした。「Uriel」の綴りの方がより一般的でしたが、その名前は「主はわたしの光」という意味で、差し示された内容と完全に一致していました。私たちは、愛情深い知恵と洞察がボードの上に示されるあいだ、さらに一時間ほど興奮しながら眺めていました。

私は後に、ウリエルが知恵の天使であることを発見しました。絵画には、ウリエルが知識を運んでくる者という事実が表現された巻物を持っています。地球に知識をもたらす役割を担っていると考えられているまさにその天使から、ボードを使用して私たちが知恵を得ているというのは、最もふさわしいことのように思えました。しかし、もっと印象的だったのは、ウリエルが聖句の中で一般的に書かれている天使ではないという事実でした。私の調査によると、彼は主にグノーシス派、古代ユダヤ教の教え、そして、エノク書で言及されていることがわかりました。ウリエルの存在自体が議論となっているようで、彼はカトリック信仰では完全に除外されました。私たちの潜在意識がボードを動かしているだけだったら、天使ガブリエルなど、はるかによく知られている天使を選んだに違いありません。私たちの中に、これまでエノク書を読んだ人は誰もおらず、グノーシス主義の教えについてもまったく知りませんでした。ウリエルについての知識を持った人は、一人もいませんでした。

また、この天使の名前の珍しいスペルが提示されたことも印象的であり、私が思うに、これによってコミュニケーションの有効性がさらに強調されたのではないでしょうか。サークルのメンバーの中に、以前にこの天使について聞いたことがあって、その後忘れてしまっていたら、トーキング・ボードに示された名前は一般的に知られている「ＵＲＩＥＬ」だったはずです。私たちは「ＡＵＲＩＥＬ」を受け取ったのです。

こうして私は、天使は本当に存在すると思うようになりました。それぞれ違った形で天使とのコミュニケーションを経験し、そのたびに専門外だった新しい情報を入手したという事実は、天使からのコミュニケーションが存在するという証拠を示してくれました。天使は存在し、彼らは私たちに奉仕し、私たちを見守っているということを認めなければなりませんでした。個人的には、とても思いがけない発見でした。

スピリットガイドと同様に、私たちは天使の領域に助けを求めることができることを学びました。とてもすばらしい例があります。サークルのメンバーであるジェインが経験した実話です。この話のすばらしいところは、あなたが尋ねれば、天使の存在があなたの人生にどれほど力強い助けになるかを示してくれているところです。

大天使ミカエル

十月下旬の寒く暗い金曜の夜、私はブルターニュに住む家族を訪れたあと、帰宅する途中でした。飛行機の到着が遅れていたので、暖かい車に乗って帰路につくのを心待ちにしていました。

とてもがっかりしたことに、スタンステッド空港に到着すると、迎えが来ておらず、私は重い荷物を引きずって、電車と地下鉄を使ってロンドンを横断するしかありませんでした。

スタンステッド空港を発着する電車は旧車で汚く、客車がつながっていないタイプでした。座席には捨てられた新聞やビールの空き缶があり、私たちが通り過ぎると頭上のライトが点滅しました。

夜だったせいか、疲れていたからなのか、私は異常に危険を感じました。客車には通常とは違って、スーツなどきちんとした服装をした人たちではなく、いかがわしい連中に囲まれているようでした。酔って叫んでいる人もいれば、数人の男たちが乗客にお金を出すように脅していました。

不安になった私は、友人にメッセージを送り、自分がどこにいて、どう感じているかを説明しました。彼女からすぐに返信があり、家に着くまで、私を守り一緒にいてくれるように大天使ミカエルに頼んでおいた、と書いてありました。彼女は私もミカエルの保護を求めるべきだと言いました。私は彼女にメッセージを返しながら、大天使ミカエルが私のところに来て、安全に家に帰ることができるようにと心の中で何回もお願いしました。

携帯をカバンにしまうと、一人の男が近づいてきました。彼は背が低く、だらしない感じでした。正直なところ、彼が座っていて、隣の席が空いていたら、私なら果たしてその席に座るかどうかわかりませんでした。ハンドバッグと自分の身を守るかのように、私はハンドバッグを抱き寄せましたが、そのとき奇妙なことが起こりました。男は私の向かいの席にあった空のサンドイッチの包装紙を払いのけると、そこに座り、私の顔をじっと見て微笑むと言いました。「こんばんは、私の名前はマイケルです。あなたが無事に家まで帰ることができるように来ました」。

私は席から落ちそうになりました。その瞳は穏やかで優しく、何かが変というより安らぎを強く感じました。恐怖はすべて消え去りました。残りの旅は、おしゃべりをして過ごしました。マイケルはスピリチュアリティについて尋ねました。また、途中で、私が天使を信じているかとも尋ねました。何と答えたのか覚えていません。私はただ安全を感じ、なんて奇妙な状況なのだろうと考えていました。

気づけばウォータールー駅に無事到着しており、最後の電車に乗るところまで来ていました。そこまで、マイケルは私と一緒に電車に乗り、その後、二本の地下鉄を乗り継いでいました。別れ際、私の懐疑的なところが頭をもたげ、彼は私にお金を要求するかもしれないと構えていました。しかし、驚いたことに、マイケルは「もうここからは安全だね」と言いました。「無事に家まで到着することを祈っている」と言い残すと彼は人混みの中に消えていきました。

あの寒い十月の夜に何が起こったのか、私には説明できません。わかっていることは、私が危険を感じ、大天使ミカエルという神の介入を求めたところ、どこからともなくマイケルと名乗る男が現れ、私を無事にウォータールーまで連れて行ってくれたことだけです。

私はよく、スピリットガイドと守護天使の違いについて尋ねられます。スピリットガイドはかつて地球に肉体を持って生きていた高度に進化した存在であり、その経験を生かして現世の人々を支え、教えることができますが、天使は光の純粋で神聖な存在であり、地上での経験はまったく必要とせず、スピリチュアルな領域に高い周波数で存在する、と理解しています。もちろん、私はすべてを知っていると言っているわけでも、この先もそんな宣言をするつもりはありません。スピリチュアルな道を歩むことの喜びは、何かを理解したと思うと、より多くの知識と新しい洞察が与えられることです。私たちは学ぶこと、そして、成長していくことをやめることはありません。また、やめてはいけないのです。そんな理由から、本書の私の言葉をすべて信じてくださいとは決して言いません。むしろ、あなた自身で真実を探求し、あなた自身の理解に到達することをお勧めします。

そこで、天使の専門家であるケイティ・オーマンの言葉を紹介して、このセクションを締めくくることにします。

光の存在

エンジェルという言葉は、ギリシャ語の「angelos」に由来し、メッセンジャーを意味します。天使は光の存在であり、すべての人に愛と平和のメッセージを運びながら、神と人類をつなぐ役割を果たしています。天使は、その行動で私たちを判断することはありませんが、彼らは常に、私たちの最高で最大の幸福のために私たちを助けようとしています。私にとって、天使は力、導き、そして愛の源です。彼らは、私にとって最大の幸福のためになる人々や状況に対して、ずっと助けてくれています。過去六年間、天使と仕事をすることで、助けを求めてきた何百人もの人々に愛と導きのメッセージを届けることができました。いま、全世界でかつてないほど多くの人々がスピリチュアルな目覚めを経験しています。

私たちは生まれたとき、純粋で無条件の愛だけを知ってこの世にやってきます。その純粋さと愛は私たちの中からとても明るく輝くので、天使がそばにいると、すべての人を文字通り明るく照らします。しかし、成長するにつれて、家族、友人、そして私たちの周りの世界を通して人は恐怖を知ります。私たちは、目にするすべての人から分離され、みんなと違うと感じ始めます。私たちの生活は、突然、他人を批判し、他人から批判されるという繰り返しになってしまいます。人生はがらりと変わってしまいます。

それでも、最初の愛の火花はまだそこにあります！　もう一度その火花を燃やす方法を見つけることができれば、実際には私たちから離れることはなかった思いやり、育み、優しさ、そして愛に、思いがけず心を開くことができます。私たちは、生活による日焼けやしわの下は、本質的に同じだと気づき始めます。私たちはみな、愛を求めています。私たちにはみな、夢と恐怖があります。私たちはみな、大切でふさわしい存在だと思いたいのです。私たちはみな、地球上で共存する存在で、もがき苦しみながらも最善を尽くしています。私たちが心とマインドを開き、愛に導いてもらうことができたら、世界に巣くう恐怖はやがてその握った手を放すはずです。時間をかければ、恐怖は完全に消え去ることだってあるのです。

そして、それが大切なのです。天使と協力し、必要なときにいつでも天使とつながることを学べば、本当の自分――つまり、自分の中にある愛――に戻るための助けとなります。ときに、世界は恐ろしい場所ですが、意識的に愛に戻る人が増えれば増えるほど、暗闇に光を注ぐことができ、私たち全員のために大きな変化を起こすことができるようになります。あなたの人生に天使たちを迎え入れ、本当の自分に戻る助けをしてもらいましょう。あなたという本当の愛に。

私を導くのはあなたですか？

私たちの先祖が私たちを導く上で果たしている重要な役割に言及せずに、本章を終えるわけにはいきません。多くの人が、スピリットの世界にいる自分の家族がスピリットガイドや守護天使になる可能性はあるのか尋ねます。厳密に言えば、天使は転生しておらず、スピリットガイドは一般的により高度に進化した先生であるため、答えはノーです。しかしながら、私たちの愛する人々の多くは、物質的な世界を離れた後もずっと私たちを見守り、私たちの幸せに関心を持ち続けているため、ある意味では、先祖代々のガイドとヘルパーの役割を担っていると言えます。

亡くなった家族はスピリットの世界から、私たちと一緒に歩み、生き続けることを間違いなく選択している、と私は理解しています。そう確信するのは、過去二十年間に何千ものメッセージを通じてもたらされた愛、サポート、導きを経験しているからです。リーディングを通して、そんなサポートが明らかになった、私のお気に入りの例があります。セッションの中で、妹のところに戻ってきた兄のスピリットは、自分が死んでから自身のスピリチュアルな理解が深まり、地球にいたときの古い習慣ややり方の多くを変えたと話しました。より深い洞察を得たいま、兄は他人への奉仕こそが自分自身に与えることができる最大の贈り物だと学び始めたということでした。

そこで、妹が病院で働いていたことがわかりました。スピリットとなった兄は、患者が亡くなったために妹が経験した困難な一週間について説明したので、兄は亡くなっても生きている、ということが証明されたのです。この愛に満ちたスピリットの兄は、患者の名前や彼がどのように亡くなったかを述べ、ストレスの多かった時期を妹と一緒に病院で過ごしました。そして、患者がついにスピリットの領域に旅立つとき、他に誰もできなかったので、彼が一緒に連れて行ってあげました。兄はその患者もセッションに連れてきて、さらなる証拠を見せてくれました。

この話のすばらしいところは、兄がスピリットの側から、誰かを助けられることに大きな喜びを感じていたので、必要ならまた助けを求めてほしいと妹に頼んだことです。さらに兄は、これからもチームとして協力し合い、現世と来世の両方から仕事をするのはどうかと妹に提案したのです。仕事で大変なときに、自分は兄から助けてもらったと知った妹は、どれほどの安心と力強さを感じたことでしょう。

いつもすべての人を救うことはできませんが、スピリットとなった愛する人たちが間に入って、現世からスピリットの世界へ旅立とうとしている人を愛情込めて世話していると考えると、それだけで私たちは安心することができます。愛する妹を訪れるこの兄のスピリットは、私の心の中では守護天使と定義してもよい存在だと思いました。

本章を終えるにあたり、私もテレサと同じ気持ちだと思いました。私たちが必要な答えは最終的に自分自身の中にある、と私は信じていますが、助けが必要な場合は、ガイド、天使、愛する人たちを呼ぶことをお勧めします。彼らが提案する支援を喜んで受け入れたい、と愛と感謝の気持ちを込めて送ってください。要求はせず、サインを受け入れてください。私たちには自由意志があり、スピリットの世界にいる人はそれを尊重します。したがって、単に期待するのではなく、可能ならきっと助けてくれると信じて、丁寧に尋ねるのが正しいやり方です。彼らにも自由意志があることを忘れないでください。

第八章では、スピリットの次元にいる人々とどのようにコンタクトを取るのか、この分野についてさらに探求するためにはどうすればよいかなど、私に寄せられるよくある質問について答えます。

われに知識を与えよ
さらば、何に対しても思いやりの心を持てるかもしれぬ

プレーンズ・インディアン

第八章　スピリット次元との双方向通信を深める極意とは
——霊媒師がクライアントからのあらゆる疑問に答える

読者は私がたくさんの冒険をしたと思うだろう
何より偉大で輝かしい冒険はこれから始まる
アーサー・コナン・ドイル卿（亡くなる直前に残した言葉）

この本を見つけた経緯が、死後の世界のコミュニケーションがあなたにとって新しい考え方だったからであろうと、あるいは、すでに固く信じているからであろうと、スピリットとのコミュニケーションについて個人的に探求してみたいと考えているならば、あなたは私たちの大切な仲間です。アーサー・コナン・ドイル卿は医師であり、絶大な評価を受けるシャーロック・ホームズの創作者であり、スピリチュアリズムの大使でした。そして、彼の告別式で霊媒術を行った霊媒師エステル・ロバーツを尊敬していました。彼は死ぬ日まで、心霊主義を支持する彼の姿勢に反対した人々に立ち向かいました。個人的な経験から、心霊主義を信じないで自分の人生を生きることはできなかったとそれほどの覚悟で晩年を送っていました。

十九世紀には、化学者であり物理学者として尊敬されていたウィリアム・クルックス卿も、死後の世界を信じていました。霊媒師を研究し、彼らに厳しいテストを受けてもらったあと、物理学者のオリバー・ロッジ卿と同様に、彼は自分の発見が肯定的であると報告しました。映画撮影用カメラと電球の発明者であるトーマス・エジソンは、同時代の科学者たちと密かに時間を過ごし、死者の肉体を離れた声を捉えることを期待して霊電話《スピリットフォン》を開発しました。要するに、何年にもわたって多くの天才たちが、死後の世界の存在について思いを巡らせてきたのです。

もっと最近では、ほんの数例を挙げると、ディーン・ラディン博士、アルノー・デローム博士、ジュリア・モスブリッジ博士、ブルース・グレイソン博士、チャールズ・Ｔ・タート博士、ピーター・フェンウィック博士、ペニー・サルトーリ博士、サム・パルニア博士、キャラム・Ｅ・クーパー博士、ロイド・アウアーバッハ、トリシャ・ロバートソン、そして、ゲイリー・シュワルツ博士などの著名な学者が研究を行い、その結果を発表するなど、意識研究への新たな熱意が生まれています（一部は付記五を参照）。幸いなことに、リストに挙げられた名前は急速に増えており、研究と証拠も同じように増えています。

ほぼ間違いなく、最近の霊媒師の科学的研究に最も貢献をした人物は、ジュリー・バイシェル博士です。数年前、彼女がウインドブリッジ研究所を通じて行った研究について知ったとき、彼女は私の個人的なヒーローになりました。死後のコミュニケーションの研究に科学的方法を用いて、自分の発見を堂々と世界に発表する非常に有能な科学者です。科学者にとって、それはとても勇気のいることでした。

霊媒師やスピリチュアリストは、自分の信念を裏付ける経験的証拠がないことでしばしば批判されます。私は常に「経験的」という言葉の使い方が興味深いと感じていました。なぜなら、それは「理論や純粋な論理ではなく、観察や経験に基づいている、関心がある、または検証可能である」という意味だからです。そして、私はこれまでの人生で実に多くのものを観察し、経験してきましたが、個人的には、物理的な死を生き延びた意識の証拠というものは純粋な論理を超えていると思います。しかし、それはまだ私にとって個人的なものに過ぎないということを理解しています。

私は科学者ではないので、その分野について知っていると公言することはありません――大多数の科学者が私のことを何も知らないのと同じように――しかし、私はそれに対して非常に健全な敬意を払っています。幸運なことに、私の開発サークルには科学者が数名います。私は霊媒師に対する批判をよりよく理解するために、意識研究の分野でできるだけ多くの研究を探し、私自身の経験について何らかの検証が得られるかどうかを確認しました。その際に、バイシェル博士と出会い、彼女の研究にとても感銘を受けたのでした。

優秀な科学者としての実績がある人なら、研究するか検討することさえほとんどない分野で、経験的な証拠を提供することは困難です。そのような研究を支援するための十分な資金を持っている大規模な組織も資金提供に関心がない場合、可能性はさらに低くなります（死後の世界に関する事柄は人間にとって最も重要な問題の一つであるというのに、なぜそうなのか、私には決して理解できません）。

こうした困難に直面しても、バイシェル博士は、研究に資金を出してもらい、霊媒師の実験を行うための偏りのない科学的プロセスを考案する方法を見つけ出しました。私の知る限り、この手のものとしては初めての三重盲検試験（三重にしたブラインド・テスト）で、彼女は霊媒師を科学的に研究し、確かな結果を報告することに成功したのです。実験は驚くほどシンプルでしたが、非常に効果的でした。

最初に、霊媒師はメッセージの受取人を明らかにしなければなりませんでした。次に、霊媒師は受取人に関係する亡くなった家族または人に関する情報を提供することを要求されました。しかし、霊媒師は受取人と直接会ったり話したりせずに、自分たちが認識した情報をバイシェル博士に直接報告したのです。

バイシェル博士は、霊媒師が提供した詳細をアシスタントに伝えました。アシスタントは霊媒師とは接触せず、誰なのかも知りませんでしたが、代わりに受取人とやり取りしていました。アシスタントは受取人に、霊媒師が提供した情報と、ニセの情報の二つを提示します。そこで、受取人は、情報の正確さに基づいて、どちらが自分の情報で、どちらがニセの情報か正しく判断できなければなりませんでした。その後、スコアが記録され、統計的に偶然かどうか比較されました。

結果は著しく霊媒師を支持するものでした。かなりの差で偶然を上回ったのです。このシンプル且つ秀逸なシステムは、インチキやコールドリーディングを除外し、意識が肉体の死を生き延びることを決定的に証明することはできませんでしたが、すべての霊媒師が不正は行っていないことを証明しました。バイシェル博士の研究は、その後同業者による審査を受けました。詳細を知りたい人は、ウインドブリッジ研究所のホームページにアクセスすることを強くお勧めします。詳細は付記二に掲載しています。

私がこれまで話したほとんどの人はこうしたデータの存在を知らなかったので、バイシェル博士のような重要な研究に対する関心を高めることは非常に大切です。そして、バイシェル博士は一人ではありません。アーチー・ロイ教授やトリシャ・ロバートソンなどの他の研究者たちも霊媒師に関する科学的研究を行っています。ノーサンプトン大学のキャラム・E・クーパー博士とその同僚、ゲイリー・シュワルツ博士なども同様で、他にも多くの研究者がいます。歴史的に、科学とスピリチュアリティは最高の同志という関係ではなかったので、こうした霊媒師の研究について広く伝えるために、本書がその役割を担うべきだと思います。今後、科学とスピリチュアリティの関係が変化し、本章の冒頭で紹介した先駆者たちのように、バイシェル博士をはじめ、より多くの科学者がその仕事を引き継いでいくことを願っています。今後数年のうちに、意識の研究に関するより多くのデータが公開される可能性があります。そして、日増しに蓄積されている一連の証拠は、より多くの人々が関心を寄せて耳を傾けてくれるのに十分なものとなるでしょう。

そのあいだにも、このテーマのすばらしさは、私たち全員がスピリットとのコミュニケーションの現実を自分自身で探求する資格があり、誰もが真実の探求者になることができるということです。死は私たちに平等に訪れます。学術研究だけが、スピリットとのコミュニケーションを成功させるための最も重要な基準ではありません。実際、それが邪魔になることも少なくありません。必要なのは、心を開くこと、愛情深い心、正直な意図、強い忍耐だけです。あなたは気合を入れて、ただ飛び込むだけでよいのです。

旅が始まる

探求の道を歩み始めると、答えよりも疑問の方が多いことに気づきます。私は定期的に生徒や真実を探求する人たちから非常に重要な質問を受けます。答えがすぐに見つかるとは限らないので、ここで読者の皆さんとこれまで尋ねられた質問をいくつかを共有したいと思います。スピリットとのコミュニケーションは、私たちが正しい意図を持って取り組めば、刺激的で楽しく、啓発的で、心から満足できるものになる可能性があるため、これらの質問の答えがあなた自身の個人的な発見の道のりを支援してくれることを願っています。私と同じように、あなたにも最高の体験をしてもらいたいと思います。

Q：信頼できる霊媒師を探すにはどうしたらよいですか？

A：一番よい方法は口コミです。心霊系の業種は規制されておらず、残念ながら、真実を探求する中で、一度は質の悪い霊媒師や超能力者に遭遇する可能性は非常に高いです。そのため、友人や信頼できるアドバイザー（霊媒師に既に見てもらったことがある人）の推薦を受けることが望ましいです。

口コミでお勧めの霊媒師を見つけることができない場合は、スピリチュアリスト・ミディアムス協会、英国スピリチュアリスト協会、スピリチュアリスト全国同盟、または地元のスピリチュアリスト教会などに、あなたが住む地域の霊媒師について問い合わせてみてください。スピリチュアリズムはイギリスで認められた宗教なので、全国に多くのセンターや教会があります。アメリカでは、ウインドブリッジ研究所、フォーエバー・ファミリー基金、地元のスピリチュアリスト教会をチェックするか、アメリカのスピリチュアリズムの本拠地であるリリー・デールを訪ねてください。

オーストラリアでは、オーストラリアのユナイテッド・スピリチュアリズム協会、オーストラリア・クリスチャン・スピリチュアリスト協会、またはビクトリア・スピリチュアリスト・ユニオンが出発点です。もちろん、ヨーロッパ大陸やその他の地域にもスピリチュアリストセンターがあり、イギリスのアーサー・フィンドレイ・カレッジは、スピリチュアリズムに関心のある世界中の人々と出会う絶好の場所です。こうした組織の連絡先は、付記四に記載されています。

最後に、ウェブサイトから多くの情報を得ることができるので、まずはインターネット検索をしてみることも大切です。

根気よく、慎重に調べてください。正しい意図と優れた能力を備えた霊媒師を見つけられたら、時間をかけてじっくり調べたことが報われます。

Q：どうしたらそれがよいリーディングだとわかるのですか？

A：霊媒師はセッション中、科学的に死後の世界を証明することはできません。彼らの意図は、実際にあなたにリーディングを経験してもらって、意識が死後も生きている証拠を示すことです。スピリットとつながったかどうかは、あなた自身が自由に判断してください。受け取ったメッセージが、次の三つの要素で構成されている場合、よい仕事をしたと判断してもよいでしょう。

✦霊媒師は亡くなったあなたの大切な人について説明し、あなたはその人だと認識します。場合によっては、あなたが生まれる前に亡くなった人という場合もあるので、先祖について調査しておく必要があるかもしれません。

✦霊媒師は、あなた自身とあなたの大切な人について、推測ではない情報を提示することによって、意識は生きていると証明します。これは、霊媒師が事前に知りえなかった情報でなければなりません。理想的には、大切な人が亡くなってから起こった出来事も含まれているべきです。スピリットとなっても何が起きているのか知っているということを示し、その人の意識は生きているという可能性に説得力が増すからです（ベストな証拠は、あなた自身がそのことを知らずに、あとで調べなければならないものだと覚えておいてください。そのため、霊媒師から何かを言われても本当かどうか確信が持てず、それが正しかったことが後でわかる、というのはよくあることです）。

✦霊媒師は、あなたの大切な人がなぜ訪れたのか、あなたに何を伝えたいのかについて、その人からのメッセージを提示します。

ここで言及しておきますが、私はこれまで一〇〇％正確な霊媒師に会ったことはありません。残念ながら、一部の情報は解釈中に失われてしまうので、いつもその事実を心に留め置く必要があります。霊媒師は超人でも全能の預言者でもありません。そうは言っても、リーディングには絶対に「高度な」正確さが含まれている必要があり、誰にでも当てはまるようでは本物ではありません。霊媒師が偶然ではなく、しっかりとした証拠を提示しているのか、あなたは自分自身でしっかりと判断できるはずです。

このことは名前の話題につながります。当然のことながら、依頼人は、霊媒師がリーディング中に名前――人であれ、場所であれ――を挙げてくれることを望んでいます。それが霊媒術の究極の理想と見なされることが多く、世間的に非常に成功している霊媒師は通常、名前を挙げることに強みを持っている人たちです。名前がわかるというのは能力が高いという印象を受けるかもしれませんが、亡くなった人の意識が生きているという最高の証拠になると私自身は思いません。霊媒師がスピリットとなったあなたの愛する人の性格や様子を生き生きと説明する方が、はるかに信憑性が高いと私は信じています。これは、推測や調査がはるかに困難です。名前とは異なり、あなたの愛する人に固有のものです。途中で名前がわかるのであれば、それはすばらしいことですが、明らかに必須ではありません。

最後に、よいリーディングだった場合、あなたはセッションを受けてよかったと感じます。力を与えられ、洞察を得て、心がわくわくするのがよいリーディングです。当然のことながら、スピリットとのつながりが確立されない場合はがっかりしますが、霊媒師がその事実を正直に伝え、プレッシャーに負けないようなら、その経験はよい霊媒師と出会ったということになると思います。

Q：質の悪い霊媒術や、あるいはさらに詐欺に遭わないようにするには、どのような手順を踏むべきですか？

A：注意すべき点がいくつかあります。

✦　何よりもまず、じっくりと調べてください。霊媒師の詳細がわかったら、参考となる情報を探します。誠実に仕事をしている霊媒師は、あなたが以前にリーディングを受けたことがある人たちに連絡を取ることを何とも思いません。霊媒師がホームページを開設しているなら、利用者がレビューを書き込むことができるようになっているか確認します。

霊媒師は自らの意思によって、よく知られた大学や組織の認定制度を受けている可能性があります。これは法的要求事項ではありませんが、霊媒師としての行動規範を順守する意欲を示していることがわかり、認められた高水準で働くことができるという外部検証を受けているということになります。ただし、認定を受けていない優れた霊媒師も数多く存在するため、それを唯一の決定要素として参考にすべきではありません。

霊媒師の中には、公開デモンストレーションを行う人もいます。その場合は、リーディングを予約する前にそれを見に行くことをお勧めします。そうすれば、その様子を詳しく吟味することができます。あまり費用もかかりません（地元のスピリチュアリスト協会なら、通常寄付をするだけです）。霊媒師に関しては、自分に合う、合わないがあります。ある人に共鳴しても、別の人には共鳴しないということもあります。しかし、実際にデモンストレーションをしている姿を見れば、その霊媒師が自分にとって適した人かどうかよりよい判断を下すことができると思います。

うその約束に注意してください。本物の霊媒師はどんな約束もするべきではありません。リーディングが始まるまで、どんな情報を受け取るのか知りませんし、受け取るかどうかもわからないのです。したがって、セッションの前に、人生の問題を解決す

✦　✦　✦

るとか、してあげるとか、特定の愛する人とつながることができる、と約束する人は、経験豊富な霊媒師ではないか、隠された動機があります（つまり、お金儲けか、自己満足に浸っているのです）。

どんな詳細も、前もって明かさないでください。本物の霊媒師はどんな情報も知りたくないのです。なぜなら、意識を静めて集中する必要があるときに、余計な情報はそのプロセスの邪魔になるからです。霊媒師に必要なのは、あなたの名前と連絡先の電話番号またはメールアドレスだけです。また、電子メールについては、安心できるように、職場の住所や署名欄の役職など、あなたの詳細がわかってしまう部分は削除してください。

霊媒師は、スピリットとつながることに集中できるように、あなたに関係する宝石や写真などの私物を手に持っていてほしいと依頼することがあります。これは受け入れてもよいとは思いますが、私物に関する情報について話すのは避けてください。リーディング中は、はい、いいえ、または、わかります、わかりません、と答えるだけで十分ですが、もちろん、それだけでなく参加する意欲も大切です。

個人情報を尋ねる人を疑ってください。私自身、依頼人（顧客）には、ソーシャルメディアで友達申請を行わないようにお願いするところまで徹底しています。その代わり、私の活動について知りたい方には、Ｆａｃｅｂｏｏｋをフォローしてもらうようにお願いしています。ＳＮＳ上では依頼人と意図的に友だちにはならないようにしています。そうすれば、うっかり彼らの生活について知ることはできないからです。本物の霊媒師は、あまり多くの質問をしないように努めるべきです。もちろん、質問が妥当な場合もあります。たとえば、個人セッション中に、依頼者に特定の名前についてわかるか尋ねることがあります。公開デモンストレーションでは、まず先にスピリットとつながり、その後、観衆の中でそのスピリットがわかる人がいるかどうか尋ねることもあります。霊媒師はリーディング中に、なんの情報を伝えているのかわかっていないことを忘れないでください。霊媒師は何も疑わずに作業をしているので、奇妙な質問をするのは当然です。ただし、質問が多すぎることに注意してください。コールドリーディングや推測で行っている人は、たくさんの質問をして誰にでも当てはまるようなことを言う可能性があります。

霊媒師は、あなたと関係するスピリットについて、あなたが認識できたり、あとで確認できたりするほど、十分な詳細を話しているかじっくりと観察してください。私はつながっているというスピリットについてまったく描写できない霊媒師にリーディングを受けたことがあります。繰り返し「彼は私にこんなことを言っています」などとそれが、誰なのか説明せずに言うだけなのです。これは質の悪いリーディングです。最後に、料金を参考にしてください。高額の料金を請求したり、できないことを約束したり、より多くの情報を提供すると約束したりして、あなたが法外な金額だと返還を求めると、安全な場所に逃げ込む霊媒師もいます。本物の霊媒師は決してそのように振る舞うことはありません。

Q：超能力者と霊媒師に違いはありますか？
A：はい、あります。超能力者は直感を使って依頼人のエネルギー場から読み取ります。超能力者は第三者の意識とはつながりません。代わりに、たとえばタロットカード、ルーン文字、手相などのツールを使用することがあります。超能力のリーディングの焦点は、あなたの人生や将来に関する予測が多いでしょう。信じられないほど正確な超能力者がいますが、霊媒師というわけではありません。霊媒師の主な目的は、依頼人とその亡くなった大切な人たちとをつなげることであり、リーディングの焦点はそれに関することになります。私たちはみな、程度の差こそあれ霊能者であるため、霊媒師の中には、セッションの際に超能力を使う人もいます。その場合は、あなたにそのことをはっきりと伝える必要があります。私からのアドバイスは、予約する前に、あなたが求めているサービスが何なのか見極めることです。一方が他方より優れているわけではなく、まったく違うということなのです。

Q：死者を呼び起こすのは害ではないですか？
A：霊媒師が死者を呼び起こすことはありません。これは完全な誤解です。霊媒師は、スピリットとなったあなたの愛する人たちがそれを望むなら、やってきてコミュニケーションを取るチャンスを提供するのです。常に自由意志があり、このため、霊媒師はスピリットの世界から誰が依頼人とつながるのか指示したり、特定のスピリットに来るように要求したりすることはできません。あなたの愛する人は、セッション中にあなたのそばにやってきます。それは、そうしなければならないからではなく、そうしたいから来るのです。このため、霊媒術が常に実験的なプロセスなのは、こういう理由からです。

Q：死を予言するなど、私が聞きたくないことを霊媒師は言いますか？

A：いいえ、すべきではありません。責任ある霊媒師は、あなたの心の平和をかき乱すようなことを決して話しません。霊媒師は邪魔をするのではなく、助けるために存在します。さらに、霊媒師はスピリットになったあなたの愛する人が教える情報しか伝えることができません。彼らは、あなたに害を及ぼすようなことはしません。私の経験では、スピリットは通常、あなたを動揺させる可能性のある情報については黙っています。わざとあなたを怖がらせるために何か言う人がいたら、決して鵜呑《うの》みにしないことです。

Q：愛する人と私は合図を決めています。霊媒師にはその合図がわかりますか？

A：可能性はありますが、おそらくないでしょう。愛する人が亡くなる前に合図を決めておくというのは、あまり意味がありません。死後の世界から彼らがそれを使えるかどうかもわからないのです。もしその合図がぼんやりしたものだったり、認識できないものだったりしたら、たとえあなたの愛する人が試したとしても、霊媒師はそれを見逃す可能性があります。合図を決めても、あなたをがっかりさせることになります。あなたの愛する人は、自分がそばにいることを証明するためにベストな方法を見つけるはずです。前もって合図を決めておくことは害にはなりませんが、愛する人が戻ってきて、自分が大丈夫だということをあなたに知らせることができれば、必要なのはそれだけなのです。

Q：霊媒師の中にはお金を取る人と取らない人がいるのはなぜですか？

A：これは、霊媒師の状況や信条に基づく個人的な選択です。霊媒師はサービスを提供するのですから、その時間と経験に対して料金を請求する権利があります。高度なサービスを提供している霊媒師は、非常に人気があります。そうなると、需要を満たすために仕事を辞めるという選択をする霊媒師もいるかもしれません。もちろん、私たちはみな、この世界で生きていくには、お金を稼がなければなりません。

霊媒師が自分の時間と経験に対して料金を請求することに問題はありません。いくら請求すべきかについては議論の余地があり、あなた自身の個人的な状況と霊媒師の実力に基づいて、あなたが公正かつ妥当だと思う金額を決定する必要があります。

その他の霊媒師たちは、本業を維持し、勤務時間外にわずかな費用または無料でリーディングを行っています。もちろん、そのためなかなか予約が取れなかったり、あまり多くの人を助けることはできなかったりする可能性はあります。

多くの霊媒師は、すべての人にサービスを受ける機会があるように、自分の時間を慈善団体に寄付していますが、これも個人の選択によるものです。

時間と経験に対して料金を請求することは、霊媒師の能力を反映するものではありません。また、スピリットの世界が共に作業しようと思うかどうかは別問題です。料金を取るのに能力が限られている、または能力が低い霊媒師は、その評判が広まって仕事がなくなるはずだと思うかもしれません。しかし、いつも、どの商売でも、質の低いサービスを提供しているにもかかわらず、うまくごまかすことができる人たちがいます。大切なのは、その見極めを行うために、しっかりと予習をすることです。

Q：メンタル・ミディアムシップの霊媒師に個人セッションを受ける場合、どんなことが期待できますか？

A：霊媒師は思いやりがあり、親切で、自然な態度で人と接することができるので、気持ちが落ち着くと思います。リーディングの経験がないと緊張する人も多いのではないでしょうか。よい霊媒師は、どのように進め、何を必要とするか（または必要としないか）を開始前に説明します。

霊媒術は非常に自然なプロセスです。私は個人的に超常的（パラノーマル）という言葉が嫌いです。ほとんど理解されていませんが、霊媒術は普通（ノーマル）だと思います。緊張している場合は、友人や家族とテーブルに座ってお茶を飲みながらおしゃべりをしていると想像してみてください。そのような状況なら、リラックスできると思いませんか？明らかに、リーディングは感情的になる場合もありますが、非常に癒しの効果があり、多くの場合、たくさんの笑いも共有します。何かが現れたり、テーブルが浮遊したり、その他の物理的現象はまったく起こりません。がっかりさせて申し訳ありませんが、それはメンタル・ミディアムシップでは起こりません。

Q：次々にリーディングを受けても大丈夫ですか？
A：定期的にリーディングを受けるように勧める霊媒師には注意してください。私は決してまた来てくださいとは言いません。依頼人が私やリーディングに依存することを防ぐために、三回ルールというものを設けています。いずれにせよ、数年が経過したり、別の愛する人が亡くなったりしない限り、一回または二回のセッションを受ければ、通常、依頼人は必要とするものをすべて受け取ります。

私はいつも、次の訪問までに少なくとも一年間は待つようにアドバイスしています。そのあいだに、また新たに人生を歩き出すこともできるでしょう。そうすれば、一年後、私は依頼人に何か新しいものを提供することができ、依頼人も同じ情報に再びお金を払う必要がなくなります。

活動しているさまざまな霊媒師に会うことには価値があると思います。別々のリーディングで、異なる霊媒師があなたの愛する人について同じ情報を伝えるということであれば、それは愛する人の意識は生きているという証明になります。これはあなたにとってもよい調査研究となります。また、いくつかのリーディングを経験しないと、自分自身で愛する人の存在に関する証拠を積み上げていくことは難しいかもしれません。ただし、必死に答えを求めているときは、次から次へとリーディングを受けることは避けてください。また、意思決定を霊媒師や超能力者に委ねないでください。それはあなたから力を奪うことになります。

Q：愛する人の死後、霊媒師に会うまでに、どのくらい待った方がよいですか？

A：霊媒師を求める前に、最初の数か月は自分自身のヒーリングに集中することが何より重要です。すばらしい霊媒師によるリーディングは、人々が悲しみを乗り越えるのを助けるのに非常に効果的です。ただし、深い悲しみから抜け出すには時間がかかるので、急ぐ必要はありません。あなたの愛する人が亡くなったという事実をまず理解し、ある程度受け入れることが大切だと私は個人的に思います。その理由は、霊媒師があなたの愛する人とつながりを持てなかった場合、それは大きな失望につながる可能性があるからです。特に、愛する人を失った直後に悲しみに耐えられず、霊媒師によって心の平和を取り戻したいと期待すると、それが叶わなかったときのショックは計り知れません。霊媒術にこのような期待をするのは現実的ではなく、あなたの状況を悪化させるだけです。

スピリットが霊媒師とコミュニケーションを図るようになるまでの時間については厳密

な基準はありませんが、多くのスピリットは霊媒師を通じて意思疎通を図ることを学ばなければならないようです。死後の世界の新しい生活様式に慣れてくると、霊媒師とのやりとりも自然にできるようになります。愛する人が亡くなってから霊媒師のサービスを求めるまでの時間を設けることで、愛する人も落ち着き、うまくコミュニケーションを図ることができるようになります。同時に、あなた自身もヒーリングの機会が与えられると私は信じています。

しかし、だからといって、それまでにあなたの愛する人があなたに直接接触を試み、自分は大丈夫だと知らせることはない、という意味ではありません。テレサが第四章で紹介していたように、統計的には、愛する人が亡くなってから数日、あるいは、数週間のあいだに、直接接触を受けたと報告する人が非常に多いのです。その時点では、人々は愛する人から大丈夫だというサインを受け取る可能性が高くなります。懐かしい匂い、電気的な干渉、不可解に点滅する電気製品、温度の変化、顔に当たる冷たい風、最も場違いなところで聞こえてくる感傷的な音楽、明晰夢で見るヴィジョン、説明のつかない部屋の明かり、さらには電話や幻影など、起こりえるサインは無限です。

テレサは、車を運転中に彼女に呼びかけた声について説明することから本書を書き始めました。また、第四章で、サリーという女性が朝、彼女を呼ぶ声を聞いたという体験談を共有しました。私は『マペットの受けるハリウッド』という映画に登場する劇中歌「レインボー・コネクション」という歌が好きで、特に「半分寝ていて、声を聞きたことがある？　私の名前を呼んでいるのが聞こえたわ」という歌詞が大好きです。ポール・ウィリアムズとケニー・アスチャーがこの曲を作ったとき、彼らには思い当たることがあったのではないでしょうか。

Q：もしスピリットとなった大切な人からのアドバイスを無視したら、どうなりますか？

A：霊媒師はすべてを知っているグルでもなく、また、そのように振る舞うべきでもありません。私たちは普通の人間です。リーディング中に受け取った知恵は、あなたがどう思うかで受け入れるか拒否するか決めればよいのです。おなじように、スピリットとなったあなたの愛する人は運命を受け入れて新しい一歩を進むかもしれませんが、だからといってスピリットになった人たちが必ずしも全員、すべてを見て理解しているわけではありません。この世界で誰かにアドバイスを受けるように、スピリットからアドバイスを受ければよいのです。それが的確で、役立つのなら、それを受け入れればよいのです。それがあなたの心に響かない場合は、拒否してください。霊媒師はあなたの人生についてどうすればよいかを教えることはありません。それを決めるのはあなただけです。

Q：グリーフ・カウンセリング（訳注：大切な人を失った悲しみや苦しさを経験している人に寄り添いサポートを行うケア）においても、霊媒術は効果的ですか？

A：悲しみを克服するときのニーズや状況は人それぞれに異なります。霊媒術はカウンセリングに代わるものではありません。人生で困難を経験している場合、または悲しみと向き合うのが難しい場合は、資格のある専門家を探すことをお勧めします。しかし、霊媒術はその役割を十分に補う可能性があり、調査によると、霊媒師によるリーディングは、人々の幸福度を向上し、心の平和と癒しをもたらすことにつながるという結果が報告されています。霊媒術の有効性に同意するかどうかにかかわらず、この事実だけを検討するべきだと思います。

Q：霊媒師はどこでもリーディングを行えますか？　あなたはいつもスピリットの存在に気づきますか？

A：はい。理論上は、メンタル・ミディアムシップはどこでも行うことができます。私個人は、慣れ親しんだ、安らぎと静けさを感じる空間で行うことを好みます。そうすることで境界線を設定し、エネルギーを構築するのに役立ちますが、私はこれまでさまざまな場所でも霊媒を行ってきました。より多くの調整を必要とする他の形式のミディアムシップは、通常、準備の整った降霊会などで行われます。

常にスピリットと同調することは健康的でも適切でもないと思います。私はいつ、どこで作業するか厳格なルールを自分に課しています。私は自分の能力をコントロールし、コントロールされないようにしています。それがどのように機能するのか簡単な方法として、テレビを例にして説明します。常にテレビのチャンネルは、生活環境においてテレビに信号を送信しています。しかし、チューニングするまでその信号には気づきません。これとまったく同じなのです。さらに、ずっとスピリットと同調していたら、いずれは燃え尽き症候群になり、誰の役にも立てなくなります。

実際、私は霊媒師がいつでもどこでもスピリットの存在を感知することに絶対に反対しています。あるとき、ある店で「お悔やみ状」を選んでいる女性を見かけたことがあります。すると、別の女性が彼女に近づき、亡くなった家族がそばにいるのが見えるけれど、動揺しないようにと言ったので、私はぞっとしました。本人が知りたいかどうかの確認もしなかったのです。かわいそうにその女性は、急に泣き出して、店を出ていきました。私はショックを受けました。慎重を期する知らせを届けるにはふさわしい時と場合があり、その知らせを受け取る側に準備ができていなければなりません。自分では役に立っていると思うかもしれませんが、気づかないうちに益となるよりも害になったり、誰かの宗教的信念を傷つけたりする可能性があります。

Q：なぜ霊媒師は他の霊媒師のリーディングを受けるのですか？　自分自身では行えないのですか？

A：自分自身の経験も併せて、完全に見ず知らずの他人が、スピリットとなったあなたの愛する人について話した方が、意識の生存ついてのより強力な証拠を得ることができます。他人からメッセージを受け取ると、ただの自分の希望的観測に過ぎないのではという思いを払しょくできます。すでにお話ししてきたように、霊媒師は直接コミュニケーションを受け取ります。特に、直接的なコミュニケーションが届きやすいチャネリングや自動書記などの霊媒術をすでに学んでいればなおさらです。しかしながら、彼らにとっても、自分のことは何も知らないとわかっている誰かに、愛する人たちの魂について語ってもらい、メッセージを伝えてもらうことに代わるものはないのです。死後の世界において信頼を築くのに役立ちます。なぜなら、霊媒師であっても、人間というのは疑うものだからです。これに加えて、霊媒師が自分の生活環境について先入観を持たないというのは不可能です。別の霊媒師、つまり自分の家族や生活状況に愛着のない人に相談すると、より明確で公平なリーディングが可能になります。

Q：スピリットの世界はなぜ宝くじの当選番号のような役に立つ情報を教えてくれないのですか？

A：非常に取るに足らない質問に思えますが、よく聞かれるので、ここで答えて解決させようと思います。スピリットの世界は、予言や私たちが物質的な富を得ることに関心がありません。物質的世界のすべてが一時的なものであることを知っているのです。それよりも、現世と来世の両方で役立つ知恵を私たちに与えることに関心があります。それは、私の意見では、はるかに価値のある宝物です。

Q：私の家族は「ずっと」私のことを見ていますか？
A：いいえ、心配しないでください。彼らはただ座って一日中あなたを見ているわけではありません。やることは山ほどあります。あなたはそうしたいですか？　彼らはときどきあなたの周りを訪ねてきますが、それ以外の時間は自分たちの世界にいて、自分たちのことをしています。それが健全なことです。

Q：霊媒術をどこで学ぶことができますか？
A：私見ですが、超能力や霊媒術の開発について学ぶベストな方法は、経験豊富な霊媒師と一緒に開発グループに参加することです（実際、私は自分自身で開発することはお勧めしません。その理由は、純粋に、自分の成長やスピリットから受け取った情報について、バランスの取れた判断ができているかそばでサポートしてくれる人がいないからです。ただ、スピリットの世界はさまざまな形や方法で働きかけるので、あまり一方的な判断をすることは控えます）。開発グループはしばしばサークルと呼ばれ、多くの場合、人々の家やスピリチュアリスト協会やセンターで開催されます。サークルやグループは、普段あまり宣伝していないので、見つけるのがとても難しい場合があります。近くに開設されたサークルがない場合は、イギリスのスピリチュアリスト・ミディアムス協会が、独自のサークルを設立するための助言や指導してくれるプログラムを運営しています。
サークルにはオープンとクローズド（非公開）の二つのタイプがあります。オープンサークルは、名前が示すように、誰でも参加できます。通常、スピリチュアリスト協会で開催され、霊媒術について学ぶことに興味がある人なら誰でも、少額の料金または寄付で参加できます。オープンということで自由参加なので、参加者は毎週違ったりします。自分にとってぴったりな講師を見つけることができれば、霊媒術を学ぶすばらしい出発点となる可能性はあります。

霊媒術の開発に打ち込み、能力が向上し始めると、クローズドサークルに参加するよう招待されることがあります。こちらは同じメンバーが定期的にセッションを行っているので、より熱心に取り組む必要があります。メンバーの一人が辞めてしまうと、一緒に作業する人数が減り、グループ内のエネルギーが変化してしまうことを意味するため、自分にクローズドサークルに参加する覚悟があるのかしっかりと見極める必要があります。さらには、エネルギーが変化すると、一緒に作業するスピリットの世界の条件も変えてしまうことになります。したがって、覚悟の欠如は明らかに結果に影響します。クローズドサークルは個人の家で開催されることが多く、入会するには難しい場合があります。しかし、自分に合う講師を見つけて開発に取り組めば、やがて本当に労苦の成果を得るようになります。

すでに述べたことですが、自分に合う適切な講師を見つけることが本当に重要です。スピリットの世界とのつながりを深めるのに十分な経験を積んだ、尊敬できる霊媒師を探してください。

アメリカでビッグ・セイアンスというポッドキャストを運営しているパトリック・ケラーとの交友を通じて、アメリカで開発サークルを見つけるのはイギリスよりも難しいみたいだと知りました。しかし、気を落とさないでください。あなたの意図がすべてであり、どこにいようと、あなたの信念や状況がどうであれ、スピリットの世界はあなたと共に作業してくれます。心を開いてこの分野を学び、探究することに真の覚悟と関心を持っていれば、あなたにはスピリットとつながるための土台があります。霊媒術を探求するのにスピリチュアリストである必要はありません。ただし、やみくもに実験に足を踏み入れないことを強くお勧めします。思いがけず望まないスピリットの注目を引き付けたり、対応する準備ができていない状況に飛び込んだりしないように、まずは経験豊富な人から学べるように最善を尽くしてください。

大学やスピリチュアルセンターを訪れることもできます。スピリチュアリスト協会やその他のスピリチュアルセンターでは、ワークショップが頻繁に開催されています。イギリスでは、エセックスのアーサー・フィンドレイ・カレッジとロンドンのサイキック・スタディ学院が、霊媒術、超能力、そして、ヒーリングに関するさまざまなコースを提供していて世界的に有名です。

多くの経験豊富な霊媒師たちが独自のトレーニングプログラムを開催しています。

Q：霊媒師になるにはどのくらいの訓練が必要ですか？

A：冗談ではなく、一生かかります。私たちは決して開発をやめることはありません。ですから、長期戦になることを覚悟してください。私たちはそれぞれ自分のスピードで成長し、それぞれに長所と短所があります。スピリットの世界が霊媒師と一緒に作業する力を高めるには時間がかかり、霊媒師がスピリチュアルな意識を高めるにも時間がかかります。私はもう何十年も開発を続けてきましたが、いまだに学んでいます。最高の霊媒師とは、自分の成長に懸命に取り組み、自分の人生を仕事に捧げる人です。ただし、そうすることで自分に返ってくるものは途方もなく大きく、さらにすばらしいニュースは、時間があなたの味方であるということです。年を重ねた霊媒師は、それまで積み上げた人生経験がリーディングにも十分生かせるため、若い霊媒師と同じくらい、またはそれ以上に需要が高いのです。

Q：霊媒師は生まれたときから霊媒師なのですか？　それとも誰でも霊媒師になれますか？

A：誰もが、ある程度の霊媒術の才能を開発する可能性を秘めています。絵や歌のレッスンを受けても、プロの画家や歌手になるわけではないように、霊媒術やスピリットの世界を学ぶことがためになったり、楽しかったりします。しかし、どんな技術でもよくあることですが、生まれつき得意な能力を持って生まれ、その仕事に秀でている傾向がある人もいます。霊媒術も同様です。私も訓練を開始する前は、自分が霊媒師だと意識したことがありませんでした。振り返ってみれば、私はずっとスピリットの世界と交流していたので、霊媒師になる可能性が常にあったのだということに気づきました。試してみなければ、わからないこともあります。一番才能があり、最も正確な霊媒師でさえ成長する必要があります。生まれながらに成熟した霊媒師などいません。

Q：家にいるとき、自分自身でスピリットの世界とつながりを確立するためにはどうしたらよいですか？

A：瞑想はその世界のドアを開ける鍵であり、自宅で簡単に実践できます。考えるのをやめて観察する練習をすると、私たちのスピリットの友だちたちはインスピレーションを与えてくれます。瞑想には練習が必要なので、忍耐強く、時間をかけてください。そのあいだ、スピリットとなったあなたの愛する人やガイドをあなたのそばに招待してください。そのうちに、つながることのすばらしさがわかってくるはずです。どんなに些細なことでも、どんなに小さなことでも、日記をつけて、得た洞察を書き留めてください。やがて、スピリットの存在があなたのそばにいるときと、ただ勝手に想像しているときの違いがわかるようになってきます。その後、あなたと一緒に作業するスピリットたちとの関係を築くようになり、あなたの日記には、他の方法では理解できなかったかもしれない役に立つ洞察や知識が反映されていることに気づくでしょう。

悲しみと向き合う

右記の質問の中に、悲しみと向き合うための方法について触れました。同様にテレサも第二章で、彼女の母親がスピリットの世界に行く過程で経験したことを書いています。しかし、悲しみとの向き合い方にもう少し踏み込まないと、本書を完結することはできません。なぜなら、当然のことですが、死後の世界からのメッセージについて話すということは、誰かが亡くなったからであり、その悲しみについてもその一部として考えなければならないからです。ただし、私は資格を持ったグリーフ・カウンセラーではないということは強調しておきます。もし、あなたが現在、人生において悲しみと向き合うことが非常に難しいと感じている場合は、相談できる専門家に助けを求めることをお勧めします。

ここで紹介することはすべて、霊媒師として、そして、誰かを愛し、その愛した人を失った一人の人間として生きてきた私が歩んできた個人的な旅を基にしています。ここで紹介する内容が少しでもお役に立てれば幸いです。

二〇〇九年から二〇一四年の間に、私は身近な家族を七人亡くしました。一人の家族の死のプロセスを見守り、送り出すや否や、別の家族が病気になり、再び同じサイクルが始まったのです。そのようにして、毎年のように五年ほど続きました。若者の命も奪っていきました。何十年も先があると思っていた人を、そして、もちろん、貴重な知恵や人生経験があった人も命を失いました。

その五年間、私は自分の悲しみに対処する時間がないように感じていました。なぜなら、家族が一連の悪い知らせに対応しているあいだ、私は自分自身のヒーリングのプロセスを脇に置いて、自分の中から力を絞り出さなければならなかったからです。霊媒師でさえ、愛する人を失うという痛みから守られているわけではありません。それでも人生は続くからといって、愛する人が物理的にそばにいないことを寂しく思ったり、とても悲しいと感じたりすることから逃れることはできないのです。

この五年間という期間において、私は自分の人生にずっと変わらずに存在した強力な支えにすがりました。それは死後の世界を信じることです。スピリットの世界についての知識が、立ち続けなければならなかった私を支える柱となりました。何も信じることができない人々が、このような困難な時期をどのように切り抜けるのか、私には本当にわかりません。強い信念によって、私は強さや意味を見出すことができました。そして、最も重要なことは、その信念は、死に瀕した家族が必死に求めている思いやりや前向きな気持ちを理解する手助けをしてくれました。なぜなら、私は死を恐れていなかったので、家族はいつでも自分の気持ちを素直に話すことができるとわかっていたからです。私となるその話題について何も恐れずに話すことができたのです。

悲しみとは不思議なものです。複雑な感情や浮き沈みに満ちています。私の場合、一つの体の中に二つの側面が存在しているように感じました。誰もが見ることができる表面の私は、思うままに浮き沈みする感情であふれ、同じ悲しみを抱えた家族と共にジェットコースターに乗っているような感じでした。私は、悲しみ、落胆、絶望、無力感、怒り、苛立ちなどの感情の餌食となり、ポジティブさ、思いやり、笑い、優しさ、安心感と紛らわしく混ざり合っていました。家族一同にのしかかる負担が非常に重く、私たち全員が限界に達していたとき、私はこの状態がもうすぐ終わってほしいと懇願することもありました。すると、すぐにそんなふうに思ってしまったことに罪悪感を覚えました。愛する家族がスピリットの世界に行ってしまうことを許したら、しばらくは彼らには会えないのです。表面の私は絶えず引き裂かれ、あらゆる方向に引っ張られているように感じ、次はどの方向に向かうべきなのかもわかりませんでした。一分前は笑いながら人生の面白い側面を見ていたはずなのに、その一分後には涙が出て悲しくなってしまいました。それを予測したり、コントロールしたりすることは無理でした。どうにかうまく生活することができるときもあれば、じっと宙を凝視して丸ごと時間が過ぎてしまい、何にも集中できないこともありました。また、一番そんなことしたくなかったのですが、イライラが募って、人に対して不必要に声を荒らげることもありました。

しかし、私のより深い側面――それは私の魂だと考えるようになったのですが――は、もっと安定しているようで、より深い知恵の場所につながることができました。より深いレベルでは、これが人生であり、最終的にはすべてがうまくいくはずだと受け入れているような気がしました。私は自分が生きていて、命という贈り物を与えられたという事実そのものに、より大きな満足感を抱くようになりました。愛する人との関係が私の人生にプラスの影響を与えたことに感謝し、こうして知ることができた愛に感謝しました。このような困難な時期に、そんな矛盾を抱えながら生きていけるのは、奇妙であり美しいことでした。しかし、その経験によって、悲しみと満足感を同時に感じることができることを学び、それが思いがけず私に力を与えてくれました。

これが悲しみというものです。いつも理解できるとは限らず、理性的な形で起こるわけではないので、それに対処する方法に正しいも誤りもありません。急ぐ必要などないのです。ゆっくり時間をかけるべきなのです。そして、それが数年を意味する人もいれば、数か月という人もいます。悲しみは人それぞれです。それは行ったり来たりしますが、本当の意味であなたからなくなることはありません。自分はとてもうまくやっていると思っていたのに、突然何かが思い出に火をつけ、感情的な日、週、月を過ごすことがあります。悲しみに困惑することもあり、こんな気持ちと向き合う必要がなかったらどんなによかったかと思うこともあるでしょう。しかし、それは同時に、あなたが愛したという事実の証であり、それは絶対に失いたくないはずです。

確かな事実は、愛する人の死によるものであろうと、人生におけるその他の種類の喪失や悩みによるものであろうと、私たちはみな、いつかは悲しみを経験するということです。最も重要なことは、それに向き合い、ヒーリングのプロセスの重要な部分として受け入れてみるということです。痛みに耐えられないからといって、それを隠したり、逃げたり、気づかないふりをする人には問題が生じます。したがって、自分に悲しむことを許可してください。家族や友だちと協力してお互い支え合い、同時に必要なヒーリングのために自分だけの時間や場所を確保してください。病気や手術から回復するときと同じように、自分に優しくしてください。そうすれば、そのプロセスをうまく乗り切り、スムーズに悲しみの向こう側にたどり着くことができるでしょう。

私たちはみな、一人の人間で、それぞれに違うニーズがあります。ある人にとって正しいことが、別の人にとっては正しくないかもしれません。精神科医としての先駆的研究の中で、エリザベス・キューブラー＝ロスは、否認、怒り、取引、抑うつ、受容という悲しみの五つの段階について書いたことで知られています。彼女は死に瀕した患者を診る中で、ほとんどの人が悲しみと向き合っているあいだに、これらの五つの段階を行ったり来たりすることを認識しました。そして、彼女は死の間際にいる人々やそのことに悲しむ人々の両者が、自分たちが経験していることを受け入れることができるように助け、根気よく尽力しました。しかし、悲しみと向き合っているときに段階についてしっかりと確認できる厳格なルールやプロセスはありません。その代わり、自分にとって正しいと思うことを行い、必要なときに助けを受け入れる必要があります。話しやすい人に自分の気持ちを話し、これまでの思い出を語り合うことを楽しみ、自分の感情を表現し、泣く時間を取ってください。悲しみを内側に抱えたまま何もしないと、そこから生じるストレスに体が対処しようとするため、健康上の問題につながるだけです。これは、すでにヒーリングのプロセスを進めている中で最も不必要なものです。それよりむしろ、自分の健康を維持する方法として、悲しみをより肯定的に見るようにしてください。

私の経験では、悲しみにはまり込むと、悲しみに関するさまざまな問題が生じます。私は悲しみを乗り越えることを怖がっている人々に何度も出会ってきました。彼らは悲しまなくなるのは、愛する人を忘れたり、思い出を汚したりしているようで、その人にひどいことをしているように感じてしまうからです。そんなことはありません。悲しみを乗り越えて前に進んでも、あなたはずっと愛する人のことを思い出すことができます。感謝の気持ちでそうすればよいのです。愛した人のことを考えるとき、その人があなたに示してくれたすべてのこと、その人がしてくれたすべてのことに感謝してください。あなたが自分の人生をしっかりと歩んでいくことで、その人に敬意を払ってください。愛する人の一番の魅力について考えてみましょう。その人を好きになったきっかけは何でしたか？　あなた自身がそんな人になって、好きを与えられる人になってください。

スピリットの世界のあなたの愛する人たちはいまでも元気で、生き生きとしています。圧倒的に、スピリットの世界の愛する人が送ってくる最も一般的なメッセージは、彼らがどれだけ元気で、活力にあふれて生きているかということです。だからこそ、彼らは私たちにも同じことを望んでいます。私たちが満足し、幸せに暮らし、健康に暮らすことを望んでいます。彼らは私たちと共に歩み続け、私たちの成長と成功を楽しんでいます。したがって、あなたの人生がスピリットの愛する人にとっての喜びとなるように、涙ではなく、あなたたちが共有した愛を、あなたがこの世界に残していく足跡にしてください。

第九章では、スピリチュアルな次元とのつながりを深め、自分自身のスピリットとより調和できる方法を紹介します。そうすれば、天国からの答えをどうしたら受け取ることができるのかわかるようになると思います。というのも、あなたが本当に知る必要があるすべての答えは、あなたの内側から受け取ることができるからです。

そんなことできるはずがないと言う者は、
それをやっている者を邪魔すべきではない

中国のことわざ

第九章　あなたの中の霊媒師を目覚めさせるとき

――希望のパンドラの箱を開けよう！ 天国のセラピーと次なる魂の進化へ

我々の背後にあるものや目の前にあるものは、
我々の内にあるものと比べたらちっぽけなものだ

ラルフ・ワルド・エマーソン

このパート2全体にわたって、死後の世界の存在に対する私自身の理解については、これまでの個人的な経験とこの分野について自ら研究してきたことが一つになって生まれたものだと強調してきました。入手可能な研究（臨死体験、走馬灯のようなヴィジョン、子どもの前世の記憶、霊媒術など）の多くの側面を考慮すると、私は亡くなった人の意識は生き残るという証拠には非常に説得力があると気づきました。非常にそうなので、人生が続いていくことに疑いの余地はありません。私は一人の人間なので、たとえ、ときに自分の能力を疑ってしまうときでさえも、その信念は変わりません。それがわかっていることで、私は死への恐怖を手放すことができました。死のプロセスなどと呼びたくはありませんが、肉体の死によって意識も消滅するという話をもはや信じてはいないのです。私自身がこの世界から旅立つときが来たら、間違いなく新しい現実の次元へと移行するでしょう。

その現実がどんなものになるのかについては、私にはこんなものではないかと考えることしかできず、すべての答えを知っていると公言するつもりはありません。二〇一六年十一月、私が自動書記《オートマチックライティング》の実験中にホワイト・フェザーとつながったときに、彼が存在するスピリットの世界はどんなところなのか教えてくれないかと尋ねました。そうすれば、これから私たちにどんなことが待ち受けているのか、ある程度の洞察を得ることができると思ったのです。ホワイト・フェザーから受け取った答えを共有します。

スピリットの世界と魂の進化のしくみ

言葉を使う言語には限界があることを理解しなければならない。わしはおまえにわしらの世界の美しさを本当の意味で説明することはできない。なぜなら、おまえたちはわしらの世界のきらめきについて何も知らないからだ。つまり、それを十分に描写できる言葉が存在しないのだ。自然、建物、住居など、外見ではおまえの世界にもなじみのある側面はあるが、同時に、それは完全に違っているため、おまえの脳はそれを解釈することはできないだろう。わしはおまえの想像力と内なる知識に向けて、いくらかわかるように指摘することはできるかもしれないが、本当にそれを理解するには実際に経験する必要があり、そんなに急いでするようなことでもないのだよ、妹よ。代わりに、おまえがいくらかの洞察を得ることができるように、わしはおまえのために絵を描いてみようと思う。わしが言うことはすべて、現実に照らしてみれば取るに足らないものだということはわかっていてほしい。

それはサマーランズと呼ばれている。長い夏の日に輝く太陽のように、光がいたるところを照らし、鮮やかな色と調和のとれた音の非常に美しい世界であるからだ。ここに住むすべての者は、その暖かさによって育まれ、その光線によって栄養を与えられ、真の家にいるように感じる。ただし、光を創るために太陽に依存しているわけではなく、むしろ、それはすべてのものに宿る意識の純粋な光というものであり、すべての者が浴びることができるように、この土地を照らす。それは目を傷つけたり、皮膚を焼いたりしない光だ。その代わり、おまえの本質を再生し、若返らせる。ここは無限であり、時間も存在しない。そして、魂は、自由、愛、そして計り知れないほどの受容を知ることができる。

わしらの世界は非常に洗練された、実に生き生きとした光の領域である。自然のあらゆる側面を感覚で理解し、ここに住むすべての者は全体と密接につながっていると感じている。はっきりと知覚することで、控えめなヒマワリから鋭敏なオオカミまで、あらゆる命が順応している。ありふれた草の葉から活動的なハチドリまで、ここに住むすべての者の活力と豊かさを体験する。わしらは相互に結びつき、すべての創造物に浸透している愛を非常に強く認識しているため、ここでは豊かな高揚感と喜びを感じることができるのだ。わしらの世界は、想像できるよりももっとリアルに生き生きとしている。最も鮮明な夢を描くことはできないが、おまえが自分の目を通してそれを見ることができれば、この世界に到着したすべての人のために、二度と涙を流すことはないだろう。彼らに対するおまえの喜びが、おまえ自身の傷ついた心の傷を癒すからだ。

おまえの世界の多くの人がこの場所を天国と呼んでいるが、それでいい。しかし、小さな妹よ、天国は存在の状態であり、目的地ではない。天国は、おまえの知覚と内なる進歩に一致して創られていく。おまえがそれを許すなら、天国は母なる地球で体験できるということを忘れてはいけない。おまえの世界に戻るわしらは、それを人類に思い出させるために戻るのだ。

スピリットの世界は想像以上に偉大で、世界の中の世界で、次元の中の次元で構成されている。重なりながら上昇し、それぞれが一つの現実から次の現実へと融合していく。おまえたちの世界を旅立つ者たちは、自分から最も近い現実へと移行する。それは、自分の魂の進化に直接関係する現実というもので、サマーランズに向かい、サマーランズに到達するルートは本当にたくさんあるのだ。

第五章で、霊媒術と意識が生き残っているという証拠を探ると、答えを見つけるよりも多くの疑問が生じると書きましたが、希望を求めてパンドラの箱を開けてみるのはどうでしょうか。ここまで読んできて、読者の皆さんは私がなぜそんなことを言うのかその理由についてわかったかもしれません。理解できる以上のことが人生にはあるという可能性にオープンな姿勢でいることのすばらしさは、私たちが常に問いかけ、成長し、発展し続けようという気持ちにさせてくれるというところです。人類がそれをやめてしまえば、衰退していく可能性があります。

一方私の場合は、非常に分析的なマインドと学術レベルでの自分自身の経験を理解したいという願望があるにもかかわらず、最終的には、理解を超えたものを合理的に処理することはできないということも学び始めていると思います。私はそれを認識し、自分の内側からそれを知るために真実を「感じ」なければなりません。そして、そう感じるということは、あなたにとってもそれは同じなのだと理解するのです。

何を信じ、何を考えるべきかについて、私が決して他人に言わないのはこれが理由です。私がそうしたように、人々が自分自身で真実を探求し、その真価を問うことを奨励しています。言葉ではあなたに死後の世界を証明することはできません。言葉はさらに学ぶための方向性を示すか、あるいは、あなた自身の意識のスイッチを入れることしかできません。そして、それだけで十分なのです。人生の答えは自分で見つけなければなりません。私についてくるだけでいいとか、私のやり方でやればいいというのは、真のスピリチュアリティではありません。むしろ、自分の道を進み、悟りに続く自分なりのやり方を見つけることこそ、あなたを強くしてくれます。ここまで読み進んできた内容があなたの心に響いたなら、それはすばらしいことです。しかし、そうでない場合でも、私はそれでよいと思っています。なぜなら、本書で紹介してきたメッセージは私やテレサのことではなく、私たちのためでもないからです。それはあなたについての話で、そして、あなたよりもはるかに大きなものについてなのです。それは私たち全員のためのものです。なぜなら、スピリットとの最強で本物のつながりは、私たちよりももっと大きな意識につながることができるようになって生まれるものだからです。

したがって、スピリチュアルの意識を探る旅には、さまざまな形があります。霊媒術はその一つであり、それがベストな状態なら、天国からの自分自身の答えを受け取るための役割を果たします。本書を読んだいま、あなたはどのように旅を続けますか？　誰もが霊媒師になりたいとか、霊媒術を試してみたいわけではないことはわかっています。では、あなたはこれからどうしますか？

内なる天国に近づく

何年にもわたって、私は瞑想と祈りがどれほど強力であるかを理解するようになりました。それらを通して、私はいくつかの優れた洞察とサポートを得ることができました。スピリットガイドから洞察を得ると、そこから自分のスピリットを通して内面からつながることを学び、誰もがより高い知識にアクセスできるということを理解するようになりました。

目まぐるしく日々が過ぎ、私たちの多くが一日の大半をテクノロジーに接続していることの時代では、気が散ってなかなか集中することができません。静かに内省できる時間を取ることが、心、体、魂にどれほどよいのかわからなくなっています。私たちは周囲の環境に注意を払わなくなってしまったのです。私たちの多くは、特に何もすることがなく、行くところがないときには、一人の時間を持て余しています。誰もが手に入れることができ、孤独を感じる必要のない宇宙とのつながりを失ってしまいました。

それを取り戻す簡単な方法は、瞑想と祈りです。しかし、人々はこの二つに取り組むのによく苦労しているようです。特に、後者はどの宗教にも共感を持てないと難しい場合もあります。どちらのテクニックも単純ですが、私たちの多くは、どうすればよいのかあまり理解していないためにくじけてしまいます。実は、瞑想と祈りにはすごい力があるのですが、それを十分に理解していないのです。

この二つはスピリットの世界と直接つながることができるコミュニケーションの手段と考えてください。瞑想はあなたが耳を傾け、受け取る手段であり、祈りはあなたが話し、相手に聞いてもらう手段です。多くの人は、マインドを静め、自分の思考をコントロールすることがどれほど重要かわかっていません。思考はエネルギーであり、私たちがそれらに注意を払い、ためらわずに導けば、その思考は私たちの未来を創造し、ヒーリングを促し、私たちの世界を形成し、宇宙の奥深くを旅する力を持つのです。ショートメッセージのように、私たちの意図や感情は一瞬で届けることができるのです。

思考は特定のエネルギー周波数を持ち、それに自然と一致する他のものと調和します。私が、霊媒術においてはマインドの状態が最も重要な側面であり、意図を設定するとコミュニケーションの結果が変わってくると強調したのはそれが理由です。あなたの思考は、たとえばヒーリングの祈りを送るという場合に、私たちの世界に住む人々だけでなく、非物理的な次元に住む人々のためにもなるのです。すばらしいことに、マインドを集中させて意識を広げると、コミュニケーションのための回線やチャネルを開くことができるのです。これにより、あなたとスピリットの世界に行った愛する人がお互いメッセージを受け取ったり、送り返したりするだけではなく、あなたは宇宙のマインド、あるいは、無限の意識に同調するので、人生を照らし導く知恵や洞察を手に入れることができるのです。

瞑想することを学ぶ

ヴィジュアライゼーション・テクニックからマインドフルネスや簡単な呼吸法まで、瞑想の方法を学ぶのに役立つ多くのテクニックや練習法があります。公園を散歩したり、ゴルフをするだけでも瞑想になります。したがって、それぞれ実践してみて、自分に最も適した方法を見つける必要があるかもしれませんが、それが見つかったらリラックスして楽しんで、日常生活の一部にしてください。

定期的に練習することは重要ですが、毎日何時間も深い瞑想を行う必要はありません。そんなことが毎日できたらすてきなことかもしれませんが、現実的ではありません。毎日、あるいは毎週、数分瞑想すれば、脳を静める訓練となり、続ければ続けるほど楽に静めることができるようになっていきます。その後は、あなたが望めば、静けさと内省の時間を少しずつ長くすることも可能になります。

創造力を発揮して、日常に平和をもたらす何気ない方法を見つけてください。たとえば、普段から意識的に深呼吸を数回行うと非常に効果的です。また、ユーチューブにはすばらしい瞑想がいくつかあり、静かな時間が取れる日中に試してみるとよいと思います。

第八章で、霊媒術に関して言えば、瞑想がそのドアを開ける鍵であり、瞑想の日記をつけることをお勧めしました。そうすれば、スピリットの世界からいつ、誰があなたのところを訪れてくれたのか意識するようになるからです。さらに言うなら、スピリットの世界とつながろうとするとき、信頼できる人々とグループで瞑想することほど、最高の体験はありません。一緒にヴィジュアライゼーションを行ったり、お互いの力を合わせて瞑想すれば、その結果を共有でき、そこから多くの洞察を得ることができます。また、部屋中に平和でリラックスできるエネルギーを一緒に作り出すため、それ自体にヒーリングの効果があるので、参加者全員にとって有益です。実際、瞑想がもたらす健康効果は、どのテクニックに関係なく広範囲に及びます。神経系を落ち着かせ、免疫力を高め、心臓の健康を維持し、集中力を高め、創造性を高め、安らかな睡眠を助け、スピリットとつながることを助けてくれます。

瞑想に関して言えば、経験を通して学ぶものだと思います。そこで、あなたがスピリットの世界とのつながりを築くことを支援するために、付記三に特別に作成した瞑想に関する情報を載せました。参考にしてください。

効果的な祈り

先に述べましたが、祈りは瞑想と密接な関係があります。また、テレサも指摘したように、それは宗教に限定される必要はありません。祈りとは、手を合わせてひざまずき、自分にとって好ましい神に欲しいものや必要なものを求めるだけではありません。祈りを別の言葉にすると、それは意図なのです。祈るという行為に、思考や意図が加われば、それは計り知れない力となり物質的世界とスピリットの世界の両方に影響を与えます。そのことを理解すれば、従来のやり方で祈っても、あまり効果がないことは理解できるはずです。

多くの人は、宗教的な意味合いに興味を失ったり、祈っても何も変わらないと感じたりして、祈りの力を信じなくなりました。その理由として考えられるのは、「欲しい」ものや「必要な」ものを求めるという行為そのものによって、欲しいものや必要なものができるからなのです。あなたの言葉と、その言葉が持つ力、つまりあなたの意図が重要なのです。より効果的な祈りは、経験することそのもの、存在することそのものを創り出すべきなのですが、多くの人がこれを達成するのに苦労しています。

これは本当に残念なことです。なぜなら、祈りはそれほどのパワーがあるからです。テレサがすでに述べたように、治療中に祈りを捧げられた患者の方が、そうでない患者よりも回復が早かったという研究があります。自分たちが祈られているとは知らなかったにもかかわらず、回復が早まったというのです。これこそ、精神力で克服するという一例です。一九九七年に研究者ロジャー・ネルソンによって開発されたグローバル意識調査は、私たちの集合的なマインドの状態が私たちの物理的な世界にどれだけ影響を与えるかについての興味深い洞察を提供しています。アメリカ同時多発テロ事件やダイアナ妃の事故死など、世界に衝撃を与える出来事の際に、科学者は乱数発生器を使用することで、集団的思考と注目が世界に及ぼす影響を測定することができました。収集されたデータは、私たちの思考が私たちの物理的世界に直接影響を与えることを示しました。

心を静め、こうしたいという思いに集中し、自信を持って前向きに自分の意図を明らかにして祈ることが最も効果的です。したがって、病気の人がいて、その人の回復を願って祈る場合、次のようなものではあまり効果はありません。「神様、あなたの助けが必要です。もしあなたのご意志があるなら、どうか私の友人を治してください。彼は本当に苦しんでいます。どうしても彼によくなってほしいのです」。

その一方、もっとパワフルで効果のある祈りでは、まず数回深呼吸してリラックスし、心を愛で満たし、自分自身の体に宿るスピリットの力を感じてから、ヒーリング効果のある美しい光に包まれ、元気そうで、健康で、幸せそうな友人を思い描くのです。それから、次のように言って、あなたの意図を友人に送ってください。「私は宇宙の意識を信頼しています。その意識を通じて、私が思い描き想像したヒーリングの光を友人に送ります。この癒しのエネルギーを最も効果的な場所に届けてください。私の愛する友人のためにエネルギーが十分に届き、そのエネルギーを使って安らぎと健康を感じることができるように、どうか力を与えてください。願いを受けて入れてくれたことに感謝します」。

このように感謝の気持ちで祈りを終えることで、あなたの意図に込められたポジティブな感情の力が働き、ヒーリングが行われたという確信を持つことができます。そうなれば、このポジティブでわずかなエネルギーが、今あなたの友人に届いたと信じることができるでしょう。

あなたの思考は無限なので、どこに向けても届きます。つまり、現世と来世の両方の世界に生きる人々のために祈ることができるということを忘れないでください。私はよく、この世界から次の世界に旅立とうとしている人たちに平和的なヒーリングの意図を送り、彼らが愛いっぱいの光に抱きしめられるようにお願いしています。なぜなら、私は過去にスピリットの世界から、ヒーリングの意図は実際に届き、誰かの助けになっていると教えてもらったことがあるからです。

霊媒術に関して言えば、私はいつもスピリットの世界とのつながりを試みる前に、どうしてそのつながりが必要なのかその根拠と、どのようにコミュニケーションを行うのかについてしっかりと意図を明確にしています。私はいつもスピリットの世界のガイドたちに、私を助けるためにそばに来てほしいと丁寧にお願いしています。そして、愛情と敬意を持って、心から私を助けたいと思って来てくれるガイドだけとやりとりすると決めています。光が私を包み込んでいるのを想像し、より崇高なスピリットの領域と調和し、その保護を受けることができるようにしています。そして、私に授けられるすべての知恵と、それがもたらすヒーリングに感謝します。いつもスピリットとのコミュニケーションの最後には、感謝の気持ちを込めてセッションを終了すること、そして、その後はつながることはできないという意図をはっきりと伝えます。これを行うことで、自分自身と自分の仕事に対して責任を持ち、規律ある状態を保ち、スピリットの世界とのつながりをコントロールしています。スピリットの次元で仕事をしている他の人たちにもそうすることをお勧めします。

最後に、読者の皆さんが瞑想と祈りによってスピリットの領域とつながり、その結果、自分自身と対話を続けていくことが可能だということを理解していただけたら幸いです。そして、今後、霊媒術を探究することを選ばなかったとしても、あなたは自分自身の答えや洞察を得る方法を知っています。

天国からのセラピー

ここまでテレサと私は、死後の世界の人々がヴェールの向こう側から手を差し伸べてくれるさまざまな方法について説明してきました。それがいかにリアルでありながら、同時に捉えどころのないものだということも説明しました。本書も終わりに近づいてきましたが、最後に、真実を求めて死後の世界の可能性について心を開くと、私たちの内面で起こり始める魔法に触れておきたいと思います。

すでに述べたように、スピリットからの知識を受け止め、マインドを広げると、スピリチュアルな成長を体験します。すると、それまで抱えていた恐怖と決別し、無用の心配から解放されるため、さらに大きな幸福感に満たされるようになります。文化的な条件付けから自由になるにつれて、より完全な自由の感覚を覚えて、新しい場所や探索したり、未知への冒険に出かけるようになります。人間は生きている限り決して学ぶことを止めないということや、宇宙があなたにとって無限の可能性を秘めていることを発見すると、そのすばらしさに感嘆せずにはいられません。あるいは、あなたの世界が開かれるにつれて、他の人に奉仕する意欲が湧き、あなたと世界にとってより大きな目的と意味を持つ新しい目標を目指すように駆り立てられるかもしれません。思いやりや相手に共感する力が高まり、すべての生き物にもさらなる愛情を注げるようになるかもしれません。しかし、私が思うに、その最大のメリットは、人生をかなり楽しむことができるようになるということです。それを当然のことと捉えるのではなく、多くの喜びと幸せを与えてくれたすばらしい経験に感謝することができるでしょう。そして、すでにわかっていると思いますが、それこそが天国を感じることなのです。

だとしたら、何をぐずぐずしているのですか？　あなたの光をこの世界に広げ、次の一歩を踏み出して、この発見の旅を一緒に続けましょう。そしていま、テレサに本書を締めくくっていただきますが、ここまで私の話を読んでくださり大変ありがとうございました。皆さんと情報と知恵を共有できたことはとてもうれしく光栄でした。皆さんの関心と柔軟性に心から感謝します。これらも、優しさと思いやりを持って、この対話を一緒に続けられることを願っています。

瞑想しなさい
グーグルですべての答えは見つからないので

作者不明

あとがき　あなたが本書を手に取る運命に導いたスピリットに感謝を込めて

本物のラブストーリーは決して終わらない

作者不明

天国。天国がどんなふうにあなたに話しかけるのか、それは本当に重要ですか？　クレアのような霊媒師を通じて、あなたの直感や夢によって、私が経験したように死後の世界からのサインを通して、それとも、見知らぬ人や子どもや最愛のペットから、天国はさまざまな形で話しかけます。メッセージから愛が伝わり、あなたは決して一人ではないことがわかるなら、天国からの答えをどのように受け取るかは問題ではありません。そして、天国とは、死んだら行くかもしれない遠い場所ではなく、いつでも心の中でつながることができる場所だということがわかっているなら、その答えがどこから来るのかも関係ないのです。天国がどんな方法で話しかけようとも、それはあなたの心の中で永遠に生き続け、あなたの内面と外側から包み込む愛の力は永遠であり、無限の安らぎ、喜び、希望、インスピレーションの源であることを思い出させてくれるでしょう。

深い霊性を持つ人々は、天国からの答えを最初に探すべき場所は自分の心の中であり、天国とのつながりは私たちが生まれながらに持っている権利だということをずっと理解していました。しかし、今日の世界では、私たちの多くが、自分が誰なのか忘れてしまっています。私たちは、地位、Ｆａｃｅｂｏｏｋの「いいね！」、お金、人間関係、物質的な所有物が名誉を保ち、帰属意識、価値、意味を与えてくれると考えてしまいます。私たちはみな同じです。みなが愛されたい、充実感を味わいたい、自分は重要だと思いたい、と願っていますが、その救いを自分の外に探し求めており、そこでは決して見つかりません。私たちは現実に感じることができる物質的な世界に住んでいますが、唯一の現実というものは私たちの奥深くにある私たちの本質または永遠のスピリットだと気づいていません。死後の世界のサインは、私たちの真のスピリチュアルな自己を思い出させてくれます。また、亡くなった人が死後も生きているという明らかな証拠を示してくれる霊媒師を訪問することも可能です。

あなたは神の火花であり、これまでもずっとそうであり、これからもそうなのです。本書が、あなたはすでに知っていたのに、その途中で忘れてしまったかもしれないものを思い出すきっかけとなることを願っています。それは、この地上での人生は一時的なものであり、あなたの本当の住処は天国だということです。この地球においてあなたが充実し、幸せを感じ、生きる意味を見出すための鍵は、スピリチュアル成長であり、その旅はあなたが向こう側に渡ったとしても続いていく終わりのない旅なのです。あなたが自分や他人のために心に愛を持って日々を生きるとき、あなたは地球の天使となります。

そうやって生きる天使を心から信頼してください。その天使と、自分や他人の中に抱く愛、平和、優しさ、思いやりの感情は、あなたが求めている答え、意味、導き、安らぎをいつでも与えてくれます。あなたの中に存在するその永遠の愛の天使を信じて、あなたが求めている答えになってください。なぜなら、天国では、あなたはすでにその答えであり、これからもずっとそうなのですから。

天国はあなたの内にある
そして、自分を知っている者なら誰でも見つけることができる
エジプトのことわざ

愛を込めて

あなたの中心に答えがある
自分が何者で、何を欲しているのかもわかっている
老子

これは終わりではなく、あなたのスピリチュアルな旅の始まりだということを忘れないでください。私たちは読者の皆さんがその旅を続けてくれることを心から願っています。

そのためにも、この後の付記を読んでいただければ嬉しいです。私たちのホームページやソーシャルメディアからお問い合わせしていただける案内やその他有用な情報を掲載しています。

私たちが今後講演や公開デモンストレーションを行うとき、オンラインで、または直接お会いすることを楽しみしています。そうするかどうかは皆さんにお任せしますが、本書がすでに天国からの答えであるということも覚えておいてください。あなた方一人ひとりが唯一無二の魔法のような永遠の奇跡であり、あなたの心に宿る愛があなたのスピリットをこの本に引き寄せてくれたことを、私たちはとても幸せに感じています。すべての出来事には意味があります。天国がこの本をあなたと巡り合わせてくれたと信じています。そして、あなたが理解と、安らぎと、喜びと、答えを受け取ってくれたことを願っています。

これからもずっと、永遠の愛と祝福をあなたに贈ります。

テレサとクレアより

付記一　ウインドブリッジ研究所——科学者で構成される超常現象の研究組織

www.windbridge.org

ウインドブリッジ研究所は、さまざまな経歴や専門分野から集まった科学者のコミュニティで構成される独立した研究組織です。二〇〇八年にジュリー・バイシェル博士によって設立されたウインドブリッジ研究所は、現在、伝統的な科学的専門分野では説明できない現象の研究で世界をリードしています。この研究所の主な目的は、人々がより幸せで充実した生活を送るのに役立つ情報、サービス、技術を開発および普及するための研究を行うことです。科学的に調査および研究されている課題には次のようなものがあります。

✦ 私たちの体、マインド、スピリットにある潜在力によってどんなことができますか？
✦ 私たち自身で、お互いをヒーリングすることは可能ですか？
✦ 私たちの思考によって出来事や物理的実在性に影響を与えることができますか？
✦ 物事が起こる前にそれを知ることは可能ですか？

✦ 私たちはお互いにつながっているのですか？　地球とはどうですか？
✦ 亡くなった大切な人たちとコミュニケーションを図ることは可能ですか？
✦ 霊媒師を訪ねることは、悲嘆過程を和らげるのに有効ですか？

本書の内容に興味を持ち刺激を受けた方は、ぜひウインドブリッジ研究所のウェブサイトをチェックしてみてください。現在行われている霊媒術に関する最先端の科学研究についてもご自身で確かめてみてください。

付記二　霊媒術《ミディアムシップ》に関する最先端研究

ウインドブリッジ研究所の所長ジュリー・バイシェル博士による、本書のために書き下ろしたエッセイ

霊媒術はおそらく人類と同じくらい古い技術です。死者とのコミュニケーションは、古代文化においてシャーマンやその他の関係者によって行われた有益な社会的任務でした。

そして、それは、世界中のさまざまな信仰体系や文化における現代の霊媒師たちにとっても日常的な出来事として存在しています。西洋文化のある時点で、私たちは人間としての経験から霊媒術を失ってしまいました。それが戻ってきたのは一八〇〇年代半ばに起こったスピリチュアリズムの台頭であり、アメリカの大衆文化に戻ってきたのはつい最近のことです。

約十五年前、宇宙は私が霊媒師、つまり死者と交信する人々の研究に自分の時間、エネルギー、そして、科学の知識を捧げるべきだと決めました。それまでは、霊媒師という存在がいったい何者なのかさえ知りませんでした。私は伝統的な学問の道を歩み、薬学と毒物学を専攻して博士号を取得し、微生物学と免疫学を副専攻として学びました。そして、そのまま製薬会社で働くキャリアを目指していました（私は若かったので、何もわかっていなかったのです）。

しかし、その後、すべてが変わってしまいました。私の身近な人が亡くなりました。母が自殺したのです。そのとき母は五十四歳でした。私は二十四歳でした。私には亡くなった祖父母がいましたが、遠くに住んでいたので、彼らのことをあまりよく知りませんでした。この世にはすべての人に効く悲しみの処方箋はないので、私は自分なりの方法でそのプロセスを経験しました。悲しみの段階や克服についての課題も知らず、あるいは、手引書もなかったので、自分なりに少しずつ前に進み、母のいない新しい自分になることを学びました。

数年後、私はテレビで霊媒師が公開リーディングを行っているのを観ました。テレビに映った霊媒師は十分に本物に見えました。メッセージは具体的で、観覧していた人々は心から感動しているように見えました。母を失ったという理由から興味が湧き、私は自分でも試してみることにしました。地元の霊媒師からリーディングを受けたのですが、まるで宇宙が見守り、監視し、誘導しているように感じました。

リーディングでは、無視するにはあまりにも具体的な情報が含まれていました。そこには私が知らなかった情報が含まれていましたが、後に親戚の一人に確認して事実だったことがわかりました。その霊媒師は母の死の原因と私の子ども時代の詳細を正確に伝えました。(この話については『霊媒師の間で(仮題)』の中で詳しく書いていますので、ここでは省略します)。

このリーディングによって、私には簡単に説明できない何かが起こったと納得しました。しかし、私を霊媒術の研究に駆り立てたのは、リーディングの内容ではなく、それに対するいくつかの反応でした。もしかしたら、話はそこで終わり、ときどき誰かと食事したときに話すような単なる興味深い話だったのかもしれません。しかし、知り合いの科学者たちにこの話をしたときに、すべての霊媒師は詐欺師であり、私はどうせこのペテン師にだまされたのだと断言されて腹が立ちました。本当に頭にきました。

このような見解を言われたことで、現象を客観的に観察する科学者としての私の能力が侮辱されたように感じました。そして、同僚たちがデータを取ったことがない一つのグループに対して、大雑把な一般論を言うなんて非論理的だと感じたのです（念のために言っておきますが、このような無知な見解に遭遇したのは数回だけです。知り合いのほとんどは、「私は個人的には霊媒師について何も知りませんが、あなたは非常に興味深い経験をしたようですね」というような優れた科学者として反応をしてくれました）。霊媒師については同じような否定的な意見が広まっていましたが、私はすぐにその懐疑的な態度を裏付けるデータがほとんどないことを知りました。それは非常にフェアではないと思われました。そこで、私は霊媒術を研究室に持ち込んで、最新の研究手法を使って実験することに決めたのです。

数年のうちに私は結婚し、夫のマーク・ボクッチと私で、マインドの潜在的な力についての研究を行うためにウインドブリッジ研究所を設立しました。私は霊媒術に専念し、マークはテクノロジーを使って死者と対話するなど、関連する現象に焦点を当てて研究しています。私たちは他の数人の研究者と特定のプロジェクトに取り組んでおり、ボランティアも数名いますが、ほとんどの場合、私たち二人で作業しています。

ウインドブリッジ研究所で霊媒術を研究するとき、人々が霊媒術はどう機能するべきと考えているかではなく、現実の世界で実際に機能するものとして調査しています。多くの場合、懐疑論者、より正確には「否定派」は、否定派ができるはずだと考えている課題（たとえば、宝くじの番号を当てるなど）を完了できないとして霊媒師を批判します。ただし、これらの課題は霊媒師が実際に行う仕事を反映するものではありません。霊媒師は占い師ではありません。霊媒師は亡くなった人からのコミュニケーションを体験し、受け取ったメッセージを生きている依頼人（家族など）と共有します。それだけなのです。そして、それはとても大変な作業なので、これ以上のことを期待するのは理不尽です。

私は長年、否定派の主張をさまざまなたとえで表現してきましたが、私のお気に入りはこれです。宝くじに当たらない（または、あなたが考えている数字を当てられない、株で金持ちになれない、未来を占えない）という理由で霊媒師を詐欺師と呼ぶことは、あなたの手の中でドングリが樫の木に姿を変えることができないという理由で、ドングリを詐欺師と呼ぶようなものです。一つの現象を効果的に研究するには、自分が思っている現象を期待するのではなく、現象そのものをそのままにして観察する必要があるのです。

ウインドブリッジでは、アメリカ人約二十名で構成されるセキュラー霊媒師のチームと協力しています。セキュラーとは、組織化された宗教や信仰体系のメンバーではなく、大きな組織から独立して霊媒を実践していることを意味します。私たちのチームのウインドブリッジ公認研究霊媒師（ＷＣＲＭ）はそれぞれ、何か月にもわたる審査、テスト、トレーニングを経て認定を受けており、ボランティアとして自分の時間を割いて研究し、一定の行動基準を順守することに同意しています。たとえば、特別に依頼されない限り誰かにメッセージを伝えてはならないというような行動基準があります。ウインドブリッジでは、霊媒師の参加する研究は、情報、作業、応用の三つのプログラムに分類できます。情報調査プログラムは、霊媒師の発言の正確性と特異性を調査します。ほとんどの実験研究のリーディングでは、霊媒師と私だけが電話で会話し、私たちが知っている唯一の情報は亡くなった方の下の名前だけです。次に、その故人と関係する依頼人（シッター）は、そのリーディングの記録（ターゲット・リーディングと呼ばれます）と別のシッターのリーディング（おとりリーディングと呼ばれます）を正確に採点しますが、どちらが自分と関係する人のものなのかはわかりません（記録には名前や「ターゲット」や「おとり」などの文字は含まれていません）。

これは非常に複雑な手順です。それについて説明した、同業者による審査を受け雑誌に掲載された私の論文はおよそ三十五ページあります。手順について要約を試みたほぼ全員が失敗しました。あえて短くまとめるなら、この手順は、実験の内容を最大限に隠しながら、霊媒師が自分の仕事を行うことができる研究環境を最適化するというものです。この手順では、霊媒師は自分が報告する情報をどこから入手したのかを説明するものとして、詐欺、コールドリーディング、評価者の先入観、情報漏洩を排除することが可能です。この手順を使った最近の研究では、二十名の霊媒師が五十八回のリーディングを行って、統計的に有意な確度スコアを取りました。

リーディングの正確さは、対象となった依頼人（シッター）によって判断されます。霊媒師が提示するメッセージの性質を本当の意味で判断できるのは、シッターだけです。あなたや私、あるいは他の外部の観察者にとっては些細な、または無意味に思えるかもしれない情報が、実際には、シッターにとっては非常に意味のあることかもしれないのです。

そして、霊媒術のリーディングは、生きているシッターと故人との関係を反映する個人的な会話であるため、それが正確で具体的で意味のある情報が含まれているかどうかを判断できるのはシッターだけなのです。私たちが研究のリーディング記録を公開しないのはこれが理由です。それは誰かのラブレターを公開するようなものなのです。

ただし、霊媒術リーディングがすばらしいものだったかを判断できるのはリーディングを受けた本人だけですが、このリーディングにはシッター、故人、霊媒師の三人が参加していることを覚えておくことが重要です。仮に、リーディングが成功しなかった場合、これら三人のいずれか、または三人の力学に要因がある可能性があります。

この話題に関して、蛇足ですがアドバイスをいくつか紹介します。誰でも自分のことを霊媒師と呼び、依頼人にリーディング料を請求することができます。そのため、悲しみで盲目になったシッターは、情報を聞き出そうとしたり、短期間に多くのリーディングを行うことを約束したりする危険な霊媒師に注意することが重要です。どのように霊媒師を見つけ、リーディングのための準備を行い、好ましいシッターになればよいかについて、キンドル版『意味のあるメッセージ：霊媒リーディングを最大限に活用する（仮題）』という短い本を書きました。たとえば、リーディング中に霊媒師が質問する場合、シッターは「はい」、「いいえ」、「たぶん」、「なんとなく」、または「わかりません」とだけで答えるようにするべきだと私は提案しています（思ったより大変です）。

二番目の霊媒術研究プログラムは作業（オペレーション）と呼ばれ、霊媒のユニークな経験、心理的特徴、生理的機能を調査します。たとえば、死者とコミュニケーションを取ったときの経験について尋ねると、霊媒師は「集合的《マルチモーダル》」なシナリオについて説明します。つまり、彼らの精神的な感覚がすべて働いているように見えるということです。霊媒師はマインドの日で故人を見たり、言葉や音を聞いたり、特定の食べ物の香り、あるいは、体の匂いや病気を感じたりすることがあります。

私もテレサと同様、霊媒師ではないので、人々が私に霊媒師の経験について尋ねるときは、専門家の意見に従わなければなりません。私の著書『霊媒師の言葉から（仮題）』では、ウインドブリッジの霊媒師による体験の説明と、彼ら以外の人々が同様の体験をする方法についての提案を収集しまとめています。たとえば、ジンジャーという霊媒師は次のように述べています。「私は肉体を失った人々が人生で行ったことのイメージを見せてもらいます。彼らが好きだった音楽が聞こえたり、彼らが食べた物を味わったり、彼らが多くの時間を過ごした場所を見たりします。シッターと関係することとして、彼らがいまどこにいるのかを見せられたり、彼らが亡くなる前に何を感じていたのかを感じたりします」。同じように、ジョアンも次のように語りました。「私は名前や日付を聞き、数字や文字や場所を見て、彼らの人柄を感じ、彼らの趣味や仕事だったことを通じて彼らの人生についてわかったり、故人やシッターに関係する思い出を見たり、故人やシッターに関係のある物やシッターにとって意味のある物を見たりします」。

霊媒師の経験のもう一つの重要な要素は、霊媒師が故人を見つけるために「手を差し伸べる」のではなく、故人がコミュニケーションを取るために霊媒師のところにやって来るということです。私たちはこれを「受け取る対引き出す」と呼んでいます。これが、研究のためのリーディングにおいて、故人のファーストネームのみでやりとりできる方法なのです。霊媒師が正しい相手を見つける必要があるのではなく、正しい相手が霊媒師を見つけます。実際、正しい相手は、予定されている研究のためのリーディングが始まる前に現れて、霊媒師とコミュニケーションを取ることがよくあります。

ウインドブリッジ研究所の三番目の研究プログラムは応用です。これらの研究では、私たちは霊媒リーディングの実践的な社会的応用に関心を持っています。たとえば、亡くなった人は生きている人に問題を解決するための知恵を与えることができるか？　霊媒師は、刑事事件の解決の可能性となる情報を共有できるのか？　霊媒リーディングは悲しみに役に立つのか？　といった問題です。

現在、私たちは、いわゆる悲しみの「継続する絆」と呼ばれるモデルにおいて、死別に関する霊媒リーディングの可能性に焦点を当てています。「継続する絆」モデルは、悲しみを乗り越えるための鍵は、亡くなった人との関係は終わったわけではなく、変化しただけだということを認識してもらう、というものです。かつては物理的だった絆が、いまは精神的な絆になったということなのです。これは、死後の世界とのコミュニケーションを体験して初めて達成できる認識であり、自発的なものなのかサポートがあるのかなど、いくつかのパターンがあります。

研究により、亡くなった人からの自発的なコミュニケーションは、一般的で効果が高いことが証明されています。これには、亡くなった人の存在を感じたり、多様な感覚現象、強烈な夢、故人と関連した音楽、紛失物の発見、そして、その他の説明できない現象などが含まれます。

私には法執行機関で働いている友人（実は、元カレですが）がいますが、彼は仕事でいくつか困難な目に遭っていました。ひどく途方に暮れて、誰かに元気づけてほしかったときに、彼はよく近くの地面に一セント硬貨が落ちているのを見つけました。何度もそんなことがあったので、それが「奇妙」ではないことを確認するために、最近私に連絡してきました。長年、あらゆる奇妙なことの専門家をしてきた私は、そんなことはないと断言しました。「ペニーズ・フロム・ヘブン（天から降ってきた幸運）」ということわざには理由があるはずだと私は彼に伝えました。彼が両親に確認したところ、そのことわざは彼の祖母の性格にぴったりだということがわかりました。そのため、彼はいまでは、一セント硬貨は、自分が一人で困難を経験しているわけではないことを知らせてくれるメッセージとして受け取ることができるようになりました。このような自発的な経験や、本書で紹介されているさまざまな経験によって、生きている人は故人との「継続する絆」を認識することができます。

「継続する絆」の確認を可能にするもう一つの方法は、霊媒リーディングにおいて死後の世界とのコミュニケーションを通して行うことです。リーディングには、故人を効果的に特定する情報（それが本人であるという証拠）、故人の死後以降のシッターの人生における故人の存在、そして、故人からシッターへの具体的で、往々にして元気になれるメッセージが含まれる場合があります。これは「継続する絆」を証明するためのよい手法のように思えますが、この分野に関する研究はまだ行われていません。私たちは現在、治療や薬の代わりに霊媒リーディングを行う臨床試験に取り組んでいます。この研究は「霊媒術と死別（BAM）」研究と呼ばれ、クラウドファンディングとウィリアム・H・ドナー財団からの支援を通じて資金提供されています。霊媒術と死別の研究の目的は、適切な研究方法を使って、霊媒リーディングを受けることが、悲しみを抱えている人にとって役に立つのか、有害なのか、あるいはどちらでもないのかを判断することです。

テレサとクレアによる本書のような書籍は、霊媒師やシッターの経験を正常化するために非常に重要です。料理番組と同じように、テレビで観たとおりにはいきません。霊媒術とそれが現実世界でどのように機能するかを理解する人が増えれば増えるほど、シッター、霊媒師、そして故人のフラストレーションは減っていきます。私たちの研究におけるリーディングの手順と同様に、実際の霊媒リーディングは、非現実的な仮定や期待によって大幅に妨げられる複雑な状況です。

これが霊媒術の現実について学ぶ道の最初の一歩でも、十歩目でも、千歩目でも、私はあなたを歓迎します。

二〇一七年三月十九日

ウインドブリッジ研究所所長
ジュリー・バイシェル博士
www.windbridge.org

付記三　著者から読者への特典／贈り物

テレサから贈り物

http://noetic.org/theresa-cheung

このアドレスをクリックすると、テレサ・チャンの読者向けにノエティック・サイエンス研究所（ＩＯＮＳ）が作成したサイトが表示されます。このサイトでは、テレサ・チャンのＦａｃｅｂｏｏｋのビデオライブラリーで公開している研究所の七つのビデオについて触れています。このサイトでは、所長のカッサンドラ・ヴィーテン博士が率いる科学チームが、私の読者に直接語りかけてくれます。彼らのビデオでは、霊媒術（アーノルド・デローメ博士）、予知（ジュリア・モスブリッジ博士）、チャネリング（ヘリーン・ワーベイ博士）、心と身体のヒーリング（ガレット・ヨウント博士）、物質に影響するマインド（主任研究員ディーン・ラディン博士）など彼らが行っている研究について話をしてくださっています。このビデオの狙いは、私の読者に科学とスピリットとの間の隔たりは急速に縮まっていることを紹介するためです。また、このサイトでは私の読者のために、三つの贈り物が掲載されており、ダウンロードできるようになっています。

クレアからの贈り物

http://www.clairebroad.com

このサイトをクリックすると、クレアのウェブサイトが開きます。サイトには、手順が示されており、本書のために特別に考案した二つの瞑想に無料でアクセスすることができます。一つ目は、スピリットとのつながりを確立するための手助けとなる、ガイド付きのヴィジュアライゼーションの瞑想です。もう一つは、スピリットガイドと出会ったり、つながったりするのに役に立つ、ガイド付きのヴィジュアライゼーションの瞑想です。

付記四　主要な研究関連機関について

ノエティック・サイエンス研究所（IONS）　www.noetic.org

科学的根拠に基づいた、非営利の研究、教育、会員制組織で、人間の可能性を実現するために、意識に関する研究や教育支援に取り組み、グローバルラーニングコミュニティにも参加しています。

フォーエバー・ファミリー基金　www.foreverfamilyfoundation.org

研究と教育を通じて死後の世界の科学への理解を深め、悲しみを抱える人々にサポートとヒーリングを提供しています。

ウインドブリッジ・ヒューマンポテンシャル応用研究所　www.windbridge.org

私たちの体、心、スピリットの能力を調査し、そこから得た情報が生きとし生けるものすべてにとって最も役立つ方法を確立することを目指している独立した研究機関です。

サイキック・スタディ学院　www.collegeofpsychicstudies.co.uk

一八八四年に著名な学者や科学者のグループによって設立されました。ロンドンのケンジントンに拠点を置き、現代的な手法を用いた超能力の開発における最先端のコースを開設しています。

スピリチュアリスト全国同盟　www.snu.org.uk

イギリス最大のスピリチュアリスト慈善団体。全国三五〇のスピリチュアリスト協会を一つにまとめ、支援するために設立されました。お住まいの地域の教会を探してください。

アーサー・フィンドレイ・カレッジ　www.arthurfindlaycollege.org

スピリチュアリズムと心霊科学の進歩を目指す世界で一番進んだ大学です。

スピリチュアリスト・ミディアムス協会　www.ism.org.uk

スピリットとのコミュニケーションと卓越した霊媒術の促進、教育、開発を目的として設立された教育慈善団体です。

英国スピリチュアリスト協会　www.sagb.org.uk

ロンドンを拠点とするスピリチュアリスト団体。スピリチュアリストのサービス、霊媒術の公開デモンストレーション、そして、ワークショップに参加したり、スピリチュアリズムに関連する多数のテーマに関するトレーニングを受けたりすることができます。また、開発サークルへの参加、訓練を受けたヒーラーによるエネルギー・ヒーリング、霊媒師による個人セッションのリーディングの予約も可能です。グリーフ・カウンセリングもこの協会を通じて提供されています。詳細は協会のウェブサイトをご覧ください。

レスリー・フリント教育トラスト　www.leslieflint.com

レスリー・フリント教育トラストはダイレクト・ボイスの霊媒師であるレスリー・フリントの業績を保存し、記録し、認証し、推進するために設立された団体です。

付記五　本書に登場する研究者／専門家について

以下に紹介するすばらしい方々は、私たちの仕事に協力してくださったり、私たちのFacebookに定期的に投稿していただいています。彼らのウェブサイトやSNSで、その仕事や活動を参考にしてみてください。コンタクトを取ることも可能ですし、彼らのスピリチュアルで元気の出るオンラインコースに参加したり、個別のリーディングをリクエストしたりすることもできます。

ロイド・アウアーバッハ

フォーエバー・ファミリー基金の理事長であり、超常現象調査室の室長でもあるロイドは、三十五年以上にわたり心霊現象を調査してきました。彼はアトランティック大学とジョンエフケネディ大学の教授で、カリフォルニア州ラファイエットにあるHCHインスティテュートを通じて超心理学（対面と通信）を教えています。また、ライン教育センターを通じたオンラインコースで教え、ウインドブリッジ研究所の諮問委員を務めています。ESPN（娯楽スポーツテレビ放送ネットワーク）のスポーツセンター、ABCテレビのザ・ビュー、オプラ・ウィンフリー、ラリー・キング・ライブなど、テレビ、ラジオ、雑誌などのさまざまな媒体に登場しています。ロイドは超心理学者、プロのメンタリスト、サイキックエンターテイナー、パブリック・スピーキング、メディアやソーシャルメディアのスキルのコーチ、そしてプロのショコラティエと、多彩な才能を発揮しています。

ジョー・エンジェル

ジョーは直感的なサイキックコーチであり、神経言語プログラミングの専門家で、この二十年間、人々が真の潜在能力を発揮できるよう支援してきました。彼女は直感、エネルギー、超能力を駆使しながら、その他のツールを組み合わせて正確なリーディングを行っています。さらに、その技術に実践的なライフコーチングを組み合わせて、クライアントが次のステップに進むための計画を立てるサポートを行っています。そうすることで、クライアントは自分ですべて考えて実行しなければならないというプレッシャーや孤独を感じることなく取り組むことができます。ジョーは本書に「ジェニーについてお話ししなければなりません」という話を寄稿してくれました（第一章参照）。ジョーのＦａｃｅｂｏｏｋにアクセスしてください。

キャラム・Ｅ・クーパー博士

超心理学者で、『死者からの電話（仮題）』の著者であるキャラムは、ノッティンガム大学異常精神作用研究センター（ノーサンプトン・パークキャンパス）を拠点として活動し、死後の世界の体験について常に興味を持っています。

callum.cooper@northampton.ac.uk

ティナ・リード

ティナ・リードは動物権利擁護者であり、「私たちの世界の動物のための祈り」の大使でもあります。彼女は動物レイキの専門家及び講師として働き、猫の保護レスキューセンターとイギリス・ジャーマンシェパード・レスキュー・エンジェルズでボランティア活動も行っています。ティナはテレサ・チャンのＦａｃｅｂｏｏｋに定期的に投稿し、動物界、天国、そして、天使たちとの交流について共有しています。ティナは、自分のペットとの経験、ボランティア活動、長年にわたる動物との関わりを生かして、さまざまな媒体に記事を書いています。第三章で彼女のすばらしい動物の物語をいくつか掲載しました。また、以下のサイトを参照してください。

www.animaltranquillity.co.uk

タニア・ポップルトン

ライトワーカーのタニア・ポップルトンは、自身のFacebook－Heaven and Angels－とテレサのFacebookの両方で、愛する人を失って悲しむ人々に助言とサポートを行っています。第四章で、彼女の感動的な「人生は続く」という話を紹介しています。

heavenandangels1@outlook.com

ケイティ・オーマン

ケイティはエンジェルワーカーの資格を有し、自身の超能力とエンジェルオラクルカードを使って、天使の領域からサポートを必要としている人々に直接メッセージをチャネリングすることが可能です。これに加えて、彼女は自分自身で天使とつながる方法も教えています。彼女のテクニックを学べば、皆さんも日々の生活に奇跡を起こすことができるでしょう。ケイティは、「Soul & Spirit」と「Chat-It's Fate」という二つの全国誌で定期的に特集ライターを務めています。また、『虹を追いかけて（仮題）』と『小さな白い羽根』

という著書を自費出版しており、現在三冊目の本を執筆中です。第七章の最後にティナの天使についての説明を紹介しています。

http://katieg81.wix.com/littlewhitefeathers

kateoman@yahoo.co.uk

シャーリー・オドノヒュー

ルシス学院の校長であり、『より良く生きる：クリスタル・セラピー（仮題）』、『クリスタルを使って（仮題）』、『自然エネルギーを使って（仮題）』の著者でもあるシャーリーは、クリスタル・ヒーリングの権威であり、真のスピリチュアル活動家です。彼女はホリスティック・セラピーやスピリチュアル・セラピー、そして、スピリットの性質について、ワークショップなどで多くの人々に教えています。シャーリーの講義を受けた人は、彼女の力強い教えに勇気づけられ、さらに多くの人を助けるために、その知識を世界に広めています。

www.luciscollege.com

感謝の言葉

本書を出版することができて、多くの方々に感謝したいのですが、特に感謝したいのは私のすてきなエージェントであるロレーラ・ベリです。ピアクス・ブックス（Piatkus books）社に私の作品を紹介してくださり、編集者となったゾーイ・ボムとの縁をつないでくれました。ロレーラの寛容な心、理解、そして、信頼は本当にすばらしいものです。また、本書のためにご自身の経験を共有してくださった方々や読者の方々に感謝申し上げます。この二十年間、私を支えてくださった皆様は本当に天の恵みというものです。世界はスピリチュアルな本を必要としています。私たちは物質をはるかに超える存在だということを思い出させてくれる本が必要なのです。そして、その意味を求めスピリチュアルな本を読む人々は、手本となって他の人々に力を与える地上の天使なのです。あなたでいてくださって、本当にありがとうございます。

地上の天使について触れましたが、本書の第五章からは、クレア・ブロードの協力なしには本書を完成することはできませんでした。序章の中で説明していますが、彼女が今回の作品に関わってくれたことで、スピリチュアルな作品において大きな一歩となったと心から感じています。そして、クレアという最も優れた本物の霊媒師《ミディアム》と共同で執筆できたことは何よりの恵みとなりました。

まえがきと、付記のためにウインドブリッジ研究所で行っている調査について興味深いエッセイを書いてくださったジュリー・バイシェル博士にも心から感謝しております。クレアも私もバイシェル博士の研究からインスピレーションを受けているので、これ以上光栄なことはありません。

最後に決して忘れてはならないこととして、私の大切な家族であるレイ、ロバート、そして、ルーシーに感謝の気持ちを伝えたいです。本書の執筆にあたり、自主的に隔離生活を行っている間も、忍耐強く理解と愛情を示してくれました。そして、私の小さな天使のような犬のアーニーにも感謝しています。毎日、私の人生を明るく照らし、執筆が終わるまでしっかりと見守ってくれました。

クレアから一言

まずはスピリットの世界にいるすべての皆さんに感謝の意を伝えたいと思います。長年にわたり、私のつたない理解力や挫折に辛抱強くつき合ってくれながら、無条件の愛を注いでくれています。また、霊媒術やスピリチュアリズムの先駆者であり、今はスピリットの世界に旅立った方々、特にジーン・ダイナンとデニス・ジョーンのお二人に感謝いたします。私を支えてくれる犬マーティン、そして、二人のすばらしい娘たち、すべての星を合わせても、あなたたち以上に愛する存在はいません。ありがとう。私の両親と義理の両親にも感謝しています。

シーラ・トマス、あなたが教えてくれたことに対して、私の感謝の思いを表現できる言葉などありません。そして、世界に光を届けてくれる私の生徒の皆さん、ありがとう。私を信じて本書の執筆を任せてくださった編集者のゾーイ・ボム、本当にありがとうございます。この経験は、私にとって非常に深い意味を持っています。そして、ピアクス・ブックス（Piatkus books）社で本書の出版を実現してくださったすべての方々に感謝申し上げます。

最後に、私の心の友テレサ・チャンに、最大級のありがとうを伝えさせてください。私に飛ぶことができる翼を与えてくれました。私は永遠にあなたに感謝します。

テレサ・チャン Theresa Cheung
霊能者・スピリチュアリストの一家に生まれる。ケンブリッジ大学キングズ・カレッジにおいて神学と英語の修士課程を修了後、説明のつかない物事の研究とスピリチュアルな認識を高めるための執筆活動に人生を捧げてきた（それは、主に私たちの中の、そして、私たちを取り巻く世界の超常的な潜在力や、死後の世界の現実的な可能性についての研究）。

心とマインドとスピリットに関する書籍を執筆し、その多くがベストセラーに。サンデー・タイムズ社が選ぶベストセラー十冊において、二つの作品がランクイン。また、著書はこれまでに二十五か国語に訳されている。

自分自身は決して霊能者だと語ったことはないが、いついかなるときも世界をスピリチュアルな視点から見つめることを大事にしており、「私は特別な経験をしたごく普通の女性」と自らを呼んでいる。

興味のある方は、人気のFacebook「Theresa Cheung」、または以下のサイトの情報を参考にしてください。https://www.theresacheung.com

クレア・ブロード Claire Broad
スピリチュアリスト・ミディアムス協会から登録承認を受けた霊媒師。
クレア・ブロードがスピリットの世界からのメッセージを、初めて家族に話したのは四歳のとき。技術を磨くことによって、人々を助け、死後の世界に関する問題をより深く理解することができるのではないかと願い、二十一歳から自分の能力を発展させてきた。
これまで二十年にわたり、一対一の個別セッション（シッティングとも呼ぶ）、公開デモンストレーション、講演、そして講義など、さまざまな形でこの分野で活躍。彼女の元には常に依頼が殺到し、個別カウンセリングはずっと先まで予約で埋まっている。定期的に、個人的に、そして、ルシス学院で他の講師と共にワークショップを開催。しばしばスピリチュアル・アウェアネス・センターやスピリチュアリスト協会からゲストスピーカーとして招待され講演を行っているが、チケットはすぐに売り切れになるほどの人気。
興味のある方は人気のInstagram「clairebroadmediumship」、または以下のサイトの情報を参考にしてください。www.clairebroad.com
連絡先は次のメールアドレス claire@clairevoyant.co.uk

両者の作家はピアクス・ブックス社（Piatkus Books）でも取次ぎを行っています。
Little, Brown Book Group
Carmelite House
50 Victoria Embankment
London EC4Y ODZ

斉藤宗美　さいとう・ひろみ
国際関係の仕事に従事した後、英語・スペイン語の翻訳を手がける。カナダ、アメリカ、コスタリカ、オーストラリアなど、17年間を海外で過ごす。青山学院大学英米文学科卒業。オハイオ大学大学院国際関係学部修士。
訳書にトム・ブラウン・ジュニアの『ヴィジョン』（徳間書店）、『グランドファーザーが教えてくれたこと』（ヒカルランド）、エンリケ・バリオスの『まほう色の瞳』（徳間書店）、アーサー・ホーランド・ミシェル『空の目』、アニー・ジェイコブセン『わたしたちの「すべて」が管理される世界』（ヒカルランド）などがある。

天国とのコミュニケーションをどう磨き高めるか
チャネリング・センス【交信能力編】

第一刷　2024年1月31日

著者　テレサ・チャン
クレア・ブロード

訳者　斉藤宗美

発行人　石井健資

発行所　株式会社ヒカルランド
〒162-0821　東京都新宿区津久戸町3-11　TH1ビル6F
電話　03-6265-0852　ファックス　03-6265-0853
http://www.hikaruland.co.jp　info@hikaruland.co.jp

振替　00180-8-496587

本文・カバー・製本　中央精版印刷株式会社

DTP　株式会社キャップス

編集担当　溝口立太

ISBN978-4-86742-318-9

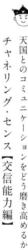

ヒカルランド　好評既刊！

地上の星☆ヒカルランド　銀河より届く愛と叡智の宅配便

人生改革！（過去世５代×先祖×憑依霊）
飛沢式［量子HADOヒーラー］養成講座
著者：飛沢誠一
四六ソフト　本体 2,000円+税

現実創造を思いのままに
クリスタル《次元変換》ヒーリング
７つの変容を起こす！パワーストーン完全活用ガイド
著者：藤波直子
四六ソフト　本体 2,000円+税

ハッピーチェンジの法則
著者：田井善登
四六ソフト　本体 1,800円+税

「憑き物」のトリセツ
著者：シークエンスはやとも／八木勇生
Ｂ６ソフト　本体 1,800円+税

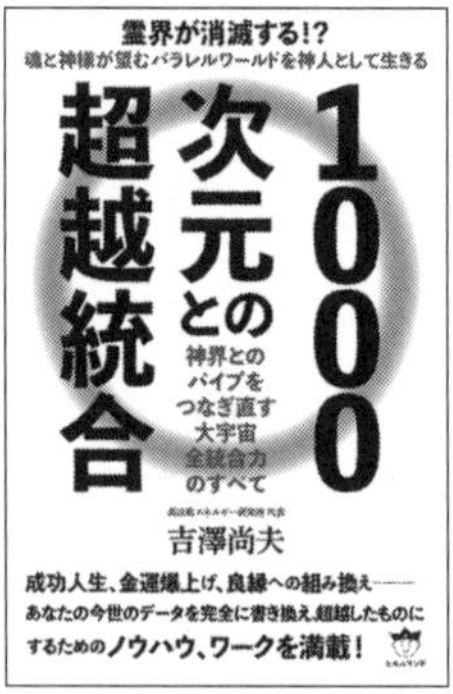

1000次元との超越統合
神界とのパイプをつなぎ直す大宇宙全統合力のすべて
著者：吉澤尚夫
四六ソフト　本体 2,000円+税

チャクラ・リチュアルズ
“ほんとうのわたし”で生きるための7つのチャクラ【実践】ワークブック
著者：クリスティ・クリステンセン
訳者：田元明日菜
Ａ５ソフト　本体 2,700円+税

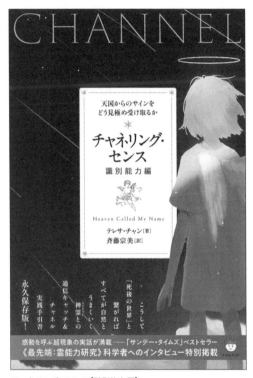